本书系国家社科基金一般项目（20BXW006）
《21世纪国外涉华纪录片中的中国国家形象研究》阶段性成果

新　闻　传　播　学　前　沿　译　丛

李　珮 / 主编

寓乐于闻

全球资讯娱乐的兴起

NEWS AS ENTERTAINMENT

The Rise of Global Infotainment

[英] 达雅·屠苏（Daya Thussu）著
陈丽丹　译

中国传媒大學 出版社
·北京·

图书在版编目(CIP)数据

寓乐于闻：全球资讯娱乐的兴起 /（英）达雅·屠苏著；陈丽丹译. -- 北京：中国传媒大学出版社,2023.10

(新闻传播学前沿译丛)

ISBN 978-7-5657-3596-7

Ⅰ.①寓…　Ⅱ.①达…　②陈…　Ⅲ.①电视新闻—新闻报道—研究　Ⅳ.①G222.2

中国国家版本馆 CIP 数据核字(2023)第 254549 号

著作权合同登记号 图字:01-2017-0260

新闻传播学前沿译丛

寓乐于闻：全球资讯娱乐的兴起

YU LE YU WEN：QUANQIU ZIXUN YULE DE XINGQI

著　　者	[英]达雅·屠苏(Daya Thussu)
译　　者	陈丽丹
责任编辑	刘　瑶
特约编辑	张斯琪
封面设计	拓美设计
责任印制	李志鹏

出版发行	中国传媒大学出版社		
社　　址	北京市朝阳区定福庄东街 1 号	**邮　　编**	100024
电　　话	86-10-65450528　65450532	**传　　真**	65779405
网　　址	http://cucp.cuc.edu.cn		
经　　销	全国新华书店		

印　　刷	三河市东方印刷有限公司
开　　本	787mm×1092mm　1/16
印　　张	12
字　　数	209 千字
版　　次	2023 年 12 月第 1 版
印　　次	2023 年 12 月第 1 次印刷

书　　号	ISBN 978-7-5657-3596-7/G·3596	**定　　价**	58.00 元

本社法律顾问:北京嘉润律师事务所　郭建平

作者简介

达雅·屠苏,英国威斯敏斯特大学国际新闻传播学教授,《全球媒介和传播》学术期刊的创始人和执行主编。他著有《电子帝国》《国际传播》《流动中的媒体》《新闻娱乐》《国际化媒体研究》《媒体和恐怖主义》《传播印度软实力》《绘制金砖国家媒体地区》《中国媒体走向全球》等。

目 录

序　言 //001

003//作为全天候资讯娱乐的实时新闻
006//是低智化了吗?
007//全球资讯娱乐节目的定义
008//资讯娱乐的分流转向?
010//本书的主要框架

第一章　资讯娱乐节目的发展过程 //011

012//取悦大西洋彼岸的公众
014//资讯娱乐节目的新视觉媒体
016//节目播放:为了公共服务还是私人利益?
019//冷战结束与商业电视的胜利
021//美国电视资讯娱乐节目的兴起
026//无法逃避资讯娱乐:英国的公共服务电视媒体
030//资讯娱乐大片
032//资讯娱乐对欧洲公共服务电视的影响

第二章 全球资讯娱乐的构建 //036

037//在天空中闪耀的资讯娱乐

040//创建资讯娱乐集团

043//全球资讯娱乐贸易

046//全球资讯娱乐广告

050//娱乐集团的电视新闻

053//媒体的“默多克化”以及福克斯新闻频道的崛起

054//新自由主义主导下的新闻帝国主义

056//英美电视新闻的全球化

第三章 全天候资讯娱乐节目的全球传播 //059

060//24 小时新闻频道在世界各地的传播

063//资讯娱乐节目的全球化

064//转型中的媒体:从国家宣传到资讯娱乐

066//资讯娱乐对公共广播服务的影响

068//电视真人秀节目的营救行动

071//《老大哥》节目的全球化

072//《名人老大哥》——希尔帕·谢蒂事件

第四章 印度的资讯娱乐——电视新闻的宝莱坞化 //077

078//印度媒体的发展:私营媒体与公共广播媒体

081//印度是最大的电视新闻市场吗?

085//印度媒体的默多克化

088//电视新闻的小报化

089//印度资讯娱乐的三个方面:电影、犯罪与板球

095//电视新闻的“塔玛莎”

第五章　作为资讯娱乐的战争 //097

097 // 战争直播报道
099 // 电视转播战争场面
102 // 战争报道的福克斯化
103 // 战争的娱乐化
107 // 战争的“军事娱乐化”
108 // 作为资讯娱乐的战争游戏

第六章　全球范围的资讯娱乐? //111

114 // 媒体多样化
116 // 好的资讯娱乐?
119 // 教育娱乐化
122 // 电视和全球资讯娱乐圈
124 // 面向全球的公共媒体
125 // 赞扬公共电视
130 // 不断变化的全球电视新闻景观

参考文献 //133

索　引 //155

序　言

在牛津大学路透研究所(Oxford University's Reuters Institute)的一个研讨会上，我给来自世界各地的记者做了一次演讲，讨论了电视新闻的现状及其淡化公共话语的倾向。大家的回应令我感到震惊，几乎所有在场的路透社研究员对我描述的他们国家电视领域的情况都产生了共鸣。当然，各国变化的进程和性质不同，但是各国电视新闻的潜在主题都是一致的，那就是市场化对广播电视新闻行业产生了负面影响。

著名新闻记者、英国《卫报》(*Guardian*)的资深主编 C. P. 斯科特(C. P. Scott)在电视出现之际曾评论："'电视'(television)这个词一半是希腊文，一半是拉丁文，不会有什么好结果的。"70 年后，电视已成为世界上极强大的传播媒介，并不断引起生产者与消费者、捍卫者与批评者强烈的正面或负面的反应。尽管互联网全球化发展势头迅猛，但 2007 年只有 17% 的人上网，电视仍然是全球最具影响力的媒介。自 1980 年以来，全球电视机的数量是以前的 2 倍多，其中亚洲增长得最快。据估计，全球超过 25 亿人平均每天看电视超过 3 个小时，浏览的频道有 4000 余个，并且大多数是私人运营频道。由于视觉图像更容易跨越语言和民族的界限，所以电视比其他媒体更有影响力，特别是在发展中国家，因为在这些国家，有数百万的人不会阅读或书写(Herman and McChesney, 1997; McChesney, 1999; Thussu, 2006a)。

2006 年，全球观察公司(GlobeScan)与英国广播公司(BBC)、路透社(Reuters)、媒体中心(Media Centre，一家非营利智库)合作，在十个主要国家展开了一项国际民意调查。调查显示，国家电视新闻最受信任(达 82%)，而有 56% 的受访者 2
信任国际卫星电视新闻，他们认为电视是最重要的信息来源渠道。开放社会研究所(Open Society Institute)发布的一份关于欧洲电视的报告显示，在欧洲，电视仍然是大多数人的主要信息源(Open Society Institute, 2005)。英国通信管理局(Ofcom)的研究显示，目前为止电视对于英国公民来说仍是最重要的新闻来源(约占

68%)。在国际新闻方面，英国通信管理局指出，电视一直是信息的基本来源渠道，有 72% 的人认为电视是其了解国际新闻的主要渠道(Ofcom,2005)。

电视作为公共信息的重要的提供者，那么全球的电视新闻便会成为被关注的关键领域之一，这不仅对那些研究、消费或制作电视新闻的人是如此，对整个社会来说亦如此。新闻不仅是一种媒体产品，也影响着政治和国际关系，并融入其中。随着全球传播硬件和软件的私有化，广播放松管制，以及电视、电信、计算机行业之间的技术融合，广播日益商业化，从根本上改变了广播的生态。如丽莎·帕克斯(Lisa Parks)所述，卫星革命重新定义了电视和全球之间的含义和关系，使电视与卫星技术融合，从而扩展了"电视"的含义，包括军事、公共教育、商业娱乐和公共传播(Parks,2005)。从公共电视转向注重收视率的电视，依赖企业广告并面向不同的受众进行广播，这对新闻议程和编辑的优先权都产生了影响。

美国的广播商业模式在很大程度上依赖广告，随着电视的全球化，这种模式已成为全世界的主导模式。在一些国家，国家广播公司失去了垄断地位，广播电视私有化为跨国媒体公司开辟了新领域，媒体系统被少数几个非常强大的多媒体企业集团所主导，由此引发了一场关于商业驱动媒体系统的意识形态的必要性的争论(Betting and Hall, 2003; McChesney, 2004; Bagdikian, 2004; Thussu, 2006; Baker, 2007)。新闻媒体激增的一个结果是，在人们对新闻的兴趣普遍下降的时候，新闻
3 媒体在观众、广告收入方面的竞争日益激烈。在美国，电视网黄金时段新闻节目的受众大幅减少，从 1969 年的 85% 下降到 2005 年的 29%，部分原因是许多受众，特别是年轻受众，选择在线获取新闻(Project for Excellence in Journalism,2006;Mindich,2005)。在英国，1994 年至 2001 年，时事节目的观众下降了近 32%(Hargreaves and Thomas,2002)。

随着电视新闻的商业化发展，娱乐性需求已成为广播公司[1]的关键优先项，因此电视新闻被迫借鉴和采用非正式的传播风格，如采用娱乐元素和谈话模式，强调个性、风格，重视报道的技巧和视角。电视新闻还喜欢运用一些八卦小报的做法，比如传播小道消息，混合事实和虚构的内容，甚至歪曲真相，这些行为非常令人不

---

① 根据原文，本著作中的广播是广义的，包括广播和电视，并且随着传媒技术的发展，尤其指电视(广播公司也主要运营电视业务)。——译者注

安(Downie and Kaiser,2002;Gitlin,2002;Anderson,2004)。新闻的采集成本非常高,尤其是外国新闻,需要高昂的投资成本。因此,为了盈利,为了避免损失,媒体的高级管理人员不断面临压力,需要为新闻节目和时事节目提供符合人口统计学要求的受众。美国近年来的重要发展趋势是娱乐企业集团收购大型的电视新闻网,如维亚康姆—派拉蒙集团(Uiacom - Paramount)收购了哥伦比亚广播公司新闻频道(CBS News);美国广播公司新闻频道(ABC News)成为迪士尼帝国的一部分;美国有线电视新闻网(Cable News Network,CNN)成为美国在线—时代华纳集团(Aol - Time Wamer)(世界最大的媒体和娱乐集团)的关键组成部分;福克斯新闻(Fox News)归新闻集团(News Corporation)所有。所有权的转变反映在新闻中表现为报道类型发生变化,比如娱乐名人的报道往往在新闻中占据显著地位,从而加强这些公司的协同效应(Bennett,2003a)。除此以外,还涌现了新类型的真人秀节目和相关节目,如电视纪录片、名人脱口秀、法庭和犯罪法律节目、救援节目。这种由资讯娱乐驱动的节目类型在全球越来越流行,表明了这种混合模式是成功的。媒体的这种集中娱乐化的情况导致新闻业社会功能失调,更倾向于关注“底线”(Baker,2007:28 - 29)。

》作为全天候资讯娱乐的实时新闻

市场主导的电视新闻业的出现及其对公共领域的影响,导致全球范围的新闻和信息被淡化,这引起了媒体批判理论家的关注。在20世纪80年代初,早在媒体全球化和无线电波“猖獗”的商业化之前,尼尔·波兹曼(Neil Postman)就明确阐 4
述了一个观点:在美国,公共话语是以娱乐的形式呈现的。在波兹曼的一部颇具影响力的著作《娱乐至死》(*Amusing Ourselves to Death*,1985)中,他认为电视已经发生变化。

社会和知识世界的背景辐射是一个世纪前电子“大爆炸”中,几乎无处不在但又让人难以察觉的残留物,它已经彻底融入美国文化,我们对它如此熟悉以至于听

> 不见电视机在黑暗中发出的微弱的嘶嘶声，也看不见电视荧屏闪烁不定的荧光。这反过来意味着，电视认识论已经悄无声息地进入了我们的生活。它在我们周围构建的偷窥世界似乎也不再奇怪。

波兹曼还认为，"电视认识论"不利于更深层次的知识和理解，因为电视对话具有"语无伦次和琐碎"的特点，并且只发出一种持续的声音，即"娱乐之声"。波兹曼还指出，电视媒体本身在认识论上是存在危险的，"电视不会延展或放大文字文化，电视攻击文字文化"(Postman，1985:84)。

帕特里克·布兰特林格(Patrick Brantlinger)在其《面包和马戏团：社会衰败下的大众文化理论》(*Bread and Circuses: Theories of Mass Culture as Social Decay*)一书中，描绘了一种他称之为"消极古典主义"的趋势，他发现了作为流行媒介的电视与罗马马戏团的相似之处，"两者都用直接的视觉体验代替了其他深刻的或者非直接表现的事物；两者都冲击着大量的非参与式的观众；两者都用虚假的社区体验来代替更为普遍的内容；商业电视充斥着性、暴力等内容，就如同罗马马戏团游戏中充斥着施虐、受虐的本能诉求"(1985:279)。

在20世纪90年代早期，电视频道数量呈现爆炸式增长，覆盖面变广，尤其是新闻频道，这进一步强化了媒介具有负面影响这一观点。水门事件的调查记者卡尔·伯恩斯坦(Carl Bernstein)在《新共和》(*The New Republic*)杂志的一篇文章中，哀叹新闻的速度和数量破坏了其质量、语境，降低了准确性，并使低级、庸俗的资讯娱乐文化正常化。伯恩斯坦写道："在这个资讯娱乐化的文化中，我们告诉读者和观众，鸡毛蒜皮的事情是重要的，耸人听闻和怪诞的消息比真实的新闻更重要。我们并不为读者和观众服务，而是投其所好，迎合他们，向他们提供那些我们认为他们想要的消息，我们认为能提高收视率和订阅量的内容。"(Bernstein，1992:24－5)由《哥伦比亚新闻评论》(*Columbia Journalism Review*)组织的一场记者和学者论坛总结指出，美国新闻媒体经过克林顿与莱温斯基的丑闻报道已经进入低谷，这说明
5 了越来越多的通俗和琐碎的新闻出现在报纸和屏幕上，并且服从媒体所有者价值观的压力越来越大(*Columbia Journalism Review*，1998:44)。

在英国，鲍勃·富兰克林(Bob Franklin)认为：新闻媒体逐渐沦为娱乐产业的一个组成部分，而不是为公众关心的重要问题提供知情辩论的论坛。他认为：

新闻业的重心已经发生改变。提供娱乐的功能取代了提供消息的功能。个人利益取代了公众利益。审慎判断让位于追求轰动效应。琐碎的内容战胜了重大的内容。比起具有国际影响力的重要议题和事件,名人的私生活更具有新闻价值。新的新闻价值观侵蚀了传统的新闻价值观,资讯娱乐变得日益“猖獗”(Franklin,1997:4)。

许多学者认为,电视新闻似乎呈现了小报最糟糕的一面,那就是总把娱乐视为当然。科林·斯帕克斯(Colin Sparks)认为,新闻小报化表现为“较少关注政治、经济、社会领域,而较多关注体育新闻和大众娱乐新闻”“更关注个人及其私生活,较少关注政治、经济发展和社会变革”(Sparks,2000:10)。特蕾西认为,随着全新闻频道的增加与受众的分化,白天播放的肥皂剧、小报化的电视节目、琐碎的公共话语、微不足道的庆祝活动,这些内容将重要内容边缘化,节目语言的贫乏导致了人们精神和道德的贫乏(Tracey,1998:264)。

在欧洲西部的某些国家也是如此,尽管这里是公共服务广播的发源地,但也出现了相同趋势,从强调信息功能、教育功能高于娱乐价值功能的公众服务新闻议程,转向更具市场导向性的“小报”的新闻模式。在许多国家,媒体日益侵入政治领域。德国学者托马斯·梅耶(Thomas Meyer)发现了媒体去政治化的发展趋势,他指出即使“在公开的政治性的广播电视中,也是内容极其匮乏、辩论空间极小的节目占优势,很多节目所展现的政治形象很可能会分散观众对实际事件的注意力,而不是帮助他们了解到底发生了什么”。梅耶认为之所以出现这样的结果,简而言之,就是大众媒体系统对观众所输入的最关键的信息,根本不符合相应的信息标准 6
(Meyer and Hinchman,2002:129)。此外,德国评论员也开始谈论“政治娱乐”(Dorner,2001)。

2005 年,开放社会研究所对欧洲电视频道的一项对比调查显示,尽管电视中有数以千计可收看的频道,但是整个欧洲的电视频道在内容上都存在着相似性。对二十个国家的调查结果显示,“公共服务广播公司和他们的商业竞争者,在节目内容和质量方面的区别已经变得越来越小”。调查性新闻节目和少数群体相关的节目在公共电视和商业电视中都是稀缺商品。新闻媒体往往呈现明显的小报化倾向,尤其是在商业电视频道中(Open Society Institute,2005:22)。印度电视新闻在过去十年出现了惊人的增长,其中充斥着资讯娱乐,正如一位著名的电视评论家所指出的，“目前，电视新闻数量充足但内容贫乏。更多的电视频道就意味着更多疯狂的竞争，看了某些发言人的发言，观众对现实的感觉更差了”（Ninan，2006a）。

是低智化了吗?

有些人指责电视创建了“最小公分母的社会”，认为“新闻媒体使得人们注意力下降，导致人们缺乏好奇心、同情心，不再有抽象推理思维和概念推理思维”（Arden，2003：48）。伯明翰大学当代文化研究中心（Centre for Contemporary Cultural Studies in Birmingham，现已解散）创始人理查德·霍格特（Richard Hoggart）曾感叹在英国出现的这种“低智化”问题，知识分子中也出现了“文化贫瘠”的现象，竟然有人喜欢看《老大哥》（*Big Brother*）这样的节目（Hoggart，2004：124）。

英国广播公司资深记者约翰·辛普森（John Simpson）称，因追求“最小公分母”的递减效应，美国患上了“痴呆症”，不知道自己或别人的过去，也不知道自己或别人的现在（Simpson，2002：288）。英国广播公司的资深记者约翰·汉弗莱斯（John Humphrys）等人也表达了对“低智化”的担心，并呼吁加强新闻的公共服务理念（Humphrys，1999；Lloyd，2004）。安德鲁·马尔（Andrew Marr）也这样评价，新闻的理念已经改变了，它本质上不再是信息，而是不惜一切代价设计出来的能产生情感反应的事物，而且越极端越好（2004：381）。

7 新闻业的公共服务理念对促进公民参与民主实践至关重要，可是这方面似乎也岌岌可危（Curran，2002）。英国广播公司创始人约翰·里斯（John Reith）非常强调这种公共服务理念，他认为，与印刷媒体不同，广播媒体不仅具有提供资讯、教育和娱乐的功能，还应当提供不受政府和商业影响的信息，“广播给用户带来以前无法获取的直接信息，这些信息以前是被媒体大量调整的”（Reith，1924：112）。根据联合国教科文组织（UNESCO）的定义，“公共广播服务（PSB）是由公众投资、制作和控制的，并为公众服务的广播机构。公共广播服务不具有商业性质，也非国有的广播服务，不受政治干预，也不被商业势力影响。通过公共广播服务，公民可获取资讯、得到教育，还可以得到娱乐。若公共广播服务能保障节目的多样化、编辑的自主权、资金支持、责任制和透明度,公共广播服务则可成为民主的基石”(UNESCO,2006a)。以英国为例,英国广播公司的部分资金来自英国公民支付的许可费,在理论上,节目制作人不必刻意追求收视率,应按照“资讯、教育、娱乐”这个主题的顺序制作高质量的节目。

大众传播范式的支持者认为资讯娱乐的兴起扩展了公共领域,并使之民主化。但是也有人认为,自现代新闻出现以来,“性”“丑闻”“灾难”和“名人”已经成为其固有的内容特征,他们对电视新闻的“低智化”和“小报化”持相当悲观的态度,持精英主义的人和持理想主义的人的电视新闻观更是如此(Hartley,1999)。这反映了西方国家以消费主义、名人主义和犬儒主义为中心,将后现代主义政治进行“重塑”的倾向(Corner and Pels,2003:7)。基于电视在公共生活中的重要意义,随着资讯娱乐的扩散,作者试图去探析电视新闻的主要特征,并研究其中需要批判性审查的特征。

〉全球资讯娱乐节目的定义

资讯娱乐节目(infotainment)是一个新词,它出现于20世纪80年代后期并开始流行起来,它是人们对当代电视所有问题的一个通俗易懂的概括,指的是新闻和时事节目中的资讯(information)和娱乐(entertainment)两种特质明确组合在一起的节目。1992年,“infotainment”一词被收入《罗格同义词词典》(*Roget's Thesaurus*)。
根据《牛津英语词典》(*Oxford English Dictionary*)上所记录的,资讯娱乐节目混合了 8
娱乐和资讯的电视广播素材;在《政治传播核心理念》(*Key Concepts in Political Communication*)一书中记录了,“资讯娱乐节目是资讯和娱乐两个词的混合词,指的是在新闻和时事广播中将资讯和娱乐融合在一起的实践”(Lilleker,2006)。资讯娱乐现象指的是一种更重视风格而不是实质内容的电视新闻,它的呈现方式比内容更重要。

这种新的新闻呈现方式借鉴了现代电视广告的视觉形式和风格,以及MTV(Music Television,音乐电视台)的视觉美学,包括后现代演播室中快节奏的视觉动作、电脑动画的标识、醒目的视觉效果，以及辞藻华丽的新闻标题，这类节目通常让魅力四射的主播播报新闻标题。特别是在24小时新闻频道，这样的新闻似乎是吸引"以自我为中心"的一类用户的好办法，因为这些用户频繁更换频道，而且愿意上网或使用移动设备看新闻。由于新闻频道想吸引更多的观众，而且不想流失目标受众，所以，被收视率驱动的美国资讯娱乐节目变得日益全球化。

出于研究的需要，笔者将"全球资讯娱乐节目"定义为在收视率驱动下，独家报道有关"名人""犯罪""腐败"和"暴力"等吸引人眼球的软新闻的美国式电视新闻节目。随着硬件方面的国际基础设施的建设，这种电视新闻的全球化传播成为可能，也侵蚀了电视的公共服务理念。与此同时，"全球资讯娱乐圈"已崛起并成为各种新闻形式的竞争之地，包括视听化的博客等。

》资讯娱乐的分流转向?

迈克尔·舒德森(Michael Schudson)在《新闻的力量》(*The Power of News*)一书中论述了新闻媒体如何在现代社会的演变中扮演中心机构的角色，以及如何成为公共知识和文化的核心存储库(Schudson,1996)。在盖伊·德博尔(Guy Debord)的"景观社会"概念的基础上，道格拉斯·凯尔纳(Douglas Kellner)指出，我们正在成为网络化资讯娱乐社会的一部分，其中"媒体景观"已经进入经济、文化、日常生活等各个领域(2003:10)。

9 虽然这种传播方式似乎更具包容性、更自由，但有人担心太多的新闻会导致信息过剩，对观众而言，视觉上的连番"轰炸"使他们无法区分公共信息和企业宣传信息。英国历史学家艾瑞克·霍布斯鲍姆(Eric Hobsbawm)把广告商定义为自教会衰退以来最有影响力的大众思想家(Hosbawm,1968:321)。然而，琼·西顿(Jean Seaton)提醒我们，新闻应该刺激新思想，而不是成为逃避的麻醉剂(2005:296)。

娱乐性新闻带来的远不止是狂欢式的传播体验。如加西亚·坎克里尼(Garcia Canclini)所说，争论性和批判性的参与形式变少，更多的是事件的、简单的、有趣的堆砌(2001:24)。与这种互动模式相关的还有一个重要的意识形态维度,赫伯特·席勒(Herbert Schiller)认为,西方媒体公司是资本主义制度不可或缺的,因此它们作为意识形态代理人发挥着重要作用:这些媒体公司在其输出的意象和信息中提出了看法和观点,而这些看法和观点强化了受众对整个媒体系统的依恋(Schiller,1976:30)。在这个视听感知范围不断变小的时代,电视新闻是否应对其内容进行批判性的评估和反思呢?超负荷的感官体验能否将信息的概念简化为表面的冲动呢?这种新闻话语的意义是什么?

笔者认为,我们迫切需要暂缓电视新闻是否变得“低智化”的争论,正如前文所述,这一争论似乎主导了对电视新闻市场化的批判。尤其是在全球化背景下,资讯娱乐远非变得低智化那么简单,在两种意义上它都是一种强而有力的话语转移方式,将人们的注意力从电视中转移出来。在这种全球文化经济背景下,如同阿多尔诺(Adorno)曾警告的那样,“电视机制”经常在“虚假现实主义的伪装下运作”(1991:158),在以西方国家为主导、以美国为首的市场霸权的操纵下,它创造了一个虚假的让全球“感觉良好”的局面。

在这个多种传播模式并存的时代,数字传播机制使媒体达到了前所未有的水平,其传播内容可以随时从全球的任何一个地方传递到另一个地方,已经形成了一 10
个“移动网络社会”(Castells et al.,2006)。在这样的广播生态下,并不需要节目的时刻表和特定的频道。鲁伯特·默多克(Rupert Murdoch)认为数字化是“媒体的新黄金时代的前奏”,他指出“技术让我们摆脱原来的束缚,降低核心成本,简化开拓新客户和新市场的途径,并可以提供更多的选择”(News Corporation,2007:9)。市场导向的电视新闻成为常态,不仅仅在家庭中常见电视,在火车站、机场、购物中心等公共场所电视也随处可见,这使电视传播成为一种普遍的、随处可见的现象,它将“候车室人群”转化为广告受众,进而影响品牌知名度和消费者行为(Mc Carthy,2001)。这种全球资讯娱乐文化将越来越受资讯广告的青睐——它将产品的植入或服务的信息相结合,进一步模糊了新闻和广告之间的区别,创造了广告娱乐。

这种解放性的技术已经被资讯娱乐集团所利用,他们借助大量的媒体产品征服全球市场和公众的想象力。默多克的新闻集团是其中的典型,对建立全球资讯娱乐体系起到了关键作用,它不但破坏了电视公共服务的理念,甚至在一些国家取而代之。在这方面，它与罗马帝国的“面包和马戏团”差不多，当时竞技场的壮观场面比剧院的演出更吸引观众，“悲剧和喜剧演出不得不与角斗士战斗或战车比赛争夺观众……剧院本身也被用来进行角斗与展示野兽。哑剧、滑稽剧这些粗俗的戏剧形式，在一定程度上就是为了与竞技场的表演竞争演化而来的”。这些戏剧类型十分依赖舞台效果，充斥着淫秽表演和其他形式的表演。舞台的“邪恶”逐渐接近于竞技场的“邪恶”（Brantlinger，1983：75）。

》本书的主要框架

主要根据以下观点展开论述：

- 尽管网络媒体呈现前所未有的增长态势，但是电视仍然是世界上最强大的媒体，电视新闻有助于塑造全球数百万人的世界观。
- 公共服务电视与私营的、商业驱动的电视相竞争，电视新闻的商业模式已经胜出。
- 作为此类电视新闻的中心，美国在电视新闻商业模式的全球化中发挥着重要作用。

11 • 在一个由市场驱动的全天候电视生态中，电视新闻正逐渐向资讯娱乐靠拢，软新闻、生活方式和消费新闻占主导地位，成为商业机构意识殖民的渠道，而公共新闻和公共领域则受到了破坏。

- 资讯娱乐全球化风靡世界各地，好莱坞（Hollywood）和宝莱坞（Bollywood）电视新闻文化之间的新协同作用就证明了这一点。
- 在电视新闻中，连冲突和战争都可以用娱乐的方式出现。
- 全球传播的新技术和替代模式为构建全球资讯娱乐领域创造了可能。

第一章　资讯娱乐节目的发展过程

《每日邮报》(*Daily Mail*,英国现存最古老的大众新闻报纸,1896 年成立)百年诞辰的纪念册中有这样一首诗: 15

> 取悦公众,使之发笑,
> 你越让他们高兴,你就会越成功;
> 教育公众,你永远不会致富,
> 你会像个乞丐一样活着,直至死去。
>
> (Anon, cited in Engel,1996)

这首四行诗揭示了"取悦公众"的重要性。回顾新闻的历史可以发现,犯罪报道、名流轶事和八卦趣事比那些政治话题或公共政策更受关注。新闻作为一种娱乐手段有着悠久的历史,从市井歌谣到花边小报、从电影新闻短片到电视节目皆如此。有人批评这种"资讯娱乐"会使公众变得头脑简单,这样的批评由来已久。自大众媒体出现以来,新闻的资讯功能、教育功能与娱乐功能之间一直存在着一种紧张的关系。约翰·斯图亚特·穆勒(John Stuart Mill)将这种紧张关系的框架定义为一种有关政治目的的术语,无论是"人民的意志",还是"人民的利益",都应该占上风。在 19 世纪的英国,公民社会崛起,底层民众要求民主权利,出于此类恐惧,统治者迫切需要民众接受教育和获取信息,认为这是遏制暴力行为的唯一出路(Carey,1992)。

在印刷出版的早期,市场与道德的辩证关系就反映在媒体的生产和消费中。
18 世纪,英国报业兴起,当时报纸主要面向绅士名流和商人阶层。上乘的大版面 16
报纸是"有身份的人"读的,很少提供娱乐消息,而街头文学却为大众提供了娱乐,在普通民众眼中,"报纸是沉闷的、难以理解的且华而不实的,加上 18 世纪末报纸税从 1 便士涨到 3.5 便士,大多数穷人也只买得起印在纸上的市井民谣"(Shepard,1973:64)。19 世纪初,英国普通民众的文化水平有所提升,这些市井民谣印在粗糙的纸张上,为人们带来了耸人听闻的消息和娱乐话题。街头文学也因为运用了凸版印刷术和木刻插画而具有更强的娱乐性和吸引力。

汉娜·摩亚(Hannah More)和星期日学校运动(the Sunday School Movement)倡导用新文学进行道德激励,他们的传单、手册借鉴了街头文学的娱乐性特点,取得了空前的成功,进而成功地推动了街头文学的大复兴。19 世纪初伦敦最成功的街头文学出版商之一——詹姆斯·卡特纳奇(James Catnach),出版了数百首粗制滥造的市井民谣,涉及体育新闻、时尚圈新闻、凶杀案、临终演讲等,成了穷人的报纸。“缺少新闻就写些鸡毛蒜皮、胡编乱造的故事”,卡特纳奇因此而闻名(Shepard,1973:72)。

1846 年,世界第一份有插图的周报《伦敦新闻画报》(*Illustrated London News*)诞生,诗人威廉姆·沃兹沃斯(William Wordsworth)惊呼这份周报是“野蛮”的回归。《伦敦新闻画报》运用木刻图片报道热点事件,用栩栩如生的画面吸引读者。他在十四行诗《有插图的书报》(*Illustrated Books and Newspapers*)中写道:

> 走开吧,这粗制滥造的图页!
> 难道视觉意味着一切,而舌头和耳朵就不名一文?
> 上天啊,让我们远离野蛮时期吧!
>
> (Brantlinger,1983:278)

大众媒体的发展在很大程度上归功于街头文学,街头文学的排版和新闻风格具有明显的影响力,它运用一种引人入胜的,插图、文字组成的富有冲击力的标题交替出现的格式,而且采用生动、戏剧性的新闻主题,追求轰动效应,往往令人毛骨悚然(Shepard,1973:115)。

》取悦大西洋彼岸的公众

17 美国是大众社会和大众传播理念的发源地,也是资讯娱乐产业的创造者,19 世纪 30 年代就出现了廉价报纸。1833 年,本杰明创办的售价只有 1 美分的《太阳报》(*Sun*)在纽约发售,而当时其他报纸要卖 6 美分。这份报纸报道警察、法庭的新闻，报道了大量人们感兴趣的事情，尤其是关于犯罪和判决的（Mott，1962）。莫特说，1861 年至 1865 年美国内战期间，一些新闻记者当起了“新闻清道夫”。著名记者，同时也是最早的传媒巨头之一——乔瑟夫·普利策（Joseph Pulitzer，著名的普利策新闻奖以他的名字命名），他创办的报纸刊登调查报道、秘密报道、竞赛、民意调查和一些“噱头”来提升发行量。这种廉价报纸供给普通劳动者消遣，正如尼尔·加伯勒（Neal Gabler）所言：

> 对那些热衷于看犯罪小报、暴力小说的人来说，报纸上有极令人兴奋的内容，特别在廉价报纸上，刊登着极耸人听闻的故事。实际上，甚至有人认为是廉价报纸的老板“创造”了新闻的概念，因为这是在娱乐环境中销售报纸的最佳方式（Gitlin，2002：51）。

在乔瑟夫·普利策和威廉·兰道夫·赫斯特（William Randolph Hearst）的激烈竞争之际，报纸经常刊登略带虚构的事件或半真半假的消息，充斥着煽情报道和丑闻，后来也出现了“黄色新闻”。迈克尔·舒德森（Michael Schudson）从他的美国新闻史研究中总结得出，从 19 世纪开始，“娱乐新闻”已经和“专业分析报道”并驾齐驱（Schudson，1978：89）。在 19 世纪中期，随着美国大众文化的全球化发展，这种“娱乐新闻”同马戏团、主题公园、杂技表演、邮购目录、通俗小说一起出口到欧洲国家，并传播到世界各地，逐渐成为美国大众文化的标志。在 19 世纪末期，宣扬 *18*
美国式“美好生活”的“野牛比尔的狂野西部秀”（Buffalo Bill's Wild West Show）欧洲巡演取得了巨大成功，颇受好评，甚至在维多利亚女王周年纪念日（Queen Victoria's Jubilee Day Festivities）的庆祝活动中连演两场，并被媒体广泛报道（Rydell and Kroes，2005）。

许多欧洲国家借鉴了美国廉价报纸的成功经验。以意大利为例，于 1875 年创刊的《意大利人画报》（*Illustrazione Italiana*）等新画报，融入了科学、工业方面的奇闻轶事，成为推广专利药品、自行车、厨房设备这些新型生活消费品的媒介，在这个过程中，还为消费品创建了新的消费群体（Arvidsson，2003：16）。在日本也是这样，廉价报纸的成功经验被再次复制，《读卖新闻》（*Yomiuri Shinbun*）等大众报纸采用了美国式的平民主义新闻，刊发了“黑色第三版”，以“政治家和商人的丑闻”为中心进行定期报道（Chapman，2005：109）。

在19世纪末期，英国的版税和关税逐渐降低，与此同时，报纸凭借轰动性的报道不断发展壮大，成为越来越重要的商业主体。经济和娱乐力量增强了报纸的政治地位，也增强了其控制大众的能力（Berridge，1978）。这种“新”新闻展现了“从议会新闻、政治新闻向体育新闻、绯闻、犯罪新闻和性新闻的转变”（Wiener，1988：54）。1888年，伦敦报纸对“开膛手杰克”（Jack the Ripper）谋杀案进行了大量毛骨悚然的报道，无论是优质报纸还是大众报纸都参与其中，这成为大众报纸文化开始的标志，这种文化以耸人听闻的报道为基础（Curtis，2001）。维多利亚时期开始兴起名人崇拜，维多利亚女王和王室成员备受瞩目。据说，英国首相本杰明·迪斯雷利（Benjamin Disraeli）是首批“舆论导向专家”之一，他认识到利用大众传媒可将英国打造为大英帝国，将维多利亚女王打造为大英帝国女皇。人们对王室的新闻非常感兴趣，报纸的编辑还对维多利亚女王的照片进行修饰，让她看上去比实际年龄更年轻（Plunkett，2003）。

美国广告业的崛起也促进了大众传媒的发展。在19世纪末期，广告已成为世界上大部分消费主义社会形成的重要因素。1899年，美国智威汤逊广告公司在英
19 国伦敦成立了一家“销售机构”，并在之后几年创建了一个先进的文化产业网络。

〉资讯娱乐节目的新视觉媒体

为了迎合市场需求，在20世纪初出现的电影为新闻报道提供了一个富有吸引力的新视觉媒介。1907年，法国人查尔斯·百代（Charles Pathé）推出了新闻短片，并于1908年创办了法国百代杂志《*French Pathé Journal*》，1910年第一个英国新闻短片公司是它的分支。在第一次世界大战前，百代的《动画邮报》（*Animated Gazette*）已在英国伦敦发行了每日版的新闻短片。在1914年，电影摄影师得以随同英国国王乔治五世出访法国，在出访当日晚上8点前，有关出访的新闻短片就已经在英国伦敦西区上映。这部新闻短片放映后，电影报纸《放映机》（*The Bioscope*）曾预言，插画报将被新闻短片所取代，“新闻短片描绘了当代历史活生生的真实景象”（*The Bioscope*，9 June 1910，cited in McKernan，2002：12）。布鲁克兰（Brooklands）

赛车、索尔兹伯里平原(Salisbury Plain)活动、街上歌唱家卡鲁索(Caruso)、巴黎时尚等都是新闻片的成功范例。

新媒介的全球潜力很快得到了认可。1912 年,F·A·塔尔博特(F. A. Talbot)在新书《活动的图像》(*Moving Pictures*)中指出:新闻短片在英国各地大获好评,它把世界上的事情生动地呈现在公众面前,远远超过报纸电报的效果(cited in McKernan, 2002:19)。1917 年 5 月到 1919 年 2 月,英国战争办公室接管了一家新闻短片制作公司——时事预算,1917 年这家公司制作了极成功、极有纪念意义的一部新闻短片,记录了艾伦比将军(General Allenby)进入耶路撒冷的事件,描绘了他徒步进入圣城,接受统治这座城市 400 年之久的土耳其投降的情景。

同战争期间在海外进行宣传一样,新闻片对操控国内外舆论有重要作用。拉斯韦尔(Lasswell)认为:在战争期间,人们逐渐认识到仅仅动员人力和财力是不够的,还必须由官方控制利用舆论。因此,娱乐和流行文化开始被官方用于打造意识形态。美国公共信息委员会与好莱坞合作拍摄电影,政府高官也不回避与电影明星会面。这些影片取得了巨大成功,以至于德国总参谋长鲁登道夫(Ludendorff)在 *20*
1917 年给德国战争部的一封信中写道:这场战争已经证明了图片和电影作为信息传播和说服手段的优越性(quoted in Jowett and O'Donnell,1999:115)。苏联和其他共产主义国家也认识到电影在意识形态和战略方面的重要性,并有意识地运用电影来宣传共产主义思想。电影、新闻短片、广播节目成为宣传意识形态的工具,如谢尔盖·爱森斯坦(Sergei Eisenstein)的经典宣传影片《战舰波将金号》(*Battleship Potemkin*,1925)等,巧妙地运用了蒙太奇的手法引导观众的情绪。

在两次世界大战期间,电影成为人们生活的一部分,英国的新闻短片主要以体育比赛和王室为主题。虽然百代公司和有声电影公司(Movietone)在世界各地开设了分公司,高蒙公司(Gaumont)与美国赫斯特都市之声新闻公司(Hearst's Corporations Metrotone News)开展了国际合作,但是英国的新闻短片忽视了 20 世纪 30 年代即将爆发的欧洲战争的信号,致力于报道一大堆令人震惊的琐事,比如"一名男子试图在裤子上绑上火箭来飞行"(McKernan,2002:10)。有趣的是,美国拍摄了有力的反纳粹的新闻短片,但因其内容激进,以至于美国的一些地区禁止该片上映。

在这个时期,出版物、电影、广播这些大众传播媒介在美国和欧洲的国家崛起,媒介、消费市场和政治之间开始发挥协同效应。沃尔特·李普曼（Walter Lippmann）将其描述为大众民主社会的“共识生成”，依靠广告驱动，在日益非政治化的公众舆论中推动消费主义，以及推广自由选择的理念和企业精神。

英国广播公司首任主席约翰·里斯用一句名言揭示了广播和电视这两种新媒介所拥有的潜能：媒体的功能旨在告知、教育和取悦公众，对这些功能的排序明显
21 反映了他的苏格兰长老派的社会道德改良观。对他而言，虽然广播蕴含的精神动力推动了社会道德进步，但他也认识到娱乐公众是其成功的关键。1940 年，里斯担任了英国广播公司的新闻部部长，他不满别人将他与“戈培尔博士”相提并论（Hickman，1995：29）。

二战期间，电影要达到预期的宣传效果，必须发挥娱乐的功能（Taylor，2003：219）。从 1941 年到 1945 年，苏联的电影同行启用了 250 个摄影师，在不同战线拍摄了超过 500 部的新闻短片。1943 年德军投降后，电影《伏尔加格勒》（*Stalingrad*）仅花费了几个星期的时间，该片有惊人的战斗场景，还有大量的地图和德军指挥官投降的场景（ibid：237）。二战以后，随着电视的发展，电影新闻短片在电影新闻和受众方面失去了垄断地位。从此以后，电影的功能仅是提供娱乐，不过娱乐也可以用来提供信息和意识形态。有趣的是，最早的电视新闻是在翻拍旧的电影新闻短片的基础上制作的（Petersen，1993）。

〉节目播放①：为了公共服务还是私人利益？

广播时代伊始，大西洋两岸出现了不同的模式和方法，其特征取决于它们如何看待和界定公共利益。美国的广播电视业（广播和电视）最初都具有商业属性。《1927 年美国无线电法案》（*US Radio ACT of* 1927）规定，将无线电广播组织定义为由广告资助的商业企业。有人认为，在很大程度上不受约束的私营广播最能满足

① 节目播放包括广播节目和电视节目的播放，一般是通过无线电波或导线传送声音和图像，在本书中特指电视节目播放。受英文中一些专有名词和历史名称所限，翻译中仍保留大量带有广播字样的词汇。——译者注

公共利益,因此,该法案没有规定支持或发展非商业广播(McChesney,1993)。同时,电视也遵循了市场模式,由广告驱动并依赖于收视率。根据1967年的《公共广播法案》,美国成立了公共广播公司(CPB)、公共广播服务公司(Public Broadcasting Service,PBS)和全国公共广播电台(NPR),但是整个美国的非商业性广播电视节目 22
的制作和分发主要还是由少数的教育家和社会活动家来主导。受众所需的娱乐和资讯主要由哥伦比亚广播公司(Columbia Broadcasting Sustem,CBS)、全国广播公司(NBC)和美国广播公司(ABC)三大广播电视网提供。

由于广播电视网的收入以收视率为基础,所以"取悦公众"是节目的一个重要因素(McChesney,1993;Barkin,2002)。在1948年,拉扎斯菲尔德(Lazarsfeld)和默顿(Merton)曾说道,"我们这些商业赞助体系下的大众传媒媒体,在很大程度上促进了人们对社会结构的盲目忠诚"。在1948年播出的《偷拍》(*Candid Camera*),用娱乐性的镜头拍摄了不知情者对恶作剧的反应,现在类似的节目仍在全世界以各种形式播出。在20世纪50年代,游戏节目和选秀节目已经成为美国电视节目的"主餐"。选美节目和名人节目也有着悠久的历史,1954年美国小姐选美比赛首次播出,同年,全国广播公司的名人访谈节目《今夜秀》(*The Tonight Show*)也成功播出。

在电视文化中,公民作为消费者的观念根深蒂固。在里根(Reagan)的第一任总统任期内,通过市场逻辑来定义"公共利益"的理念就已经被明晰,1982年,美国联邦通信委员会(Federal Communication Comission,FCC)主席马克·福勒(Mark Fowler)与他的助手丹尼尔·布伦纳(Daniel Brenner)在一篇文章中指出,"传播政策应最大限度地满足公众的需求。委员会应该依靠广播公司的能力,通过正常的市场机制来确定观众的需求。因此,公众的兴趣界定了公共利益"(cited in Calabrese,2005a:272)。随着美国联邦通信委员会推翻了其对公众信任的要求,商业主义愈发突出,福勒称电视基本上是一台带有图片的烤面包机,广播公司开始把收视率和公共利益相关性混为一谈(Mindich,2005:52)。

在20世纪80年代后期,学者已关注到公民政治兴趣下降的问题,公民政治兴趣下降造成了一个恶性循环,冷漠、愤世嫉俗的公众削弱了新闻的质量。罗伯特·安特曼(Robert Entman)在《没有公民的民主》(*Democracy without Citizens*)(1989)一书中,指出了美国政治的这种"衰退":

相对而言，大部分社会成员很少了解、关注政府，所以他们既不寻找也不了解
23 高质量的政治报道和分析。大多数新闻机构无力提供高质量新闻，而且因为他们不提供这样的新闻，大部分美国人即使想了解政治，也没有信息来源。然而，要想创造足够的需求来撑起一流的新闻业，就需要知情并对政治信息感兴趣的公民。

在西欧国家，尤其是英国，英国广播公司采用了与美国完全不同的模式，即常规的不以营利为目的的公共广播垄断模式。几乎所有的西欧国家以及其他国家也采用了这种模式，如加拿大、澳大利亚、新西兰、日本和印度等。

英国广播电视业是在以英国广播公司为核心的公共服务框架内发展起来的。英国广播公司在1927年取得了第一个皇家特许状，在1936年开始定期播放节目，收取订阅费，公司没有商业压力，因为它靠收视许可费资助。尽管在1955年英国的独立电视公司（Independent Television，ITV）成立并开展广告业务，英国广播公司失去了垄断地位，但在其独特的“双头垄断”下，英国广播公司继续占据着广播电视的重要地位。即使是商业运营的英国独立电视公司也必须履行一定的公共服务义务。在1982年，“第四频道”（Channel 4）成立，其虽以广告为经营基础，保留甚至拓展了公共服务理念，特别是在新闻和时政方面。即使到了多频道、多媒体时代，第四频道的主打节目《第四频道新闻》（*Channel* 4 *News*）仍然是英国电视界备受
24 推崇的新闻节目。可以说，公共服务广播的理想化模型反映了社会精英的价值观，这种模型可以保证记者的职业自主权，并为英国广播电视业提供文化资本，有助于提高公共辩论的质量。正如詹姆斯·柯伦（James Curran）所认为的，“公共服务广播电视媒体将向公众提供信息作为制度的优先项，缩小了政治精英和普通公众之间的知识差距。公共服务广播电视媒体有意识地在黄金时段播放王牌新闻和时政节目，创造了一种既流行又信息丰富的独特新闻风格，试图消解精英媒体和大众媒体两极分化的情况。电视成为大多数人的主要信息来源，说明该战略已获得成功”（Curran，2002：6－7）。

公共服务广播的核心原则可以被列举为：有普遍可用性；体现普遍诉求；顾及少数群体；开展公众教育；与既得利益集团保持距离；鼓励节目制作水准方面的竞争而不是争夺观众方面的竞争；节目制作人有制作自由；培育公共领域（Tracey，1998：26－32）。根据英国通信管理局的规定，公共服务广播播放的节目应具有高

品质、原创性、富有挑战性、吸引人和广泛适用的特点，节目宗旨是通过新闻、信息和对时事的分析来告知我们自身和其他人，增强我们对世界的理解（Ofcom，2007）。英国广播公司认为公共传播主要在五个方面产生公共价值：（1）民主价值，通过提供可信、公正的新闻和信息，帮助公民感知世界，并鼓励他们参与其中；（2）文化和创意价值、丰富公民的文化生活，促进全国性的对话；（3）教育价值，为公民提供正式和非正式的教育机会；（4）社会和社区价值，在具有多元文化的英国，增强社会凝聚力与相互理解；（5）全球价值，英国广播公司成为世界上最值得信赖的国际新闻媒体（BBC，2004：8）。

〉冷战结束与商业电视的胜利

在冷战中，文化的较量是意识形态斗争中不可或缺的一部分，超级大国都力求在大众文化时代取悦大众。正如南希·伯恩哈德（Nancy Bernhard）所言，冷战早期，美国政府利用电视网向美国公众传播反共产主义的意识形态，说服电视网播送 25
经政府部门审查的，有时甚至是政府自己制作或编造的时事新闻节目，从而使电视成为非官方的国家宣传工具（Bernhard，1999）。随着东西方国家的竞争逐渐缓和，电视成为新自由主义的先驱。1989 年，柏林墙倒塌成为冷战结束的最有标志性的新闻事件，对该事件的报道预示着广播电视业角色的转变，这之中电视新闻扮演了重要角色，通过播放大量群众示威活动的画面，引发了多米诺骨牌般的连锁反应。除了罗马尼亚，大多数东欧国家向资本主义的演变是相对和平的，1989 年西方电视媒体报道了罗马尼亚的蒂米什瓦拉事件，该报道和其他报道中存在着虚假成分。鲍德里亚称之为借助电视媒体操纵无数人的想象和情绪，让他们上当受骗。

与之类似，1991 年苏联解体，该事件被电视媒体快速、持续地报道，报道深入、明确，并运用相应的图像、风格和符号将政治对抗元素转化为有意义的剧本（Bonnell and Freidin，1995：44）。这些剧本都带有西方或更为明确的美国式标签：自由、民主和选择。而鲍里斯·叶利钦（Boris Yeltsin）这样的民粹主义领导人在西方支持者和俄罗斯金融寡头的大力帮助下，熟练地利用视觉媒体，为“开放”和“重建”

这两个俄语词汇赋予了新的内涵。

市场资本主义的胜利不可避免地破坏了国家主导的公共传播模式。在东欧和苏联部分地区，国家广播公司只是政府的宣传工具，失去了所有公信力。随着无线电波的私有化，公共服务和国有广播机构遭遇危机。以往在英国，商业广播公司根据公共服务广播协议的规定，为换取有限的模拟信号频段的特许权和广播权，担负起提供公共服务节目的义务。但随着数字广播电视技术的进步，频段已不再稀缺，频道的大量增加导致竞争更加激烈，付费电视、赞助、互动收入等成为新资金的重要来源，公共服务广播协议对商业广播公司的约束逐渐被削弱。英国通信管理局的数
26 据清楚地显示了私营广播公司和公共广播公司收入来源的差异。据调查，2005 年英国电视媒体产业的人均收入（164 英镑）仅次于美国（253 英镑），广告收入占电视媒体产业收入的 36%，频道订阅收入占 40%，公共基金收入占其余的 20%。如图 1.1 所示，德国、法国这些坚持公共服务广播传统的国家，情况与英国类似，美国和日本电视产业的收入来源主要是广告，与英国形成了鲜明的对比（Ofcom，2007）。

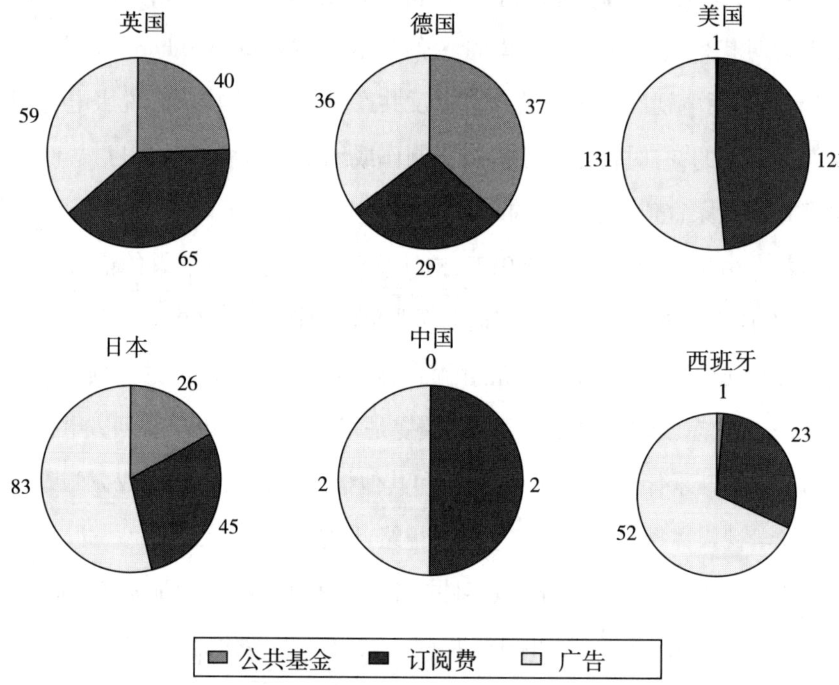

图 1.1　部分国家电视资金获取途径（不同收入来源的人均资金，英镑为计量单位）

广告驱动下的广播电视业不可避免地更易受到商业需求的影响。迈克尔·特里西(Michael Tracey)指出,“在公共体制下,电视制作人获得资金来制作节目;在商业体制下,他们制作节目来获取资金”。电视频道尤其是新闻节目的激增,与新闻节目收视率的历史性下降同时出现。因此,广播公司所追逐的更大的市场份额,只不过是一块逐渐变小的蛋糕中稍大的一块。

》美国电视资讯娱乐节目的兴起

在 2006 年度的“卓越新闻项目”(The Project for Excellence in Journalism)关于美国新闻研究的报告——《新媒体现状》(*The State of the News Media*)中,研究者发现美国电视网晚间新闻收视率下降有两个标志性的时间点:1969 年晚间新闻收视率达到顶峰之时和 1980 年美国有线新闻网诞生之时。根据 2005 年的数据,如图 1.2 所示,电视网自 1969 年起收视率下降了 56%,自 1980 年起下降了 51%。 27

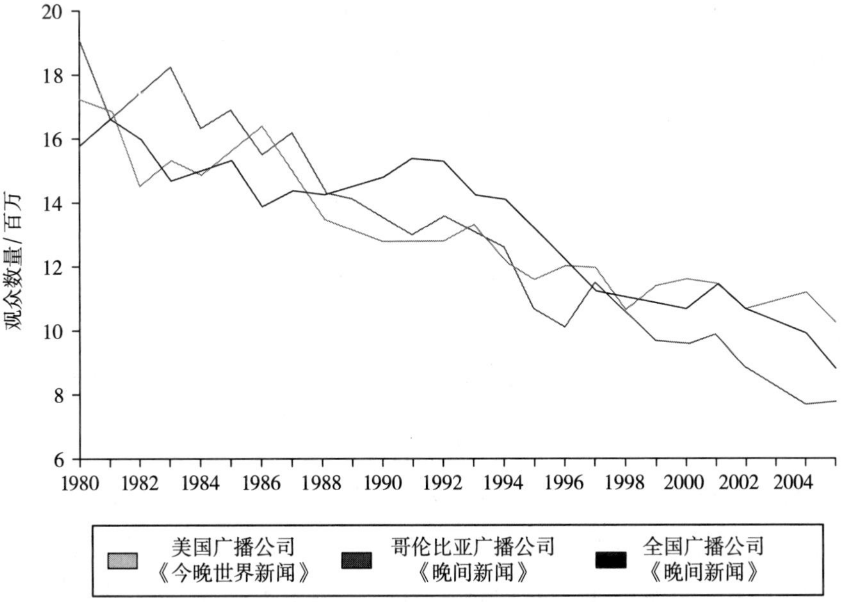

图 1.2　1980 年—2005 年美国电视网晚间新闻的收视率

观众和广告的不断流失迫使美国电视网适应新的多频道传播环境。20 世纪 90 年代，有学者试图对电视资讯娱乐节目的发展趋势进行评估，认为电视媒体故意使用戏剧性的新闻报道框架，导致新闻的娱乐性特征常常遮盖了新闻中与政策相关的内容(Graber,1994)。通过 1996 年美国总统比尔·克林顿(Bill Clinton)回答 MTV 观众提问这一事件，可以看出当时这种资讯娱乐节目的发展趋势非常明显。1997 年，由卓越新闻项目支持的一项重要研究也印证了这种发展趋势，该研究考察了过去 20 年的美国大众媒体。研究指出，“新闻报道已经发生了转变，不再
28 关注政府和外交事务，而转向关注生活方式、名人、娱乐和名人犯罪(丑闻)”。针对电视网的情况，有学者认为，“电视网新闻最大、最新的变化是丑闻报道数量的明显上升，从 1977 年的 0.5% 上升到 1997 年的 15%。第二个明显的变化是公众感兴趣的、关于生活质量方面的报道数量增加，此类报道数量从 1977 年的 8% 上升到 1997 年的 16%，翻了一倍”(The Project for Excellence in Journalism,1998)。

随着 20 世纪 90 年代美国新闻媒体商业化进程迅速推进，广播电视新闻评论员对电视报道标准的批评越来越多。正如最近一段电视历史所“讽刺”的那样，20 世纪 90 年代标志着广播电视新闻业前所未有的衰退期，当时各电视网对新闻报道提出了尖锐的建议，以粉饰电视新闻大滑坡的局面，而这些建议只不过是为了推进即将到来的娱乐节目(Marc and Thompson,2005:121)。广播电视网聘请营销顾问将新闻进行包装，对新闻节目和新闻人才提出建议，包括增加更多的软新闻和更感性的表达，尽量多地使用图像，以及密切关注年轻、外表俊美的主持人(Calabrese,2005a:278)。

娱乐业进军新闻领域的历史性时刻是 1995 年的臭名昭著的 O·J·辛普森(O. J. Simpson)事件，该事件涉及谋杀案、性丑闻、名人丑闻等大量的故事，是新媒体时代的一个“梦幻故事”(Thaler,1997:132)。辛普森案是新闻报道衰落的关键性事件，导致整个美国甚至全世界都对资讯娱乐和小报文化着迷，形成了巨大的媒介奇观，标志着新闻业向资讯娱乐的转变。道格拉斯·凯尔纳(Douglas Kellner)认为，1995 年是电视新闻的“辛普森年”，“很明显，新闻机构优先考虑的是资讯娱乐节目和利润，将新闻融入娱乐，把新闻业变成一门生意”。1995 年 1 月 1 日到 1995 年 9 月 29 日之间，美国广播公司、哥伦比亚广播公司和全国广播公司的晚间新闻节目用 1392 分钟报道了辛普森案，远远超过对波斯尼亚战争的报道时长(Kellner,

2003:100－101)。电视新闻利用辛普森案件暴力的一面,请演员扮演受害者和凶手进行了凶案重演。

很多学者认为是商业主义影响了电视新闻(Jamieson,1992;Cappella and Jamieson,1997;Delli Carpini and Williams,2001;Sabato et al. 2001)。卡佩拉(Cappella)和杰米森(Jamieson)认为,有关政治和公共话题的新闻呈现一种冷嘲热讽的倾向, 29
这样的新闻让人们产生了愤世嫉俗的态度。布卢姆勒(Blumler)和卡瓦纳(Kavanagh)分析了媒体与政治的关系的变迁,他们认为,政治传播的第一阶段是在二战后,媒体与政治的关系的特征是稳定的政治机构和民主价值观;在第二阶段,政治传播适应了电视的需要,政治和媒体的关系是“专业化”的;在第三阶段,由于媒体间竞争压力明显加大,出现了后现代、反精英的民粹主义思潮,媒体改变了公民接受新闻和处理政治问题的方式。布卢姆勒和卡瓦纳指出了人们对获取娱乐资讯的狂热,以及人们也受到政治丑闻报道的影响。

> 越来越多的竞争源自娱乐,“资讯娱乐节目”的政治手段将继续存在并可能增加。这不仅反映在新闻类型的爆炸式发展方面——出现了一系列新的节目类型,如早餐节目、新闻杂志节目、脱口秀节目、犯罪纪实节目、电视八卦节目等等。还反映在新闻制作的变化上,内容增添了戏剧性,也更刺激了,还增添了人们感兴趣的元素,节目模式以及大多数节目的风格也进一步融合到资讯娱乐节目中去了(Blumler and Kavanagh,1999:218)。

此外,比尔·科瓦奇(Bill Kovach)和汤姆·罗森斯蒂尔(Tom Rosenstiel)等人认为,以利润为导向的新闻业、信息娱乐和政治炒作的恶意结合已经影响了新闻议程。他们提出了四个主要原因:24 小时滚动播出符合新闻“实时”的需求;新闻网的激增;新闻管理方式日益成熟,急需“快速运转”;收视率使得新闻业提倡“轰动性思维”,将戏剧性和娱乐性的报道置于刻板的政治新闻之上(Kovach and Rosenstiel,1999)。托马斯·帕特森(Thomas Patterson)于2000 年出版了一部研究美国媒体内容的著作,他指出,美国记者倾向于选择软新闻而不是硬新闻,他分析了 1980 年至 1999 年 5000 多则全国新闻样本,包括电视新闻和报纸,结果表明,1999 年有 50% 的新闻报道不涉及公共政策内容,比 1980 年上升了 35%,而轰动性的报道从 1980 年的 25% 激增到 1999 年的 40%,在研究期间,有人情味的新闻增长了一倍多(Paterson,2000)。

在2000年,美国总统选举之时,娱乐节目真正进入美国政坛。民主党和共和党候选人都在大选前夜参加了《周六夜现场》(*Saturday Night Live*)黄金时段特别节
30 目的录制。2003年,民主党总统候选人在音乐电视频道进行电视辩论,伴随着动感音乐,每位候选人用一种快剪式、带有MTV风格的视频把竞选观点呈现给年轻观众(Mindich,2005:126)。同一年,阿诺德·施瓦辛格(Arnold Schwarzenegger)在《杰·雷诺今夜秀》(*The Tonight Show with Jay Leno*)中宣布竞选加州州长,而约翰·爱德华(John Edwards)在《乔恩·斯图尔特每日秀》(*The Daily Show with Jon Stewart*)中宣布竞选总统。在2004年初,大部分民主党总统候选人成为《比尔·马赫脱口秀》(*Real Time with Bill Maher*)或者《每日秀》(*The Daily Show*)的嘉宾,接受主持人采访,这些节目的主持人都是喜剧演员出身,很少有人遵循传统新闻的边界和思维方式进行采访(Jones,2004:5)。

肯·奥莱塔(Ken Auletta)是美国顶尖的媒体评论员之一,他根据一个由记者和新闻专业的教师组成的特别工作组的讨论结果,将当代美国新闻业存在的问题概括如下:

> 在通过收视率和发行量获取利润的商业压力下,新闻往往变得很琐碎,并产生了资讯娱乐节目。这种情况促使记者去抢头条新闻,但记者并不理解要追什么样的新闻。这些愚蠢的记者追求那些无所谓的、没有意义的事件,对提出什么问题,或者向什么人提问都毫无头绪;他们端着态度却不重视客观信息,愤世嫉俗却没有怀疑精神,在没有实地采访的情况下就摆出一副虚假的对抗姿态;他们一窝蜂似地报道,新闻大同小异;因为缺乏充足的采访时间,他们笔下的新闻草草而就(Auletta,2003:18)。

为了应对竞争,媒体使用各种策略来维持市场份额。以美国有线电视新闻网为例,他们任命了一位具有电视娱乐节目背景而非新闻背景的高级管理人员,重新设计新闻节目的固定样式,包括鼓励开创个性化驱动的节目,并雇用《纽约重案组》(*NYPD Blue star*)的安德莉娅·汤普森(Andrea Thompson)担任《头条新闻》(*Headline News*)的主持人(Bernstein,2001)。2002年,美国广播公司宣布解聘受人尊敬的主持人泰德·科佩尔(Ted Koppel),科佩尔曾主持22年的《晚间报道》

(*Nightline*)被一档娱乐节目取代。美国记者波妮·安德森(Bonnie Anderson)也曾担任电视台的高级管理人员,她认为,电视台受到“底线思维”的影响,更重视电视画面,而非实质性报道。电视台的高级管理人员越来越多地采用娱乐行业的战术和策略。他们根据记者“创造信誉”的能力来“挑选”记者,重视年轻人而不关注其是否受过训练或是否有经验,通常只有在确信报道能吸引广告商、符合大多数观众口味的时候,才支持它被报道(Anderson,2004)。在一位新闻评论家称之为“临时观众”的时代,这种娱乐与新闻之间的界限已经模糊,演变成“代表性戏剧”的形式 31
(Woodward,2006)。

加里克·厄特利(Carrick Utley)是ABC新闻网和NBC新闻网的前首席涉外记者,他报道称,20世纪90年代美国电视网大幅削减了他的国际报道的数量,之所以削减国际新闻,是因为公司的新闻主管认为涉外新闻是可以被牺牲的,除非大多数观众对此有迫切的兴趣(Utley,1997:5)。CBS新闻网前涉外记者汤姆·芬顿(Tom Fenton)赞同这个说法,他认为新闻媒体对“娱乐业思维”的依赖影响了海外报道的质量,公司主管认为那些遥远而重要的报道是“晦涩难懂”的(Fenton,2005)。

经济学家詹姆士·汉密尔顿(James Hamilton)提供了一个有用的模型来分析电视新闻产业的变化,他将其命名为市场环境下提供新闻信息的子集,运用市场逻辑来解释新闻的生产和消费。汉密尔顿认为,被发布的消息代表了“新闻总监”的决策,这取决于受众的兴趣、搜集报道的成本、读者(观众)对新闻的期望,以及竞争对手可能采取的行动。他列举了以下五个关键问题:“人是如何选择信息的?他们愿意为什么内容付费,或者说其他人愿意支付多少钱来获取信息?媒体或广告商在哪儿可以找到这些受众?何时提供这些信息能够盈利?为什么可以盈利?”(Hamilton,2003:14)

汉密尔顿认为娱乐性“软新闻”是“低水平的公共事务信息”,与之相对应的是政治“硬新闻”,即高水平的公共事务信息。在一个市场主导的体系中,广播公司通过“软新闻”向广告商输出观众可能是较好的办法。他认为:

- 广告商对观众越重视,“软新闻”节目就会越流行。
- 如果节目制作方制作“软新闻”的成本更低,他们就更愿意制作这种类型的信息。

- 频道数量增加，“软新闻”节目的数量也会跟着增加。
- “软新闻”的数量与喜欢这种类型节目的观众数量同步增长。

(Hamilton,2003:15 - 16)

汉密尔顿认为，随着被低水平的公共事务信息吸引的观众数量不断增加，节目
32 利润增加，促使更多电视频道进入这个市场。当“软新闻”节目的观众人数增加时，节目制作方发现为观众提供低水平公共事务内容的节目，将更有利可图。

麦克切斯尼(McChesney)称资讯娱乐为“超商业化时代”的符号和象征，在这个时代里，几乎所有的媒介传播都被商品化了。他认为，电视台在利用廉价且空洞的节目赚大钱的同时，不断将电视新闻淡化和简化，最终将电视新闻变成一个笑话。电视台最终发现，他们的观众数量不断减少，新闻节目难以办下去。因此，一些地方商业电视台已停止制作新闻节目(ibid:96)。资讯娱乐的繁荣还影响了非商业性、总体边缘化的美国公共广播公司，该公司逐渐开展了一系列以市场为导向的商业化运作，包括注册商标、建立品牌标识、出售新型广告、开发美国公共广播公司品牌周边产品等，已经融入了商业电视文化(Hoynes,2003)。

》无法逃避资讯娱乐：英国的公共服务电视媒体

英国有着良好的公共服务广播传统，以英国广播公司为代表，也包括独立电视台和第四频道(Channel 4)等商业广播公司，和以商业模式运营的公共广播机构，他们都播放严肃的、内容丰富的国内国际公共事务节目，尽管如此，英国的电视节目也受到资讯娱乐化趋势的影响，和美国相似。里斯安(Reithian)曾提出电视有“信息、教育和娱乐”三个功能，其中娱乐是最后一个功能，而在20世纪90年代，这个功能越来越突出。

尽管独立电视台以广告为导向，但同时也致力于公共服务，并且在时事新闻深度报道节目中尤具创新性。格拉纳达电视台(Granada TV)的《行动中的世界》(*World in Action*)(1963年—1965年、1967年—1998年)，是一部集介绍、调查和曝

光于一体的大型黄金档系列节目，反映了在公共广播领域调查新闻为公共利益服务的优良传统，和为满足公众知情权发挥的关键作用（Goddard et al., 2001）。独立电视台还有另一部时事系列节目《这一周》（*This Week*，1955 年—1992 年），节目中“调查与异议的声音”也很重要，正如帕特丽夏・哈兰德（Patricia Holland）所言，这部系列节目在其漫长的历史中，为英国公众带来了有关北爱尔兰的宗派冲突或 33
非洲饥荒等敏感问题的严肃纪录片，从而推动了民主建设的进程（Holland, 2006）。

这些公共电视面临的最大挑战是商业化的卫星电视和有线电视。默多克天空卫星电视台（Murdoch's Sky network）成立后，电视的公共服务精神逐步被削弱，20 世纪 90 年代卫星电视的观众数稳步增长，到 2006 年，其观众数已经占英国电视家庭用户的三分之一以上（见图 1.3）。在英国有线电视和卫星电视诞生的初期，电视台为了吸引人们的注意力和提高收视率，推出了一系列“低智化”的节目，包括直播电视节目（*Live TV*）的“新闻兔女郎”，一名记者身穿兔女郎服装，对新闻报道表示赞同或反对，还有无上装飞镖游戏和女主播蒂芙尼（Tiffany），她一边进行财经新闻报道，一边脱衣服，电视台因此变得声名狼藉（Horrie and Nathan, 1999）。

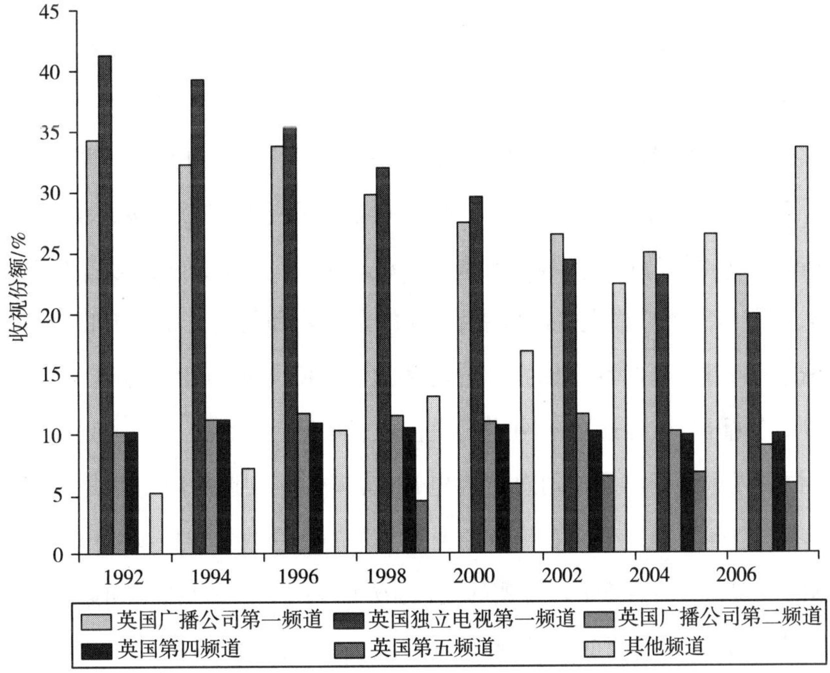

图 1.3　英国电视收视份额

随着越来越多的节目制作人开始追求节目的高收视率，英国独立电视台和第
34 四频道开始将收视率转化为广告收入，这对英国广播公司收视许可费形成了巨大的威胁，严肃的新闻议程开始让位于更加民粹主义的议程，强调名人轶事、犯罪和消费者的新闻。1990 年的《广播法》（*Broadcasting Act*）通过后，英国独立电视台变得越来越商业化，当时高层管理人员决策的参考对象是公司董事会而不是新闻编辑室，这一变化在一定程度上是因为《广播法》放宽了独立电视台的公共服务职责，批评者就此认为独立电视台已经变为"哑巴电视台"。1999 年，独立电视台播出了 30 年的王牌节目《十点新闻》（*News at Ten*）从晚上 10 点的固定播出时段被调到其他时段，这是这种态度转变的另一个典型例子。作为 1967 年独立电视台设立的第一个电视新闻频道，长达 30 分钟的《十点新闻》节目在受众获取新闻方面起到关键作用。相比乏味的英国广播公司，其节目风格更加非正式，雅俗共赏。默多克的卫星电视台播放好莱坞最新大片和体育直播，为了与其竞争，独立电视台游说广播电视监管机构允许其将新闻类节目的时刻表延后，以便在原时段播出娱乐节目，尤其是好莱坞电影，以留住观众。

BBC 的王牌时事新闻系列节目《全景》（*Panorama*），自 1953 年播出以来，为半个世纪的时事新闻报道树立了标杆，在 20 世纪 50 年代末的全盛时期，它有多达 1000 万的忠实观众。但是为应对不断下滑的收视率，《全景》节目如今已调到周末时段播出，内容也被删减（Lindley, 2002）。这种变化不仅影响了新闻时事节目，而且影响了艺术和创意节目，如英国广播公司的《深夜秀》（*The Late Show*）、《竞技场》（*Arena*）和《汇编》（*Omnibus*）等系列节目，都让位于智力挑战较小的节目。21 世纪初，随着多频道广播电视的发展，严肃的纪录片和其他类型的节目被挪到专门频道播出，那些被人称为小众的、细分的频道。BBC 第四频道就是其中之一，该频道于 2002 年播出，仅通过数字网络频道播放，属于专门的文化艺术频道。它的出现似乎再次强调英国广播公司对严肃电视的许诺，该频道的座右铭是我们都需要一个思考的空间。但这个颇有价值的电视节目的观众数量却极少：开播第一年，它在英国的收视率只有 0.2%。有趣的是，2007 年 1 月，英国广播公司第一频道重新播放《全景》节目，将节目时长缩减到 30 分钟，在每个工作日的晚 8:30 播出，与两个主要对手——独立电视台的《今晚与特里沃·麦当劳相会》（*Tonight with Trevor McDonald*）和第四频道的《新闻报道》（*Dispatches*）进行正面竞争，这样奇怪的节目

安排使得时事新闻的观众不断减少,观众群体继续分化。

英国和美国一样,新闻频道试图通过改变节目风格来挽留日渐稀少的观众。1997 年英国广播公司推出国内数字滚动新闻频道“新闻 24 小时”(News 24),在一 35
段富有动感的宣传视频中,该频道被描述为“绝不沉闷甚至是非常有趣的”。这是英国广播公司为改变新闻消费模式所做的必要姿态,一份向媒体披露的内部节目审查文件坦率地指出,“除非加入一些浅薄的内容,否则世界经济情况、战争和饥荒等新闻对观众来说并没有多大的吸引力,社会底层民众需要的是娱乐,而不是信息”(quoted in Culf, 1997)。同年开播的第五频道(Channel 5)为电视新闻节目带来了更多的浮华魅力。在 2000 年,第五频道聘用迷人的柯丝蒂·杨(Kirsty Young)作为主播,让她在明亮的灯光下和特别设计的演播室里播报晚间新闻,其他电视台纷纷追随这一潮流,包括一向冷静保守的第四频道。信息娱乐被认为是将新闻节目与快速分化的观众联系起来的必要方法。广播公司开始在节目中增加琐碎的、耸人听闻的内容,来应对日益激烈的竞争(Meyer and Hinchman,2002:82)。

为了在不断变化的媒体环境中取得成功,政治家也开始调整他们的表达风格,因此,有人认为,过于简单化和琐碎化的政治传播使政治辩论变得贫乏。一位评论员指出,“包装政治”强调“个性主义和总统主义”。一群被精心挑选的“上镜”的政客不断出现在电视画面里,他们喊着预先排练好的口号和自动设备录制的声音片段,取代了原来理性、持续的政策宣传(Franklin,2004:12)。严肃新闻的衰落可能还与公共关系行业的发展有关,后者开展了越来越多的新闻议程设置。一些富有经验的评论员也注意到,甚至在英国这个具有浓厚公共服务广播传统的国家,也出现了这样的趋势。“记者担心的是,他们不再有资源来对抗传统竞争对手越来越复杂的手段,新闻业正被那些不再遮掩的说客所耗竭”(Hargreaves,2003:180)。

资讯娱乐化趋势不仅是新闻“低智化”的问题,还是将什么排除在新闻议程之外的机会成本问题。英国政府国际发展部(Department for International Development)的一份报告指出,英国广播公司的国际新闻部、时事新闻部现在很少制作有关发展中国家的节目。在收视率的影响下,广播公司已经将这类内容边缘化,因此失去了国际市场的观众。因为国际市场需要更多具有全球性、普遍性的 36
产品,所以英国变得越来越孤立,英国电视产业与国际市场并不协调(DFID,2000:173)。

》资讯娱乐大片

广播公司观众研究委员会(Broadcasters Audience Resenrch Board,BARB)对观众进行了长达25年的系统监测,发现非虚构类节目(体育节目除外)的排名最高,进一步研究发现其中资讯娱乐节目占主导地位(见表1.1)。其核心主题都是英国人比较关心的问题——王室、庆典、盛大活动、名人游戏节目和达人秀。

英国广播公司的商业化因素日渐凸显,通过与国际传播运营商探索频道(Discovery Network)的合作,两家公司成功开发并销售了轰动一时的系列纪实性娱乐节目,从合作的规模就可以看出英国广播公司商业化的迹象:2002年到2005年,英国广播公司出品的225部纪录片中,135部是与探索频道合作拍摄的。英国广播公司的子公司——全球广播公司(BBC Worldwide),已经成为欧洲最大的电视节目出口商之一(Steemers,2004)。这些令人惊叹的系列纪录片的制作很大程度上受到了好莱坞"大片心态"的影响,采用了模式化和续集的方式,保证一些全球热门的作品可在不同的媒体渠道进行销售,而不做那些利润率较低的小项目(Fursich,2003:135)。首次亮相的资讯娱乐纪录片,《与恐龙同行》(*Walking with Dinosaurs*),取得了巨大成功,其"文化参照物"是1993年的好莱坞电影《侏罗纪公园》(*Jurassic Park*)和该电影1997年的续集《消失的世界》(*The Lost World*)(Scott and White,2003:320)。《与恐龙同行》是1999年的英国十大电视节目之一,该片迅速成为一个品牌,被其他资讯娱乐纪录片模仿,相继出现了《与野兽同行》(*Walking with Beasts*)、《与洞穴人同行》(*Walking with Cavemen*)、《与宇航员同行》(*Walking with Spacemen*)和《与怪兽同行》(*Walking with Monsters*)等。在全球进行的品牌推广和包装运作,加上节目本身壮观的视觉效果和引人注目的电脑模拟动画,促使这一系列节目在全球畅销(Steemers,2004)。在公共媒体与私营媒体合作的其他例子中,他们成功地制作了戏剧与纪录片相融合的作品,如《庞贝:最后一日》(*Pompeii: The Last Day*)、《超级火山》(*Supervolcano*)。

表 1.1　英国式的资讯娱乐:1981—2006 年排名前十的非虚构类节目[7]

日期	节目	类型	频道	观众（百万）
1981.7.29	皇家婚礼	仪式	BBC1/ITV	39.00
1982.4.25	独立电视台新闻	福克兰战争	ITV	17.25
1983.11.17	世界小姐 1983	庆典	ITV	14.95
1984.11.15	世界小姐 1984	庆典	ITV	17.10
1985.10.20	威尔士王子和王妃	王室节目	ITV	18.60
1986.9.22	私下和公众场合的威尔士王子和王妃	王室节目	ITV	18.45
1987.11.27	挑战安妮卡	慈善晚会	BBC1	17.20
1988.2.5	喜剧慈善	慈善晚会	BBC1	16.40
1992.2.6	伊丽莎白女王	王室节目	BBC1	17.85
1995.11.20	全景:戴安娜王妃	王室节目	BBC1	22.78
1997.9.6	戴安娜的葬礼	王室节目	BBC1	19.29
1998.12.2	他们眼中的明星	游戏节目	ITV	16.34
1999.3.7	谁想成为百万富翁	游戏节目	ITV	19.21
1999.10.4	与恐龙同行	纪录片	BBC1	15.00
2000.1.19	谁想成为百万富翁	游戏节目	ITV	15.88
2001.1.1	谁想成为百万富翁	游戏节目	ITV1	12.65
2001.2.3	流行巨星	选秀节目	ITV1	12.37
2002.2.9	流行偶像决赛直播	选秀节目	ITV1	13.34
2002.6.3	2002 年女王登基庆典:白金汉宫宴会	音乐节目	BBC1	12.54
2002.2.9	流行偶像决赛	选秀节目	ITV1	12.52
2003.2.3	今晚特别节目:迈克尔·杰克逊	访谈节目	ITV1	15.32
2003.4.21	今晚特别节目:百万富翁	游戏节目	ITV1	16.10
2003.5.12	我是名人,让我出去!	真人秀	ITV1	12.73
2004.2.9	我是名人,让我出去!	真人秀	ITV1	14.99
2005.3.11	喜剧慈善:红鼻子之夜直播 5	慈善晚会	BBC1	10.94
2005.12.5	我是名人,让我出去!	真人秀	ITV1	12.35
2005.12.17	舞动奇迹	选秀节目	BBC1	10.76
2006.12.23	舞动奇迹	选秀节目	BBC1	12.11

》资讯娱乐对欧洲公共服务电视的影响

美国的电视商业模式在国际上取得成功，对英国以及其他西欧国家的广播电视行业产生了深远的影响，这些国家有世界上第二大的媒体市场，也拥有强大的公共服务广播精神(Tracey，1998；Price and Raboy，2001；Lowe and Per，2005)。从20世纪80年代末开始，欧洲广播电视业放松管制，进行私有化改革，新的私营电视频道数量增加，打破了公共服务电视的垄断地位，到21世纪初，欧洲的电视格局发生了巨大改变。哈林(Hallin)和曼西尼(Mancini)认为，是媒体系统同质化的强大力量改变了欧洲印刷媒体和电子媒体的商业化。与其他地方一样，这种商业主义挑战了西欧的电视垄断和双头垄断，引发了商业化传播和商业化新闻的热潮(Mazzoleni and Schulz，1999：257)。除了英国、意大利和卢森堡，所有西欧国家都有一个处于垄断地位的公共电视频道(Norris，2000)。西欧的电视频道数量呈指数级增长，从1980年的36个国有地面频道、3个私营频道，迅速增加到2005年的1700个频道，尽管新闻和纪录片频道也出现了前所未有的增长，但其中大部分频道是私营频道和娱乐频道(见表1.2)。

由于欧洲联盟(European Union，EU，简称“欧盟”)开放其内部传播限制，实行自由化和放松管制政策，公共服务电视公司被迫效仿美国的电视模式。在这样一个分散的市场中，电视频道只要进入了一个欧盟国家的市场，就可以在整个欧盟市场和区
39 域市场内自由流动。这对美国电视业来说尤其有利，“现在在整个欧洲只需遵循同一套规则，这大大节省了资源和时间”(Chakravartty and Sarikakis，2006：103)。

表1.2　欧洲电视频道的发展

频道/类型	1990	1995	2000	2005
娱乐	14	31	90	170
新闻/商业	6	24	65	119
纪录片	2	9	65	108
频道总数	93	242	768	1703

注：* 包括所有其他频道类型

在模拟电视时代,政府对电视进行监管的一个理由是电磁频谱的稀缺性,政府监管机构可以通过限制电视运营商的数量来确保其被用于公共利益。然而,随着数字化技术的发展,以及广播公司逐渐掌握了“在既有的管道内挤压出更多的频道”的能力,扩展了频道容量,尽管政府还可以从频道占用费中获利,但它们逐渐削弱了政府对电视的监管权(Galperin,2004)。事实上,一项研究比较了四家公共广播公司(英国广播公司、意大利广播公司、澳大利亚广播公司和加拿大广播公司)的数字化情况和融资情况,研究表明,这四家主要公共广播公司发展相对稳定,它们经受了市场竞争的洗礼,接受了商业主义,但有得有失,它们在这个转变过程中也失去了独特性(Padovani and Tracey,2003)。

在这一扩张时期,欧洲制定的媒体政策无疑具有新自由主义的特征,下一章将详细讨论这个问题。罗伯特·麦克切斯尼(Robert McChesney)认为,媒体政策的透明度和公众参与度正在逐步恶化,商业主导地位决定性地增强。在2003年英国的《传播法案》(*the Communication Act*)不再使用保护公共利益的说法,而是使用保护“公民消费者”(citizen－consumer)的说法,公民消费者一词开始出现在政府机构的政策文件中,如英国通信管理局在报告中就使用了这个词(Feintuck and Varney,2006)。《传播法案》还简化了媒体所有权的规定,为电视领域的进一步整合开辟了道路。例如,它废除了禁止联合拥有独立电视台的规定,于是,在2004年独立电视台与卡尔顿电视台(Carlton TV)、格拉纳达电视台(Granada TV)合并为一家大公司——英国独立电视公司(ITV plc)。同样,英国第五频道(Channel 5)的媒体所有权规则也被放宽,允许非欧盟人士拥有电视许可证,在2005年,第五频道被德国电视公司RTL收购,在2006年,默多克获得了英国独立电视台近18%的股份(Ofcom,2006)。

科林·利斯(Colin Leys)指出,英国公共生活各个领域的公共政策,包括所谓的公共服务电视,已经习惯于去满足企业的利益(Leys, 2001:56)。从这个角度来
看,这种媒体决策可能受到美国的启示。一位评论员对英美媒体决策的动态加以 40
研究后,得出以下结论:

> 关键决策者在意识形态上与关键群体(商界)一致,他们与各种利益密切相关,这构建了辩论参数,决定了哪种参与形式最有效,并决定了决策过程中的权力

> 平衡。虽然有各种各样的声音,但几乎没有任何有关“竞争”和“消费者主权”这两个被期待的假设的质疑,这些假设对媒体决策起到越来越有力的主导作用。从根本上来说,公共利益和私人利益在资源和影响力方面根本不平衡,因此,这一决策也有所偏差。(Freedman,2006:921)

电视决策越来越受到跨国或区域参与主体的影响,在市场的压力下,有人对以下两点提出了质疑,公共服务媒体不仅从政府获得支持,享受特别待遇,英国广播公司征收的电视执照费还一直享有公共广播的补贴,对此这些媒体被迫证明其在广播电视市场中拥有特殊地位是正当的。以欧盟委员会的竞争委员会(Competition Directorate)为代表的机构负责监督公共电视频道,确保这些频道不违反严格的“国家援助”规则。2006 年,欧盟允许其成员国在电视剧和娱乐节目中植入广告,不过在新闻节目、时事节目和儿童节目中仍禁止这种明目张胆的商业行为。在欧盟,针对“线性”电视播放(通过传统电视、互联网或移动电话播放)的广告规则和针对“非线性”点播服务(视频点播)的广告规则是不同的,后者的规则没有前者严格。欧洲委员会的大众媒体指导委员会咨询小组就媒体集中、多元化和多样性的问题做出一份报告,报告中指出,跨国媒体带来的主要问题是媒体对欧洲言论和信息自由的负面影响,尤其是电视内容制作的多样性日益减少,以及欧洲商业媒体对公共领域的贡献有所减少(Council of Europe,2004:33)。

德国对电视媒体放松管制,以及随之而来的广播电视系统“二元化”,引发了公共电视台和商业电视台之间的激烈竞争,对新闻报道产生了影响。一项研究比较了 1986 年电视放松管制之后与 1993 年二元广播系统确立之后,电视上政治新
41 闻的呈现方式,研究发现,1993 年后,严肃的政治新闻报道仅在传统的新闻节目中播出,与此同时,出现了混合政治新闻与娱乐的新型报道形式(Pfetsch,1996)。

在东欧国家,他们已经广泛运用了有关“自由”和“自由媒体”的说法,为无线电波、许可证和其他传播手段的自由化提供了正当理由,在这一过程中,新自由主义右翼政府发挥了重要作用(Chakravartty and Sarikakis,2006:88)。因此,如表 1.3 所示,东欧国家公共电视急剧下降的观众份额并不奇怪,而同一时期,在德国和法国等公共服务广播历史较为悠久的国家,观众份额实际上有所增加,这与大多数国家的趋势相反。在欧洲所谓的“转型期国家”,记者们带着身份转变后的热情走向

了市场化道路。然而,正如欧盟开放社会研究所(Open Society Institute)监测与倡导项目的一份报告上记录的,在转型期国家,从事商业电视工作的记者工资偏低,尽管在某些情况下他们的收入高于公共电视台的记者,但他们的劳动保护很有限或根本没有劳动保护。这些因素都损害了商业电视台新闻编辑室的独立性(Open Society Institute ,2005:66)。

表 1.3　欧洲部分国家公共电视台的日常受众市场份额(百分比)

国家	年份	
	1995 年	2003 年
匈牙利	79.0	17.5
斯洛伐克	73.7	21.8
斯洛文尼亚	61.5	34.7
波兰	80	51.2
英国	54.3	46.2
意大利	48.2	48.6
法国	43.9	46.4
德国	40.1	44.4

目前的情况似乎使私营电视与公共电视之间越来越难保持明显的区分。前文所提到的开放社会研究所对 20 个欧洲国家的电视报道进行了比较研究(同类研究中规模最大的一次研究),研究人员在报告中指出,无论是节目内容还是节目质量, 42
公共服务广播公司与商业对手之间的差异变得越来越模糊。调查性新闻与小众节目在公共电视和商业电视中都是稀缺品。新闻节目常常沦为典型的"通俗小报",这在商业电视频道中更为明显(Open Society Institute, 2005:22)。与其他地区一样,欧洲电视深受广播电视行业更大规模的跨国变革的影响,这些变革是由多边体制和技术创新引发的,进而影响了电视新闻以及其他媒体部门。

第二章　全球资讯娱乐的构建

43 这种美国式的、受美国启发的资讯娱乐节目是如何影响全球观众的呢？要回答这个问题，了解全球资讯娱乐基础设施的创建方式至关重要。在 20 世纪 90 年代，全球资讯娱乐节目出现了，全球政治的根本意识形态发生改变，媒体和政策讨论中开始常常提及历史终结论以及自由市场新自由主义的胜利。信息化国家（Braman，2006）和包含媒体部门在内的市场化国际贸易体系的创建改变了全球电视的格局。通信、媒体产业管制政策的放宽、私有化进程的开展，以及新的数字信息和通信技术的出现，使电视新闻频道实现飞跃式突破。电信、计算机和传媒产业的融合，使资讯娱乐能够通过数字化连接顷刻间实现全球传播。新技术基于区域性、全球性的卫星网络建起全球通信基础设施，这些设施可应用于电信、广播和电子商务领域，相应地，媒体的管制从国家管制转变为私人管制，从以国家为中心的电视观转向受自由市场规则支配的电视观，这也得到了全世界越来越多的国家的认可（Oslund and Pelton，2004）。

在这种自由市场环境下，世界贸易组织（World Trade Organization，WTO）、国际电信联盟（International Telecommunication Union，ITU）和世界银行（The World Bank）等多边组织主张建设强大的通信基础设施，并让它们成为国际贸易和经济发展的基础。人们认为，破除信息自由流动的障碍对经济增长至关重要，如果没有信息自由贸易，就不可能实现大规模的商品和服务贸易（World Bank，1998；UNDP，1999；ITU，1999）。这些多边组织的全球化观念推动了面向市场的电视、电信基础
44 设施的建立。这扭转了电视、电信行业的传统国家框架，在 20 世纪的大部分时间里，政府拥有或控制电视业、电信业，还参与提供网络、设备和管理国际交通。截至 2007 年，世界上大部分电信组织都实现了私有化，这彻底改变了声音、图片、视频和数据的传输方式。这些改变破除了国家的电信垄断，营造的竞争环境大幅度提升了服务质量，降低了运营成本。

电视业和电信业发生决定性的转变，对国际通信政策产生了重大影响，这种政

策是由美国和欧盟国家制定的，这些国家也是以全球化发展为目标的公司的大本营（Braman，2004，2006）。1995 年的《服务贸易总协定》（General Agreement on Trade in Service，GATS）是第一部具有法律效力的、涵盖服务领域贸易与投资的多边协议，该协议将电信（电话、电报、数据传输、广播、电视和新闻服务）纳入管理范围，对创建信息、娱乐以及其他诸多产品和服务的全球化市场起到了关键作用（Geradin and Luff，2004）。《服务贸易总协定》中最重要的组成部分是有关电信服务的附件，它有效地扩展了信息自由流动原则，包括通信内容和此类信息流动的基础设施。该附件的一个指导原则是国内外的电信设施供应商应享受同等待遇。协议国有义务确保，无论是在国内还是在跨境市场中，外国服务供应商能在平等的基础上获取公共网络和服务，迫使国内电信行业参与国际竞争之中。该附件还涉及建立具有全球兼容性的、有互操作性的国际标准（WTO，1998）。与此同时，国际电信联盟建议各国废除限制广播机构、有线电视运营商和电信公司交叉持股的结构性法规。

美国 1996 年的《电信法案》（*Telecommunications Act*）也对全球电信系统的自由化政策影响极大，该法案不仅改变了美国的电信产业，而且使美国私营电信公司能够在全球开展经营。与此同时，这些总部位于美国的公司在推动世界贸易组织和国际电信联盟进一步开放国际通信市场上，也发挥了主导作用。美国政府一向倡导自由贸易，进一步降低了国家监管机制的作用。以美国联邦通信委员会为例，其角色从“行业监管者”转变为“市场促进者”，致力于促进全球通信市场的竞争。电信业作为全球市场开放的成果，它已经成为规模最大、发展最快的服务行业之一，因为电信业不仅为自身服务，还为许多其他服务提供输送机制，所以电信业的发展具有双重意义。到 2004 年，整个电信网的收入已达 1.3 万亿美元（UNCTAD，2005）。

》在天空中闪耀的资讯娱乐

随着全球卫星网络逐步私有化，通信卫星产业在通信自由化过程中获益最大。

21 世纪初，通信卫星被视为新的空中贸易路线（Price，1999）。正如 19 世纪电缆的铺设助力英国崛起和发展一样，卫星链路也为美国商业提供了全球资讯娱乐和信息网络，并对资讯娱乐在全球电视市场的传播起到了至关重要的作用（Parks，2005）。自 20 世纪 60 年代中期以来，地球同步通信卫星不再受地理地形的限制，首次开始跨越国界和洲际传送图像，卫星在电视全球化的发展中起到了关键作用（Oslund and Pelton，2004）。1989 年美国联邦通信委员会决定授权一家私营公司——泛美卫星公司（PanAmSat）为美国和拉丁美洲提供国际通信传输服务，这一举措掀起了国际通信卫星私有化的浪潮。世界贸易组织第四议定书（the WTO's Fourth Protocol），又被称为《基础电信协议》（*the Basic Agreement on Telecommunications Services*），其主张在数字连接的世界不再区分“国内”和“国际”通信卫星系统，卫星传输可以跨越国界，进而推进卫星电视发生革命性的变化。国际电信联盟的世界无线电通信大会（World Radio-communication Conferences，WRC）进一步开放了全球通信基础设施建设，并致力于协调频谱，允许卫星系统提供 3G 移动语音和高速宽带服务。

随着很多国家和区域联盟（欧洲通信卫星公司、阿拉伯卫星公司、亚洲卫星公司和西班牙卫星公司）发射通信卫星，在拥挤的地球同步轨道频段上出现越来越多的资讯娱乐硬件提供商。由于卫星产业获利巨大，竞争较多，且存在地球同步轨道位置有限以及多颗卫星覆盖同一信号区的情况，一些大公司以及组织都采取了市
46 场化的解决措施：国际海事通信卫星组织（Inmarsat）与 86 个国家建立了国际合作伙伴关系，该组织是全球移动卫星通信的唯一供应商，并于 1999 年成为世界上第一个转型为商业公司的国际条约组织。

泛欧政府组织——欧洲通信卫星公司（Eutelsat）是欧洲第一家从事卫星直播电视（DTH）的运营商，在经历了一段漫长的私有化重组过程后，其于 2001 年实现了私有化：截至 2005 年，欧洲通信卫星公司已拥有 23 颗卫星，在欧洲、中东、北非、亚洲部分地区和北美运营，向 1.2 亿个家庭传送 1700 多个电视频道。在这样的国际背景下，国际通信卫星组织（Intelsat）的商业化、私有化是一个重大的变化，该组织创建于 1964 年，是根据联合国精神组建的政府间条约组织，致力于在非歧视原则基础上为成员国提供尽可能多的卫星服务（Thussu，2002）。在 2005 年，一个由美国四大私人投资集团领导的财团收购了世界上最大的卫星服务供应商——国际

通信卫星组织,该组织拥有 53 颗卫星。同年,国际通信卫星组织接管了泛美卫星公司,泛美卫星公司在直播卫星电视服务方面具有很强的影响力,而国际通信卫星组织在电话、数据服务方面具有核心优势,合并后该组织充分发挥了通信与广播利益之间的协同效应(Thussu,2006a)。

卫星产业需要大量的投资,只有跨国公司、其他大型企业以及政府才有能力利用这种通信硬件。随着数字技术的发展,现代卫星的容量比 20 世纪 60 年代的航天器增加了近 500 倍,世界贸易组织发起的放松管制政策以及国家电信组织的快速私有化,也加速了资讯娱乐信息的跨境流动。国际商业卫星与有线通信运营商一起提供更为广泛的服务,带领全球通信产业走向繁荣。美国公司和以法国公司为首的欧洲财团主导着地球同步卫星生产的全球市场。2005 年,美国卫星产业协会(the US - based Satellite Industry Association)发布的报告显示,2004 年商业卫星产业创造了 972 亿美元的收益,比 1996 年增长了 2 倍多,这主要归功于直播卫星电视服务,这部分收入达 495 亿美元,约占整个产业收入的 51%。

休斯航天与通信公司的主要客户是总部位于卢森堡的欧洲卫星公司(Société 47
Europeénne des Satellites,SES),该公司也是欧洲著名直播电视卫星系统阿斯特拉公司(Astra)的所有者和运营商。不到十年时间,欧洲卫星的收视市场份额就从零上升到 26% 以上,在 2007 年,阿斯特拉公司已为欧洲大陆1.02亿多个家庭提供了宽带服务和 1400 个电视频道。欧洲卫星全球公司(SES Global)成立于 2005 年,拥有 5 颗卫星,与北美的美国通信公司(Americom)、拉丁美洲的一号星公司(Star One)"互补地"提供服务。欧洲卫星全球公司还拥有亚洲卫星公司(AsiaSat)34% 的股份。

泛美卫星公司是拉丁美洲第一家私营卫星服务公司,成立于 1988 年,在 1997 年该公司发射了 3 颗卫星,为拉丁美洲的拉美天空电视台(Sky Latin America)和拉丁美洲银河台(Galaxy Latin America)提供直播电视服务。在 2005 年,泛美卫星公司被国际通信卫星组织收购,当时泛美卫星公司已经拥有由 23 颗地球同步卫星组成的全球通信网络。1990 年的"亚洲一号"卫星的发射标志着中国正式进入商业卫星市场。1995 年"亚洲二号"卫星发射,该卫星可覆盖 53 个国家和世界三分之二的人口,播送星空卫视亚洲版(STAR)等泛亚洲电视网的信号。1992 年地区性卫星运营商阿拉伯卫星通信组织 (Arabsat) 发射了阿拉伯卫星 1C(Arabsat 1C),开始了直播卫星电视服务。

尽管地球同步通信卫星系统在持续发展,但其被大公司通过合并、收购以及地区合作等手段加以控制,从商业角度来看,这是具有市场意义的。由于大型卫星系统的发展不仅带动了规模经济,还催生了放松卫星通信管制的观点,特别是在直播卫星电视领域,一些国家一直抵制这种做法。因无法与全球通信运营商进行竞争,许多国有运营商已经将自己的卫星系统私有化,政府卫星运营商也是如此。这些变化促使卫星服务市场变得更加商业化,随着数字媒体传送系统的融合,以及卫星在全球范围内的应用,商业化趋势可能会更加明显。卫星通信还承担了另一个非常重要的职能——提供军事情报和国家安全的影像(Thussu,2002)。2007 年,国际通信卫星组织为 60 多个美国政府机构和军队提供服务,同时也为北大西洋公约组织(North Atlantic Treaty Organization,NATO)服务。根据 2002 年美国国防部的年度报告,美国国防部空间监控任务的一个重要目标就是确保美国及其盟国在太空中的
48 行动自由,并在其接到指示时,阻碍对手的行动自由(US Government,2002a)。

全球卫星网的扩展对国际资讯娱乐产业产生了重要影响。直播卫星电视越来越普及,确保了资讯娱乐节目直接被传送到世界各地的家庭,规避了国家监管和审查机制,为人们提供了商业化的影像和意识形态的盛宴。随着全球通信基础设施的建立,媒体与通信公司利用广播电视自由化、去监管化和私有化取得了良好效果,引发了前所未有的企业并购活动,提升了企业合并率,这也导致几家实力雄厚的资讯娱乐集团占据了统治地位。

》创建资讯娱乐集团

在 20 世纪 90 年代建立的新自由主义全球政策体系,结合卫星、有线电视、数字和移动传播机制等新通信技术,创造了一个资讯娱乐的全球市场(Betting and Hall,2003;Geradin and Luff,2004;Hoskins et al.,2004;Caves,2005;Croteau and Hynes,2005;Thomas,2005;Thussu,2006a)。商业卫星可用于生产媒介产品,因此传媒集团必须在全球范围内进行谋划布局,最终目标是利用范围经济和规模经济来实现利润增长。媒体和技术的融合,以及媒体行业为实现发展目标而进行的垂

直整合,导致媒体权力被掌握在几家大型跨国多媒体企业手中(Betting and Hall,2003;Bagdikian,2004;McChesney,2004;Croteau and Hynes,2005;McPhail,2006;Thussu,2006a;Baker,2007)。

随着全球特别是英美两国广播电视行业的私有化,以及跨媒体所有权限制的放宽,广播公司能够扩展和深化其现有利益,并在一波并购浪潮中获益——这是过去20 年媒体行业的主要特点。1985 年,鲁伯特·默多克收购了二十世纪福克斯公司(Twenty Century Fox)。1989 年,索尼公司(Sony)收购了哥伦比亚三星电影集团(Columbia TriStar)。1989 年,时代公司(Time Inc.)与华纳通信公司(Warner Communication)合并,成立了时代华纳集团(Time Warner),1995 年,特纳广播公司(Turner Broadcasting Systems)加入该集团。1995 年,迪士尼公司(Disney)收购了大都会/美国广播公司(Capital Cities/ABC),为这家传统的娱乐公司增添了广播电视网。1999 年,两大美国公司——维亚康姆公司(Viacom)与哥伦比亚广播公司合并,组成了当时世界上最大的娱乐与传媒企业,市值800 亿美元。一年后这一记录 49
被美国在线公司与时代华纳公司的合并所打破。2003 年,尽管公众强烈反对,美国联邦通信委员会还是认为企业所有权的集中并不会对民主构成威胁,从而进一步减少了对媒体合并的限制(McChesney,2004;Baker,2007)。此类合并减少了国际上控制媒体内容生产和传播的公司数量。到 2006 年,不到十家公司(其中大部分在美国)竟然占有了世界传媒产业的大部分,其中以美国在线—时代华纳公司为首,紧接着是迪士尼公司、维亚康姆—哥伦比亚广播公司、贝塔斯曼集团、新闻集团、美国通信公司、索尼公司、美国全国广播公司,其中美国全国广播公司在 2003 年与总部设在巴黎的维旺迪环球公司建立合作关系,创建了美国全国广播—环球公司。所有这些主要的广播公司,如迪士尼公司、时代华纳公司、新闻集团与维亚康姆公司都拥有多个无线、有线电视网和制作设施。

随着媒体与电信行业在全球范围内的交叉融合,媒体产业从内容生产到传播机制的垂直整合,促使多媒体企业集团控制了全球媒体市场,包括报纸、杂志、图书、电台、无线电视、有线电视等。数字分销革命带来了一系列新的创收机遇。带宽不断扩展、固定网络与移动网络的快速全球化、内容数字化,以及全球个人电脑用户数量日益增长,极大地促进了全球媒体集团开拓新市场、尝试创新媒体产品。"核心"版权产业是美国最重要的经济驱动力之一,贡献了美国出口产品和服务增长值的近60%，并在2003年为美国创造了330亿美元的出口收入（Siwek，2005）。

因媒体传播范围呈指数级增长，传播形式和传播模式呈多样化，资讯娱乐集团将其产品延伸到几乎所有的媒体领域中，包括无线和有线电视、电台、网络媒体、移动电话及个人数字设备，充分利用企业间的协同作用，从中获取了巨额利润。例如，特纳电视网（Turner Network Broadcasting，TNT）的电影可在美国有线电视新闻网上刊登广告，福克斯新闻频道（Fox News）制作的视频可在默多克的英国电视新闻——天空新闻频道（Sky News）播出（Vogel，2004）。正如米汉（Meehan）所言，当娱乐渗入新闻部门时，协同效应就会发挥作用。举例来说，时代华纳公司在美国有线电视新闻网推出了一档名为《好莱坞时间》（*The Hollywood Minute*）的节目，又称
50 《今日演艺圈》（*Showbiz Today*），播放有关电影明星、电视演员、歌手和其他演艺圈名人的简讯，就好像它们是新闻周期的一部分，从某种意义上来说，它们是一种新闻填充物，但在另一种意义上，它们是伪装成新闻的迷你广告。这些迷你广告既包括明星，也包括与他们有关的媒体产品（Meehan，2005：2）。

像迪士尼这样的公司一般都拥有自己的中央协调部门，负责对全球数百个媒体市场开展交叉销售和交叉推广策略，最大限度地提高公司产品的销售。这种模式好像是一个车轮，车轮的中心是内容生产，由中心延伸出来的辐条是利用内容生产产生的品牌的各种不同形式。从这个角度来看，因为品牌销售所采用的不同形式也有助于提升其品牌价值，所以生产与销售之间的界限开始模糊（The Economist，1998：8）。尽管资讯娱乐集团之间竞争激烈，但也通过共享国际市场来发挥协同效应。由新闻集团、环球影业、维亚康姆、米高梅电影公司合资创办的拉丁美洲付费电视（Latin America Pay TV），由时代华纳、索尼、迪士尼公司合资创办的HBO拉美频道（HBO Ole）、HBO巴西频道（HBO Brasil），由时代华纳、索尼、环球影业和维亚康姆公司合资创办的HBO亚洲频道（HBO Asia），这些合办的电视网和频道就是资讯娱乐集团相互业务合作的典范。迪士尼公司与美国有线电视公司共享娱乐电视网（E！Entertainment）的节目，星空卫视与迪士尼公司旗下的娱乐体育电视网（Entertainment and Sports Network，ESPN）合作，在亚洲播放体育节目（Thussu，2006a）。

除了美国以外，还有其他国家的资讯娱乐集团，包括德国贝塔斯曼公司、日本索尼公司、维旺迪公司（总部设在巴黎，旗下拥有欧洲最大的付费电视网之一——

“Canal + ”集团，还拥有欧洲主要的网络游戏、电脑游戏制作商、销售商——维旺迪环球游戏公司）、英国皮尔逊集团和独立电视台（Pearson and ITV）、意大利梅迪亚塞特公司（Italy's Mediaset）、巴西环球集团（Brazil's Globo group）、印度卫星电视网（Zee Network）和中国上海文广集团（Shanghai Media Group）。虽然这些老牌的传媒公司一直引导着世界媒体议程，但到了 2007 年，互联网巨头谷歌（Google）、微软（Microsoft）、雅虎（Yahoo！）等新型传媒公司也成为强大的全球资讯娱乐提供商。

有些人担心美国少数的主要企业集团权力过度集中，他们称这些企业集团为“传媒卡特尔”，这些企业控制了全球信息及娱乐产品的生产和销售（Herman and McChesney，1997；Bagdikian，2004； McChesney，1999，2004；Kunz，2006）。在 1983 年本·巴格迪肯（Ben Bagdikian）出版了《媒体垄断》（*Media Monopoly*）一书，他在书中指出，美国媒体是由 50 家私营公司主导的。2004 年《媒体垄断》出到第 7 版时， 51
书名改为《新媒体垄断》（*The New Media Monopoly*），那个时候，控制美国大多数媒体的公司仅剩几家，分别是时代华纳、迪士尼、新闻集团、贝塔斯曼和维亚康姆，美国全国广播公司紧随其后，排在第 6 位。巴格迪肯认为：

> 1983 年，在美国传媒市场排名前 50 的大众传媒公司负责人可以在一间简陋的酒店宴会厅里舒适地坐着。其中 20 家报业集团的负责人围在一起抱怨新闻纸张的价格；而另一边来自不同圈子的 20 位杂志巨头在一起谴责邮政费率；不从事报纸、杂志业务的广播电视网的负责人则在另外一个角落，他们对政府的广播电视法规表示愤慨；图书出版业的负责人竞相表达他们对贪婪的作家经纪人的愤怒；电影公司的负责人则对公司旗下明星的风流韵事窃窃私语。到 2003 年，曾经由 50 个人经营的，20 年前的“老”媒体公司如今仅由 5 个人掌管，而且这 5 个人还是其他数字公司的老板，一个宽敞的电话亭就足以容纳他们，当然，那里面可能有点拥挤并充满了紧张的气氛。

》全球资讯娱乐贸易

资讯娱乐产业和其他企业一样，它的国际贸易都受到相同经济力量的影响，因此应将资讯娱乐产业放在更宽的经济体系维度中进行考量(Gershon,1997,2005)。皮卡德(Picard)指出,美国的媒体大部分是私营机构,是以牟利为目的而运营的资本主义企业,应遵循市场机制的运作规则。即使是非营利性媒体,例如公共广播或组织运营的媒体也会受到市场规律及其运行的影响(Picard,1989:14)。资讯娱乐产品成为文化和创意产业全球市场的一部分,发展迅速且利润丰厚,市值约1.3万亿美元。根据联合国教科文组织的数据,1994年至2002年,文化产品的国际贸易额从380亿美元增长到600亿美元,其中美国是文化产品的主要出口商,娱乐产业是其最大的出口利润来源(UNESCO,2005)。如表2.1所示,2005年全球五大娱乐公司有四家位于美国,另外一家也与美国有着大量的业务往来和企业合作。

表2.1 世界五大娱乐公司

公司	收入/亿美元	利润/亿美元
时代华纳(美国)	43.6	2.9
华特迪士尼(美国)	31.9	2.5
新闻集团(美国)	23.8	2.1
贝塔斯曼(德国)	21.2	1.0
哥伦比亚广播公司(美国)	14.5	-0.7

尽管网络传输机制发展迅速,宽带应用越来越多,但是世界上大多数的娱乐产
52 品还是通过数字地面电视、卫星电视和有线电视进行传输,在运营模式、技术应用和受众范围方面越来越具有跨国性(Barker,1997;Smith,1998;Spigel and Olsson,2004;Chalaby,2005)。电视媒体与《时代周刊》(*Time*)或《华尔街日报》(*The Wall Street Journal*)不同,这些传统的跨国纸媒一直拥有精英读者群,而电视媒体旨在开拓跨国的普通观众市场。美国在视觉娱乐产品方面的贸易额,以及美国资讯娱乐集团向全球观众制作和发行产品的能力,决定了美国电视网在全球电视体系中独占鳌头,如表2.2所示。

表 2.2　2005 年全球五大电视网

电视网名字	类型	所有权	用户人数/百万
音乐电视网	音乐	维亚康姆公司	418
CNN 国际新闻网	新闻	美国在线时代华纳	260
BBC 世界新闻频道	新闻	英国广播公司	258
探索频道	纪录片	探索传媒	180
天空电视台	娱乐	新闻集团	103

从好莱坞引进的或受其启发的节目，由电视网或其本地化的分支机构进行制作，无论是音乐节目（音乐电视频道）、纪实性娱乐节目（探索频道）、体育节目（娱乐体育节目电视网）、新闻节目（美国有线电视网），还是儿童节目（卡通频道），都是世界各地电视节目表的重要组成部分（Thussu，2007a）。除了这些美式娱乐节目（包括原版、配音版、本地版）以外，主要是美国也包括欧洲的传媒垄断集团，还出售更具国家特色的“版权”节目，例如游戏与真人秀节目，这些节目被称为“模仿节目”（Moran，1998）。动画片、音乐节目、野生动物纪录片和体育赛事现场直播等节 53
目，比较容易被推广到不同地区，这可能在某种程度上解释了像探索频道这样的纪实娱乐公司能够取得成功的原因（Fürsich，2003）。探索频道作为现实世界的媒体和娱乐公司地位卓然，它拥有 90 个电视网，包含生活方式节目、儿童节目、历史和探险类节目等多种类型的主题数字频道，共有 35 种语言。2007 年该频道已覆盖 160 多个国家及地区的 1.8 亿个家庭。

其他全球纪实性电视网，如国家地理频道、历史频道和科幻频道，它们的播放内容通俗易懂、娱乐性强，其中，国家地理频道面向全球 151 个国家及地区播出，使用 27 种语言，覆盖了 2.3 亿个家庭用户。

电视网的私有化和数量激增，以及美国媒体产品的日益全球化，促使了美国电影、电视产品的出口数额猛增。根据美国政府经济分析局的报告，租赁电影与电视录像带的收入增长了近 5 倍，从 1992 年的 25 亿美元增长到了 2004 年的 104 亿美元（US Government，2005a），如图 2.1 所示。

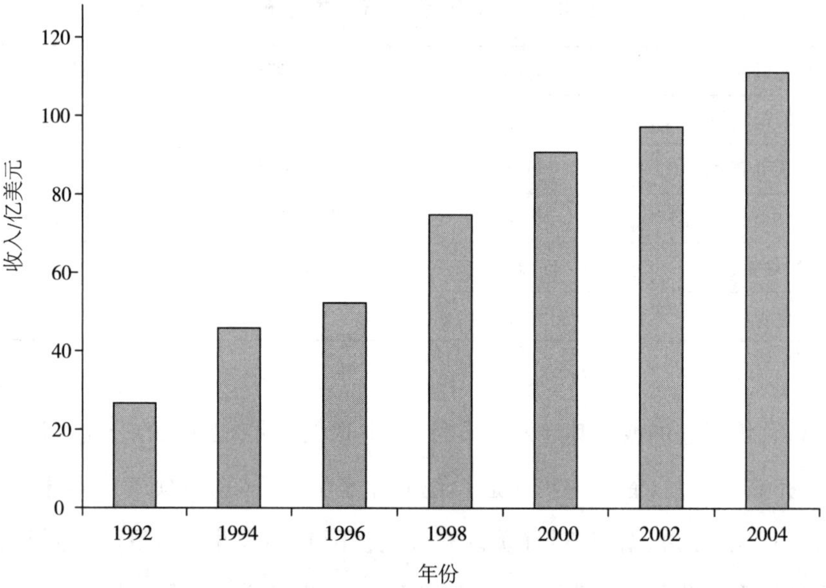

图 2.1　美国电影和电视节目出口额(亿美元)

》全球资讯娱乐广告

如果没有广告收入作为支持,电视和其他媒体的全球扩展是不可能的。在市场为导向的广播电视系统中,广告的作用至关重要,并变得越来越强大。鉴于广告对美国国内商业广播电视的历史重要性,美国是世界上最大的广告市场,在广告支
54 出方面比位居第二的日本高出三倍。和许多其他国家尤其是拉丁美洲一样,植入式广告是美国电视文化中不可或缺的一部分。在过去的三十年中,美国电视的植入式广告支出已经增长了 26 倍多,如表 2.3 所示。到 2003 年,电视植入式广告已达到需要正式的独立评级服务来评估的程度,根据产品在屏幕上显示的时间长短、是否被突出展示,以及是否被纳入故事情节来评估产品植入(McChesney,2004:150)。数字电视频道的繁荣以及广告向网络媒体转移的趋势,迫使电视网组建专门的部门来宣传各种各样的“广告”“品牌内容”和“由广告商赞助的节目”,从短的资讯广告到系列赞助广告,再到世界各地的品牌娱乐节目等,无所不包。据行业估

计,2005 年全球对此类广告的投资达 42 亿美元(Television Business International,2006)。

根据麦肯世界集团估计,在过去的十几年里全球广告的支出增长了两倍,从 1990 年的约 2760 亿美元增长到 2006 年的约 6040 亿美元,如图 2.2 所示。

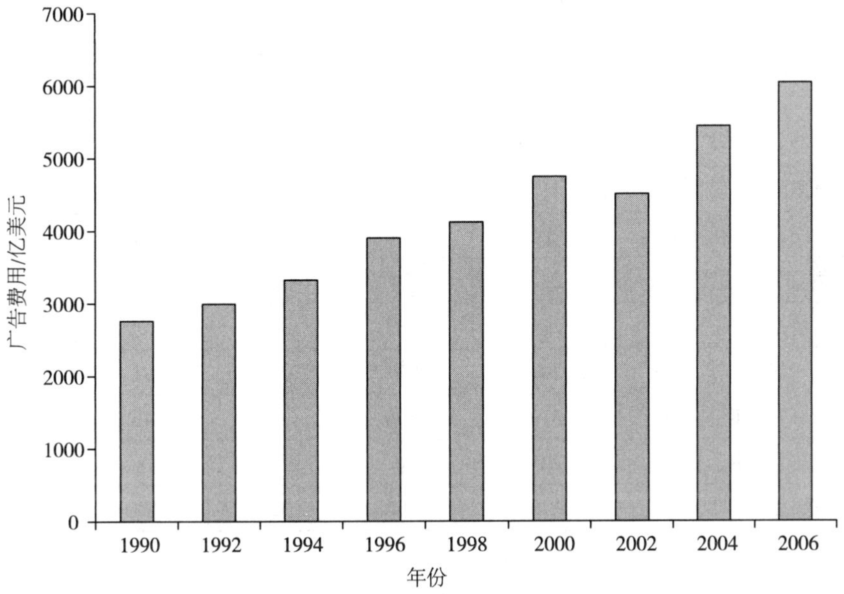

图 2.2 1990—2006 年全球广告增长

表 2.3 美国电视植入式广告费用

年份	费用/百万美元
1974	71
1979	104
1984	188
1989	330
1994	464
1999	709
2004	1878

随着电视频道在世界各地激增,人们越来越能接受新的数字与移动传播模式,电视已成为增长最快的广告媒体之一,尤其在国际范围内。因此,如宝洁(Procter

& Gamble，美国）、丰田（Toyota，日本）、欧莱雅（L'Oréal，法国）等跨国公司的广告，在世界各地的电视屏幕上随处可见，并且根据当地的语言与文化因素进行调整。2005 年，世界十大广告企业中有五家都是美国公司，这绝非偶然，如表 2.4 所示。

表 2.4　2005 年全球十大市场主体的广告支出（百万美元）

广告商	全球	美国	欧洲	亚洲	拉丁美洲
宝洁（美国）	8190	3410	2553	1743	216
联合利华（英国）	4272	761	2107	1048	227
通用汽车（美国）	4173	3004	800	138	92
丰田汽车（日本）	2800	1076	511	1096	19
欧莱雅（法国）	2773	794	1633	236	35
福特汽车（美国）	2645	1583	801	108	69
时代华纳（美国）	2479	2061	272	91	20
戴姆勒－克莱斯勒（德国）	2104	1590	375	46	32
雀巢（瑞士）	2033	561	1048	274	105
强生（美国）	1968	1386	324	190	17

56 我们分析《广告时代》（*Advertising Age*）的年度广告支出，可发现总部位于美国、日本，还有西欧国家的公司在百强榜单上占据主导地位。

如表 2.5 所示，全球广告集团具有西方化的特征，更确切地说是具有英美国家的特征。这些大型的广告商在世界各地拥有广泛的分支机构和子公司，它们制作的本土化广告使用了所在国家的语言和文化符号，有助于通过这些广告宣传新自由主义议程。新市场的开放确保了广告集团不受限制地拓展业务，与此同时，新的广告网络在版税或利润的再分配方面面临的问题更少。在 20 世纪 80 年代，以美国广告业为主的广告业，在放宽电视管制政策的助力下发展迅速（Mattelart，1991），已经开始向大型企业集团提供跨国营销服务。在这个角色中，广告业已经超越了其传统业务，提供一整套服务，包括营销、推广、媒体服务、公共关系咨询和管理咨询（Dicken，1998；Mooij，1998；Jones，1999）。

表 2.5 2005 年世界顶级广告传媒集团收入排名(百万美元)

机构	全球的收入	美国的收入	美国外的收入
宏盟集团(美国)	10481	5744	4737
WPP 集团(英国)	10032	3912	6112
埃培智集团(美国)	6274	3461	2813
阳狮集团(法国)	5107	2182	2926
电通集团(日本)	2888	48	2839
汉威士集团(法国)	1808	713	1095
安吉斯集团(英国)	1578	446	1132
博报堂(日本)	1364	0	1364

通常情况下,相同的跨国公司是不同地区广告的主要用户。大集团是广告商,
广告公司本身也是大集团的一部分,两者在战略和方法上都是全球性的(Jones,
1999)。一些广告商在电视节目制作方面也起到重要作用,如一些美国公司是“肥
皂剧”的创造者并赞助了电视节目,发挥着历史性的作用。在许多国家,公司赞助 57
新闻节目并不罕见。因此,广告集团与广告媒体之间结成了利益共同体。在 21 世
纪,广告、营销和公共关系的国际化特征日益凸显,已形成“全球整合营销传播”,
确保广告集团的跨国办事机构和分支机构对全球产品实行协调管理。

在发展全球品牌的趋势下,尽管营销组合可能会有所不同,但同一个品牌在全世界共享同样的战略原则、市场定位和市场营销方式。品牌名称或品牌标志都是相同的。在任何国家,品牌形成的价值都是一样的,都具有相当大的市场份额,受众对品牌有相当高的品牌忠诚度,销售渠道也是相似的(Mooij,1998:16)。政府也和公司、非政府组织一样,现在被迫聘请专业的品牌公司在全球市场上“推销”自己。安霍尔特国家品牌指数(Anholt Nation Brands Index)就是一个例证,通过调查消费者的意见来确认人们对国家文化的吸引力和投资潜力方面的看法。

》娱乐集团的电视新闻

大型传媒集团是资讯娱乐全球化的核心。它们的内部结构与组织体现了新闻
58 与娱乐这两种关键媒体产品的融合。好莱坞制作的娱乐节目通常能在电视新闻网中播放，是因为两者属于同一个传媒集团，相似的例子是派拉蒙影业可以在哥伦比亚广播公司的新闻频道宣传新电影；环球影业可以在美国全国广播公司的新闻频道播出影视剧的软性专题报道；华纳兄弟影业可以在美国有线电视新闻网宣传新星；迪士尼可以利用美国广播公司新闻频道发布最新产品；而福克斯新闻可以播放二十世纪福克斯公司的最新影片。因此，新闻成为组织和企业战略的一部分，是资讯娱乐集团的广告媒介，并且因为新闻被当作一种严肃的、基于事实的媒介，是知识体系的一部分，具有更高的公信力，所以可以更高效地影响受众。

美国在线—时代华纳公司是全世界最大的娱乐和信息集团，该公司的主要收入来源是娱乐产业，如特纳网络电视台（Turner Network Television，TNT）、特纳经典电影频道（Turner Classic Movies）和卡通频道（Cartoon Network），尽管如此，美国在线—时代华纳公司仍依靠美国有线电视新闻网在国际电视新闻报道中占据一席之地。该公司除了拥有《时代周刊》等媒体品牌以外，还通过华纳兄弟电影公司（Warner Brothers）拍摄娱乐电影，作为主要的利润来源。华纳兄弟电影公司的业务范围包含影视制作、产品许可和广播电视网经营，如经营美国家庭电视台（Home Box Office，HBO）。

哥伦比亚广播公司是美国另一个主要的新闻网，隶属于娱乐巨头维亚康姆公司，维亚康姆公司号称“从摇篮到坟墓的广告仓库”，因为它既有面向儿童的儿童频道，如尼克儿童频道（Nickelodeon），还有面向青少年的 MTV，另外还有面向老人的哥伦比亚广播公司。该集团也拥有一家顶级的电影制作公司——派拉蒙影业，其资源库中有 2500 多部电影，并利用尼克电影公司和音乐电视电影公司（MTV Films）在儿童和青少年频道方面的专长，与它们共同制作电影。派拉蒙电视公司（Paramount Television）是世界上最大的电视节目供应商之一，它拥有 16000 集电视

节目。音乐电视频道是世界上分布最广的电视网,而尼克儿童频道是世界上最大的儿童节目生产商之一,频道覆盖了100多个国家的1.78亿个家庭。维亚康姆公司的其他娱乐频道还包括VH1音乐电视台、娱乐时间电视网和电影频道。

美国广播公司新闻频道(ABC News)是美国第三大电视新闻网,隶属于华特迪士尼公司(The Walt Disney Company),而华特迪士尼公司是仅次于美国在线—时代华纳公司的世界第二大媒体集团,该公司的主要利润来源是全球娱乐产业。迪士尼频道(The Disney Channel)与迪士尼卡通频道(Toon Disney)是美国两大主要有线电视频道。此外,华特迪士尼公司还拥有娱乐与体育电视网的全部股权,与赫斯特出版公司、通用电气公司一起,部分拥有艺术与娱乐电视台,并且持有历史频道、娱乐频道的部分股权,娱乐频道是世界上最大的娱乐新闻、生活艺术类节目的发行机构,至2006年它已覆盖全球120多个国家的3亿个家庭。除了迪士尼世界频道,华特迪士尼公司在全球70多个国家拥有1.2亿人的用户,运营着24个迪士尼频道、8个剧院迪士尼频道、9个卡通迪士尼频道、18个国际儿童电视节目频道,以及向全球电视观众传播品牌化的节目。在电视制作和发行领域,该公司与博伟影视公司、试金石电视公司、华特迪士尼电视公司以及华特迪士尼动画工作室合作,在日本、澳大利亚和加拿大都设有制作设施。

在电影制作和发行方面也是如此,华特迪士尼公司通过华特迪士尼影业、试金石影业、好莱坞影业、大篷车影业、米拉麦克斯影业、博伟家庭影院公司、博伟家庭娱乐公司、博伟国际公司开展电影业务。华特迪士尼公司在英国成立了一家合资公司——FilmFlex数字有线电视公司,提供商业电影点播服务,该公司还持有英国早安电视台的股份。另外,华特迪士尼公司还投资了德国的卢森堡广播电视台超级频道(Super RTL)、卢森堡广播电视二台(RTL 2),以及中欧和拉丁美洲的家庭电视台。该公司的主要利润来源是广播电视网,如2005年广播电视网贡献了公司320亿美元的总收入中的130多亿美元。

另一个资讯娱乐集团——美国全国广播公司,隶属于通用电气公司。截至2006年,美国全国广播公司每年播放约5000个小时的电视节目,并将它们输送给全美200多家附属电视台(包括15个西班牙语电视台,这是美国发展最快的西班牙语电视网,在2002年被NBC收购)。通用电气公司把来自环球影城的电影利润投入到商业新闻频道中,并于1989年成立了美国全国广播公司财经频道(CNBC),

该频道已经成为国际上的知名品牌。

在过去20年里，最重要的资讯娱乐集团是鲁伯特·默多克创办的新闻集团，
60 这是全球唯一一家垂直整合的媒体公司，主要利润来源是娱乐产业，包括福克斯娱乐公司的产品，以及20世纪福克斯公司生产的好莱坞大片。该公司制作了《辛普森一家》(*The Simpsons*)、《X档案》(*The X-Files*)、《全美通缉令》(*America's Most Wanted*)等“标志性”系列剧，作为“第四大电视网”重新定义了当代美国电视(Kimmel,2004)。在20世纪90年代，默多克充分利用了英美两国跨媒体所有权监管自由化的规定，尝试将私人卫星运营商引入广播领域，冒着巨大的风险租赁了阿斯特拉公司、亚洲卫星公司等新卫星公司的时段，建立了一个真正的国际传媒公司，以卫星电视为核心业务。在2004年，默多克收购了美国最大的直播电视平台——美国直播电视集团(DirecTV)，并在其他地方投资直播电视业务，包括印度塔塔天空卫视(Tata-Sky)和意大利天空电视台(Sky Italia)。他还收购了聚友网(MySpace.com)等基于互联网的运营商，增加与网络媒体的接触，在2006年，默多克集团与谷歌达成协议，极大地提升了默多克媒体在网络媒体上的知名度，同年，还在英国推出了宽带版的天空电视(Sky-by-broadband)和移动版的天空电视(Sky-by-Mobile)，以上这些举措巩固了默多克的国际影响力。在2006年，新闻集团年度报告中，默多克指出：

> 这是媒体史上我们第一次能够完全接触到真正的全球受众。没有哪个公司能比我们更好地抓住这个机会，有些公司流量更高但内容单薄，有些公司的内容丰富但流量很少，只有新闻集团能将高流量和大量吸引人的内容结合起来。我们的地位是独一无二的。我们也正在充分利用这个优点(News Corporation,2007:5)。

用罗伯特·麦克切斯尼的话来说，默多克同时掌控了传播硬件和软件，使他实现了全球传媒帝国的梦想。新闻集团除了在报业和出版业获取大量利润之外，在电视行业也十分强大。在英国，新闻集团持有英国天空广播公司(BSkyB)的大部分市场份额，而自1998年以来英国天空广播公司推出了多频道电视订阅服务——天空数字(Sky Digital)，也开始主导交互式数字电视市场。不过新闻集团的主要市场仍然是美国，自2004年以来，新闻集团的总部一直在美国，在2006年，在该集团253.2亿美元的总收入中，就有55%以上来自美国。默多克集团还通过世界上两

个极大的消费市场——印度和中国,获取大量的媒体利润。默多克集团拥有总部位于香港的星空电视台(STAR TV),该电视台是第一个泛太平洋卫星电视网,到2007年,已有7种语言的版本,它向53个国家及地区的3亿多观众提供了50多个电视频道服务。星空电视台旗下有星空卫视综合台(STAR Plus),即印度最受欢迎的印地语娱乐频道,星空电视台还持有凤凰卫视(Phoenix)的股份,凤凰卫视是一个汉语频道。在拉丁美洲,天空电视网与墨西哥电视巨头,墨西哥电视公司(Televisa),以及其他地区的广播公司达成直播卫星电视服务的合作协议,而新闻集团泛拉丁美洲地区的节目频道包括运河福克斯频道(Canal Fox),也称"好莱坞频道",是该地区分布范围最广的频道之一,新闻集团还持有运河电影频道(Cine Canal)和电视电影频道(Telecine)的少数股份。该集团的电视业务遍布四大洲,在世界电视行业的影响力极大。新闻集团增长最快的业务仍然是由无线电波、有线电缆、卫星传输的电视业务,在2006年,电视的收入占新闻集团38.6亿美元总收入的一半(News Corporation,2007)。与其他较为接近的竞争对手不同,新闻集团是根据默多克的愿景,创建了集团并进行全球化的发展,他对全球广播电视行业,特别是电视新闻业产生了深远的影响(Page,2003)。

》媒体的"默多克化"以及福克斯新闻频道的崛起

在2006年,卓越新闻项目公布的《新闻媒体状况:美国新闻业年度报告》(*The State of the News Media:An Annual Report on American Journalism*),记录了美国新闻业的主要发展趋势,其中最引人注目的是媒体日益增长的市场化以及对新闻的管理控制。在很多传统的媒体公司里,理想主义者与财务人员之间长达数十年的斗争已经结束,而理想主义者输了,代表公众利益的新闻失去了影响力(Project for Excellence in Journalism,2006)。默多克的媒体对这一转变发挥了重要作用。美国电视新闻最大的变化发生在有线电视新闻领域,福克斯新闻频道成为最受欢迎的有线电视新闻频道,观众市场份额稳步上升。根据皮尤研究中心2006年的一份报告,23%的美国人表示他们定期收看福克斯新闻频道,如图2.3所示。

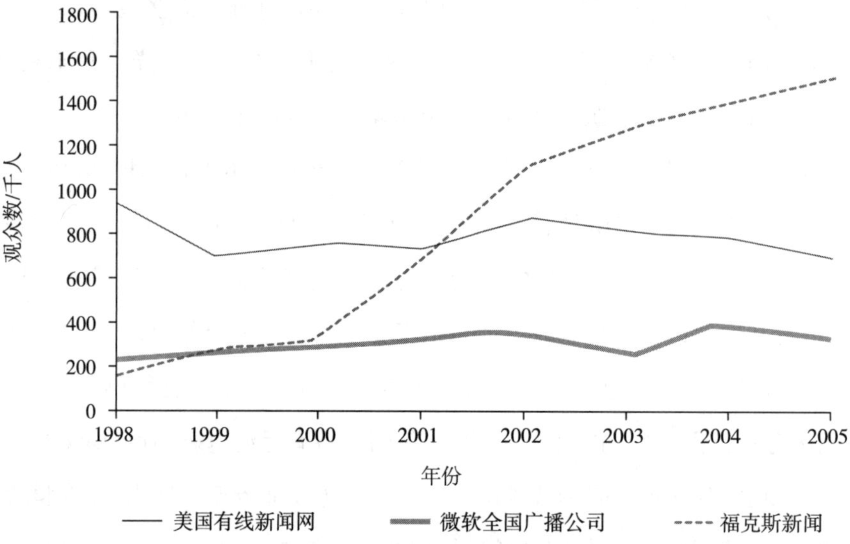

图 2.3　1998—2005 年有线电视新闻频道黄金时段平均观众数

电视新闻的“默多克化”牺牲了媒体公共服务的角色，注重娱乐节目和资讯娱乐节目，这已经改变了英美两国的媒体格局，自 20 世纪 90 年代以来，其他国家的媒体格局也发生改变，默多克是主要参与者。在美国，福克斯新闻作为收视率最高
62 的有线电视新闻网，影响力与日俱增，在 2006 年已经拥有 8800 万户的观众（News Corporation，2007）。为了超越福克斯新闻频道，如其热门新闻节目《奥莱利因素》（*the O'Reilly Factor*）等，福克斯新闻频道的竞争对手尝试开发自己版本的节目，但这些尝试都不太成功（Collins，2004）。

》新自由主义主导下的新闻帝国主义

63 与大型跨国传媒集团控制着全球资讯娱乐的传播一样，以美国为首的西方媒体（以美英两国为核心）主导着国际新闻的制作和传播（Boyd - Barrett，1998；Thussu，2006a）。无论是全球通讯社、跨国报纸、广播电台，还是电视新闻制作机构、24 小时新闻、纪录片频道，以美英两国为核心的媒体向世人展示了所谓的美英新闻双寡头垄断（Tunstall and Machin，1999：88）。美联社、路透社、法新社是国际三大新闻通讯社，其中美联社最大，平均每天生产 2000 万字的新闻，新闻产量是排名第二位的路透社的 2 倍多，是法新社的 3 倍多。这些新闻通讯社为新闻的全球化做出巨大贡献（Boyd – Barrett and Rantanen，1998）。尽管依据惯例，新闻通讯社主要是为各新闻媒体提供新闻报道和静态图片，但现在也为广播公司提供视频新闻、网络信息和金融数据库，进行多样化经营。美联社称自己为不可或缺的全球新闻网，每天有 10 多亿人阅读、收听或收看美联社新闻。路透社是全球最大的金融信息提供商，经营信息业务，主要通过向全球金融市场传送实时的金融数据、集体投资数据来获取利润。运营世界上两大通讯社的公司还拥有世界上两大顶级国际电视新闻机构——美联社电视新闻网（Associated Press Television News，简称 APTN）和路透社电视台，主导着电视新闻的全球贸易，尤其是在报道国际新闻方面想有所作为的广播公司，必然会接触这两大新闻巨头中的一家。美联社电视新闻网成立于 1998 年，美联社先收购了美国广播公司旗下的电视新闻机构——世界电视新闻公司，并将这家公司与美联社电视公司一起运营整合，才有了现在的美联社电视新闻网。

美联社电视新闻网在北京、中国香港、莫斯科、耶路撒冷、纽约和华盛顿都设有 24 小时专用的新闻上传链路，并通过全球视频连线为欧洲、北美、拉丁美洲、亚太地区和中东地区提供单独的区域服务。全球视频连线是 24 小时报道突发新闻的机构，依托于美联社电视新闻网的 83 个分支机构，向全球 500 多家广播公司、主要的门户网站和其他网站提供视频。从 2003 年起，美联社电视新闻网还一直在运营美联社电视新闻直播，为 24 小时电视新闻网提供现场新闻报道。2007 年，路透电视台（原为维斯新闻社）除了提供世界新闻服务节目之外，还向全球用户提供其他服务，包括提供财经新闻、体育新闻、娱乐新闻和即兴报道服务，以及提供世界新闻快报服务，世界新闻快报是一项主要面向网络广播和滚动新闻广播公司的数字服务，其用户遍布全球。法新社意识到视觉媒体的重要性，也在伦敦推出了英语电视服务机构——法新社电视台。

美联社电视新闻网和路透电视台接入全球卫星网络，在全球范围内通过卫星进行新闻采集。无论是准备好的允许即时播放的新闻稿，还是通过本地画外音重新剪辑的自然声，这些信息都被发送出去。它们使用英语和其他主要国际语言，将新闻、图片、图表、音频、视频这些广播电视素材提供给世界各地的新闻机构，然后订阅者再将通讯社的报道翻译成更多的语言。媒体对外报道逐渐减少，于是通讯

社开始向非媒体组织,如政府和企业,提供新闻套餐服务。以上两家公司基本上控
65 制了全球视听新闻素材的流动,从而影响世界各地的电视新闻业。

在全球金融新闻领域,主要信息提供机构和加工机构也采用独特的美式英语口音进行信息播报,他们为金融市场和业务提供实时新闻、数据和分析,路透社是其中主要的国际新闻机构,紧随其后的是彭博社;美联社与道琼斯公司合作组建了美联社—道琼斯新闻服务系统;法新社和英国《金融时报》(*The Financial Times*)合作创设了AFX新闻有限公司。在全球化的自由市场中,快速、准时地传播准确的金融信息至关重要。金融新闻与金融数据之间的界限变得模糊,它们在新闻频道上并列播放,甚至同屏播出,可能会形成由跨国企业利益所左右的信息的海洋。在金融新闻这个关键的新闻分支领域中,总部位于美国的商业新闻频道遍布全球市场并具有一定影响力,其本身也是资讯娱乐集团的组成部分,较为典型的如美国全国广播公司财经频道(CNBC),该频道由美国全国广播公司、欧洲商业新闻频道(EBN,隶属道琼斯公司)及其姊妹频道亚太商业新闻频道(ABN)合作成立,较为典型的还有彭博财经电视台,该电视台通过10个频道以7种语言进行传播,拥有2亿个家庭用户。

》英美电视新闻的全球化

美国有线电视新闻网的崛起应该是美国电视新闻全球化最好的范例,毫无疑问,它是世界电视新闻的领导者(Volkmer,1999)。美国有线电视新闻网是世界仅有的24小时全球新闻网,通过所谓的"CNN效应",影响了全球的新闻议程,并且确实对国际关系也产生了深远影响(Robinson,2002)。美国有线电视新闻网得以迅速发展的一个原因是卫星技术的应用,其使用通信卫星首次在美国覆盖了全美的观众,它也是最早利用卫星技术"覆盖全球"的国际广播公司之一,与国际通信卫星组织、国际空间通信组织(Intersputnik)、泛美卫星公司以及地区性的卫星信号组织进行多方合作(Flournoy and Stewart,1997)。美国有线电视新闻网也为一些国家媒体系统的发展做出了贡献,例如,1993年在俄罗斯成立了第一家私营电视

网——电视六台(TV 6);与中国的中央电视台(CCTV)达成了节目接收和选择性播放的协议;美国有线电视新闻网是首批在古巴开设分社的西方新闻机构之一。美国有线电视新闻网对全球新闻事件的现场报道使其在塑造国际舆论方面拥有极大的力量,甚至可以影响事件相关人员的行为(Flournoy and Stewart,1997;Volkner,1999;Robinson,2002)。

欧洲一直是美国有线电视新闻网的一个主要市场,它是欧洲最受关注的新闻 66
频道之一,每天 24 小时不间断地向 37 个国家播放其在伦敦中心制作的节目。美国有线电视新闻网意识到人们对本地语言新闻的需求越来越大,于是开始了新闻供给本地化的尝试。1997 年,美国有线电视新闻网设立了专门面向德国市场的 CNN 德语频道(CNN Deutschland,每天播出半小时的德语节目)和面向拉丁美洲市场的 CNN 西班牙语频道(CNN en Español);两年后,又在西班牙成立了“CNN +”频道(CNN Plus),这是其第一个本地语言版本的频道品牌,随后还成立了 CNN 土耳其语频道(CNN Turk)。美国有线电视新闻网还在亚洲成立了专门面向日本的 CNN 日语频道(CNNJ),并于 2003 年开始投入运营。2005 年,其又与印度大型广播公司 TV18 组建了一家合资企业,成立了全新的电视网——印度有线电视新闻网(CNN/IBN)。

到 2007 年,美国有线电视新闻网已经在全世界 200 多个国家和地区拥有了 2.6亿个电视用户。CNN 新闻集团是世界上规模最大、利润最高的新闻传播公司之一,信息覆盖全世界 20 亿人口。因为具有广泛的记者网络,所以美国有线电视新闻网是世界上唯一能够即时报道国际新闻的电视网。到了 2007 年,美国有线电视新闻网已拥有 36 个国际分支机构,并且通过 38 颗卫星组成的网络向全球播送节目。CNN 新闻集团旗下有 14 个有线电视网和卫星电视网、2 个广播电台、6 个 CNN 互动网站、CNN 机场电视网以及 CNN 在线新闻源,其中,CNN 在线新闻源是世界上最广泛的联合新闻服务机构,拥有 900 多个国际分支机构。1999 年,CNN 移动公司成立,这是世界上最早成立移动新闻信息服务的提供商之一。

英国广播公司世界频道是英国广播公司旗下的一家 24 小时的全球新闻信息频道,虽然在财力方面不如美国有线电视新闻网那样强大,但是拥有更强的国际公信力,在国际上有重要的影响力。2007 年,该频道已覆盖了全球 200 多个国家和地区的 2.7 亿个家庭用户。默多克的天空新闻台成立于 1989 年,是最早面向英国和其他欧洲国家播出的24小时新闻机构，是美英新闻公司三巨头中的第三把交椅。2007年，以色列、澳大利亚等40多个国家的8000万个用户观看天空新闻台的节目，不过大多数观众在欧洲，并以英国观众为主。天空新闻台与哥伦比亚广播公司、美国广播公司、彭博电视台等传媒公司进行合作，国际覆盖率有所增加。英国天空广播公司还与路透社建立了联盟，后者负责新闻采集服务。作为新闻集团的成员之一，英国天空广播公司还可以获取星空传媒新闻频道和美国福克斯新闻频道的资源。

67 英国和美国的新闻双寡头垄断是建立在专业新闻生产的基础之上的，它们在国际新闻报道方面以快速、准确著称。美国有线电视新闻网和英国广播公司世界频道都以广告为主要收入来源，它们的收视率相对较低，但世界各地的信息主管部门、新闻记者及新闻机构也密切关注着这些24小时电视网，以获取任何突发新闻。

电视新闻拥有价值30亿美元的市场，随着数字广播的发展，出现了越来越多的国家性、地区性和国际性的全新闻频道，新闻领域的竞争压力日渐增长。这导致新闻频道出现了一种明显的倾向，那就是以牺牲专业深度为代价，为越来越多元化的全球观众提供最广泛、最迅速的现场资讯娱乐场景。拉里·金（Larry King）是美国有线电视新闻网最受欢迎的脱口秀节目《拉里·金直播》（*Larry King Live*）的主持人，他毫不犹豫地自嘲，说自己是资讯娱乐人。美国有线电视新闻网在世界各地催生了很多它的模仿者，全球全天候新闻网催生了一种新的新闻类型，即滚动新闻，这促进了资讯娱乐节目的全球化进程。

第三章　全天候资讯娱乐节目的全球传播

电视全球化导致以市场为导向的美国电视新闻模式在全球范围内被广泛采 68
用。休梅克(Shoemaker)和科恩(Cohen)的关于电视新闻节目的比较研究表明,在新闻传播者与受众方面,不同国家的新闻性质与新闻价值观念并无明显差异(Shoemaker and Cohen, 2005),这可能与世界各地传媒系统从国家向市场的巨大转变一致,是媒体政治经济变化的结果。哈林与曼奇尼比较了不同文化与政治背景下的传媒系统,认为这是“自由主义模式的胜利”,并认为自由主义的媒体模式可能会被全世界所采用,因为其影响力巨大,新自由主义与全球化持续传播着自由主义媒体的结构与观念(ibid:305)。尽管世界各地的电视文化各具特色,但很难否认哈林与曼奇尼关于不同国家媒体制度的差异明显减少的假设。一种与自由主义模式非常相似的全球传媒文化正在兴起,其以美国传媒系统的核心特征为代表(ibid:294)。

因为电视新闻网发展迅速,在收视率与广告方面的竞争愈加激烈,这促使广播
公司以娱乐化的方式报道新闻,并通过调整新闻运营的方式来挽留或重新吸引观 69
众。在这一过程中,新形式的时政和纪实性娱乐类型形成了共生关系,例如,电视真人秀节目模糊了新闻、纪录片、娱乐节目之间的界限。这些混合式的节目在24小时新闻频道中播出并获得成功,为观众提供了视觉上的资讯娱乐盛宴,不但维持了收视率,还降低了节目制作成本。电视新闻制作成本高昂,尤其是24小时新闻成本更高,像英国独立电视公司这样地位稳固的品牌也因为收视率不理想,不得不在2005年停播了24小时数字新闻频道。

与其他电视节目制作相比,国际新闻业务的成本更高,需要巨大的资金。因此只有大型传媒集团或者资金充裕的国家机构才可能成功运营此类频道。它们往往是王牌节目,为提供关键的全球电子业务而亏本经营,必须有交叉补贴才能经营下

去。如英国广播公司就被迫用其在国际商业运营中的收入,补贴其在英国的收视许可费。因此,在新闻频道发展壮大的同时,成本低廉、令人愉快的真人秀电视节目的兴起就不足为奇了。

》24 小时新闻频道在世界各地的传播

美国有线电视新闻网的成功经验被许多媒体模仿,其他媒体纷纷开办 24 小时实时新闻频道,英国独立电视台新闻频道便是其中之一,这种现象有时被贴上了电视新闻“CNN 化”的标签。如表 3.1 所示,在 2007 年,一些 24 小时电视新闻网已经适应了动态的、快速发展的和日益分化的传播生态(Rai and Cottle,2007:72),并进行国际化运营。因为滚动新闻依赖于正在发生的事件的现场报道,而租用直播卫星时段的价格非常高,所以电视新闻网被迫使用成本相对低廉的、固定在演播室的报道来填充节目,尤其是涉及国际新闻报道的时候。不管文化差异如何,名人新闻、犯罪新闻和体育新闻总是很受欢迎。

70 **表 3.1　全球 24 小时电视新闻网**

新闻网名称	所在地区	设立年份
CNN 国际新闻网	美国	1985
天空新闻台	英国	1989
BBC 世界新闻频道	英国	1992
欧洲新闻网	法国	1993
半岛电视台	卡塔尔	1993
环球电视台	巴西	1996
福克斯新闻网	美国	1998
印度星空卫视新闻台	印度	1999
亚洲新闻台	新加坡	2000
中央电视台第 9 频道	中国	2000
新德里 24 小时电视台	印度	2003

续表

新闻网名称	所在地区	设立年份
印度国家电视台新闻频道	印度	2003
南方新电视台	委内瑞拉	2005
俄罗斯电视台	俄罗斯	2005
法国第 24 电视台	法国	2006
半岛电视台英语频道	卡塔尔	2006

经济全球化以及与之相伴而生的灵活、流动的劳动力，催生了分散的电视市场，这个市场庞大且不断发展，受益于卫星覆盖区的扩张和卫星直播电视的发展，私营广播公司迅速开发了这块市场，以满足跨国地理文化空间的需求。私营广播公司与国家广播公司不同，国家广播公司至少在理论上服务于传统意义上领土范围内的公民，而私营广播公司则侧重于服务付费的消费者，而不考虑他们在哪个国家以及国籍是什么（Chalaby, 2005）。私营广播公司与资讯娱乐集团在软件与硬件上发挥协同效应，使其更加容易扩张业务。比如默多克新闻集团投资的 24 小时电视频道——星空新闻台（印地语）和凤凰卫视资讯台（普通话）都通过天空广播公司的数字网络在英国进行传播，而新闻集团正是该数字网络的股东。在美国，默多克的直播电视公司以及回声星碟式系统这样的平台，为各种新闻频道提供其他发行渠道，主要针对分散的受众群体。

国家与地区的广播电视机构虽然表现得很低调，但都踊跃地加入了 24 小时新 71
闻频道的热潮，力图在全球的媒体舞台中占据一席之地，同时将其作为公共关系与外交的工具。尽管将其中一些不那么光鲜的节目描绘为物美价廉、有制作价值的资讯娱乐有些牵强，但是这些节目的存在表明了被看见的重要性。欧洲新闻电视台和泛拉丁美洲国家电视台属于地区性的广播电视机构。泛拉丁美洲国家电视台的口号是来自南美的新闻，声称要成为另一个美国有线新闻网。委内瑞拉的南方电视台新闻部主任乔治·博特罗在接受英国广播公司记者采访时说到，从哪个角度看拉丁美洲是一个关键的问题。人们从美国的角度看我们，所以他们看到的是一个有玫瑰色滤镜的、无味版的拉丁美洲，而我们想从自己的角度来看（Bruce, 2005）。

今日俄罗斯电视台成立于2005年,由俄罗斯政府和俄罗斯商业银行为其提供大约3000万美元的启动资金和年度运营资金,作为俄罗斯公共外交复兴举措的一部分,还包括为中东地区开设一个阿拉伯语频道的计划(Khalaf and Ostrovsky, 2006)。一年后,法国政府拨款1.3亿美元创办了一个24小时英语电视新闻频道——法国国际新闻频道,又称法国24小时电视台,是法国国有广播公司,法国国家电视台与商业电视广播公司法国电视一台组成的合资企业,它的目标是成为法国版的美国有线新闻网——CNN法国。法国总统雅克·希拉克很支持这个项目,希望通过该电视台来证明法国一定会站在全球电视影像之战的前线(AFP,2005)。不过,该电视台时而配音、时而带口音的新闻报道不太可能打动以英语为母语的观众。此外,政府支持的背景可能会削弱它的新闻公信力,使其更像是美国之音,而不是美国有线新闻网(Carlin, 2006)。

美英新闻领域之外最具影响力的电视媒体是卡塔尔半岛电视台,有时也被称为阿拉伯的CNN,自1996年半岛电视台成立之日起,该电视台就重新定义了阿拉伯世界的新闻业(Sakr,2001;Lynch,2006)。它处于一个独特的地位,既不是商业
72 频道,也不是国家运营的频道,而是一个完全独立、专业化的全球新闻运营机构。到2007年,这家泛阿拉伯语24小时电视新闻网声称在全球已有5000万名观众,在全世界地缘政治最敏感的地区之一,挑战了英美对电视时事新闻的主导地位。半岛电视台因“反恐战争”报道一跃成为国际广播公司,在世界各地的电视荧屏上可以随处看到它的台标。

虽然国际新闻频道的激增可能会给人一种语言多样、视角多元的印象,但在全球电视新闻的制作和传播中,英语新闻网仍然占据特权地位,在以英语为母语的国家之外,涌现的一批新的英语电视台也表明了这一趋势,今日俄罗斯电视台、法国24小时电视台、印度新德里24小时电视台、星空新闻亚洲台、新加坡亚洲新闻台、半岛电视台英语频道这些都是例证。德国国际广播公司的德国之声电视台定期用英语播出新闻,而伊朗也于2007年开设了一个英语电视台——伊朗电视台。中国政府意识到英语在国际商业传播成功与否;全球观众是否了解中国的公共外交战略中起到的关键作用,于是增设了中央电视台24小时英语新闻频道——中央电视台第九频道。在2007年,印度国家广播公司为了表达印度对全球事务的看法,在英国的天空卫视网创建了英语、印地语新闻频道和DD新闻。

在2007年,区域性、国际性的电视新闻频道数量已达三位数,其中亚洲的增长是最显而易见的,印度拥有近40家几乎全是商业性的新闻频道(Rai and Cottle, 2007),如图3.1所示。

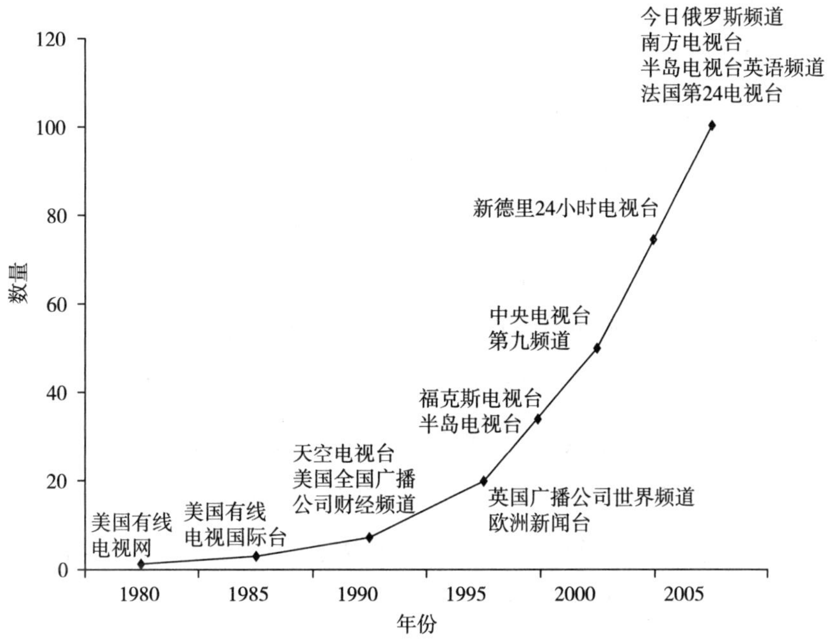

图3.1　24小时新闻频道的全球增长情况

哈林和曼奇尼在他们的著作中指出,受美国启发的自由媒体体系中的结构和理念,对政治传播产生了深远的影响。

》资讯娱乐节目的全球化 73

在以英语为母语的电视世界里,资讯娱乐节目的接受度可能较高,在长达半个多世纪的时间里,这些观众早已习惯了美国式的娱乐生活。加拿大媒体的"美国化"现象引起人们对媒体道德的质疑,人们担心在娱乐的驱动下,媒体为了增长收视率对普通人的私生活进行报道,使他们的故事成为公共景观(Cohen - Almagor, 2002)。《伯克的后院》开创了这种商业主义模式,该节目是一档关于园艺的杂志

性节目，也是澳大利亚第一个电视资讯娱乐节目，随后澳大利亚所有的电视频道都
74 推出了系列节目，重点关注健康生活、旅行、家居装修、金钱与性。因此，粗鲁的商业主义削弱了电视时事新闻报道在民主国家的重要性（Turner，2005）。

受美国影响较大的国家，比如以色列，已欣然接受了美国式的现代电视政治，包括政治广告。

75 智利等国家基本上适应了多年的专制媒体制度，新自由主义电视并没有加强这些国家的民主话语。资讯娱乐在墨西哥的电视网也很常见，例如该国著名的《红色新闻》（*la nota roja*）节目采用耸人听闻和戏剧化的表现风格播出了大量的时事新闻节目，非常受欢迎，同时也颇具争议。正如哈林观察到的，小报议程强力入侵了主流新闻的阵地，他指出，1994 年的政治报道接近 70%，1999 年大幅减少到 35%，而同一时期，犯罪报道几乎翻了一番（Hallin，2000：272－273）。

76 在阿拉伯国家，一直由政府控制电视产业，而资讯娱乐全球化为其带来了私有的、泛阿拉伯语的，甚至是跨国的电视，学者艾伊什（Ayish）将其成为自由商业电视，这是从美国有线新闻网的新闻实践和方法中汲取的灵感。艾伊什认为阿拉伯的观众史无前例地接触到了美国式的新闻样式和观念。

》转型中的媒体：从国家宣传到资讯娱乐

资讯娱乐全球化最明显的是苏联等国家，突然转换到市场理念，其转换程度在冷战期间是无法想象的（Rantanen，2002；Zassoursky，2005）。苏联解体后仅仅两年，莫斯科政府就允许商业化运营的电视网与国家广播公司共存。到 2002 年，四个主要的国家电视网中已有三个是商业电视网，其中最成功的第一频道（Channel One），采用了“公私混合”的模式，另外，俄罗斯独立电视台（NTV）是其中最大的商业电视网。

在国家干预电视的同时，新闻文化也发生了巨大的变化。在一个由市场塑造的新世界里，新闻在市场中进行运作的理念似乎已经正常化。以下评论总结了当时俄罗斯新闻业的地位：

> 新闻媒体为了在竞争日益激烈的市场中生存,越来越以消费者和广告商的利益和偏好为导向。收视率越高,销售媒体产品和赚取广告收入,获得利润就越容易。新闻业开启了一种新的功能:在一个消费者驱动的市场中,娱乐受众,推广商品和服务。媒体行业已成为受众和广告商的战场,媒体从业者正在扮演一个新的角色——娱乐公众的组织者(Pasti,2005:99)。

帕斯提(Pasti)对俄罗斯新旧媒体进行比较指出,新的媒体积极灌输享乐主义 77
精神,高度关注娱乐体裁,年轻记者自愿接受娱乐者的角色(Pasti,2005:109)。到了2000年,这一有趣的元素变得如此突出,以至于莫斯科最成功的商业电视频道之一——M1台每周的深夜新闻节目《赤裸的真理》(*Golaya Pravda*)创收视率新高,杜马成员(Duma members)①竞相在节目中亮相。25岁的年轻女演员斯维特拉娜·佩索斯卡亚(Svetlana Pesotskaya)是该节目的女主持人,她每读一段新闻就脱一件衣服,在10分钟的新闻节目结束前她已脱得一丝不挂。佩索斯卡亚告诉记者:“我们的节目很受欢迎,因为它是原创的,几乎所有俄罗斯新闻节目都照抄西方的电视节目,而我们却第一个采用非标准的方式来报道新闻,其他新闻节目中的观众太严肃了。”

中国采取了与欧洲一些国家不同的转变路径,从宣传媒体向市场化媒体转变。新的方式促使媒体宣传的意味变淡,用软性、娱乐性和非政治性的新闻取而代之,吸引观众的注意,并为盈利创造了条件(Chan,2003)。一位中国媒体观察者认为,市场化的影响喜忧参半,媒体享有更大程度的消极自由。媒体话语的非政治范围已经扩大,迎合了城市的专业人士和有购买力的阶层的利益(Lee,P.,2005:120)。

凤凰卫视定期播出一档名为《新闻FUN轻松》(*Easy Time,Easy News*)的资讯娱乐节目,他们将其称为轻松有趣的新闻(Phoenix Experience,2006)。该频道的另一个口号是“多聊天,多新闻”。凤凰卫视最受欢迎的日播杂志节目之一是由鲁豫
主持的名人访谈娱乐节目。一位评论家指出,中国香港作为泛亚洲电视新闻网的 78
中心,有星空新闻亚洲频道这样的媒体,其市场竞争激烈,耸人听闻的报道泛滥,观众喜欢娱乐性的、软性的信息,包括生活方式、购物指南、烹饪、餐饮、新电子产品等,而不喜欢严肃新闻(Lee,C.C.,2005:85)。

---

① 译者注:杜马是俄文音译,是议会的意思,俄罗斯国家杜马指俄罗斯联邦议会的下议院。

》资讯娱乐对公共广播服务的影响

广播的商业化也影响了欧洲的公共媒体。在德国，德国公共广播协会（ARD）和德国第二电视台（ZDF）这两家公共服务机构，传统上以广告和收视许可费作为预算来源，在20世纪80年代中期，德国第二电视台近37%的预算来自广告（Humphreys，1994：179）。德国商业广播始于1984年，在1986年联邦宪法法院首次解除了对私营商业机构的法律管制，提出了商业广播机构和公共广播机构可以同时运行的双广播系统（ibid：257）。公共广播公司将继续负责向全体民众提供基本的广播服务，而商业广播公司可以以更低的标准经营广播业务，娱乐节目是其节目组合的关键部分（ibid：255）。

这种公私并轨的系统似乎运作良好，直到20世纪90年代，商业数字频道开始
79 扩张，电视市场放松管制，卢森堡广播电视集团这样的娱乐传媒公司开始引进大量娱乐节目。从一项对德国电视消费模式的研究报告可以看出，观众的收视习惯发生了巨大改变，观看时间从20世纪80年代初的日均不到120分钟增加到2002年的210分钟（Schulz et al.，2005：65）。

虽然东德解体终结了压迫性的一元论媒体制度，但在20世纪90年代重新统一的德国，伴随着资讯娱乐的兴起，西德媒体集团接管原东德国家管理的媒体机构，并频繁使用“媒体殖民地”来描述东德（Humphreys，1994：314）。舒尔茨等人（Schulz et al）指出，“电视新闻节目越来越以娱乐为导向，观众在日常电视消费中把越来越多的份额分配给娱乐内容，而牺牲了信息类节目。电视新闻节目变得越来越庸俗，越来越强调冲突和戏剧性，越来越强调软新闻和资讯娱乐模式，导致信息观看的性质也发生了变化”（Schulz et al.，2005：65）。电视新闻的这种改变也可能影响了德国的政治传播。

一项针对奥地利记者的研究也提到了这种政治传播的“美国化”现象，研究发现，美国模式在奥地利表现得日益明显。报道越来越聚焦于表演者的个性、风格和外貌，形成了一个明星报道体系，在这个系统中，能力在知名度与形象面前显得并

不重要，进一步淡化了大众媒体对政治问题的讨论（Plasser，2005：63）。研究还发现，随着“碎片化”新闻的崛起，信息被删减为声音片段，嵌入不断变化的新闻周期中。在荷兰，媒体在传统上一贯以克制的方式进行报道，但收视率之争促使其对时 80
事新闻的报道采用更为耸人听闻的方式。一项研究比较了 1992 年、2001 年荷兰的三个频道播出的电视时事新闻节目，研究发现，竞争导致时事报道追求轰动效应（Vettehen et al.，2006）。

在意大利，资讯娱乐将西尔维奥·贝卢斯科尼（Silvio Berlusconi）从一名商人推上了总理之座。贝卢斯科尼于 1994 年首次当选总理，于 2001 年再次当选总理（Ginsborg，2004；Padovani，2004）。贝卢斯科尼被视为改变意大利电视媒体局面的人，他主要通过自己开办的帕波利塔利亚电视网（Publitalia）整改了电视广告——在节目间隙甚至在节目播放过程中就插入广告。贝卢斯科尼还收购了两家相互竞争的商业频道——意大利电视一台（Italia 1）和夸特罗电视网（Rete Quattro），对此，有评论家认为，广告赞助的电视节目播放时间大幅增加，如今私营电视台在传播商业媒体文化方面发挥了重要作用，广告与全球市场的商品高度融合，不管是直接引进的节目还是模仿美国的节目，都体现了美国所主导的娱乐产业（Arvidsson，2003：134）。 81

法国政府对电视的管制由来已久，商业竞争的压力也逐渐影响了媒体内容。法国有两个主要的国家电视台——法国电视一台（TF1）和法国电视二台（Antenne2），均获得政府的大量补贴。1970 年法国开始对电视广告进行严格限制，但在过去的 25 年里电视广告有了长足的发展，特别是 20 世纪 80 年代“Canal +”电视台（Canal Plus）等有线电视台陆续成立，法国电视一台进行了私有化改革，由法国最大的建筑公司布伊格集团（Bouygues）收购，大幅推动了电视广告的发展。随着电视的变革，它逐渐塑造了媒体议程，法国社会学家布迪厄（Pierre Bourdieu）认为，电视媒体在经济层面和象征意义层面都主宰着“新闻领域”，“规避着以往严肃新闻所设定的规则”（Bourdieu，1998：42）。媒体专家担忧晚间新闻报道过于强调收视率，认为流行的电视新闻报道具有资讯娱乐化的趋势，比如公共频道法国电视五台（La Cinquieme）每周播出的电视杂志节目《阿雷特·苏尔影像》（*Arrêt sur Images，Freeze Frame*）。自 1995 年，丹尼尔·施内德芒（Daniel Schneidermann）就开始主持《阿雷特·苏尔影像》节目，他也是前法国世界报（*Le Monde*）的电视评论员，他认为，新闻与娱乐之间的界限已经变得混淆不清，“人们受信息呈现方式的影响，与受信息本身的影响一样大”（quoted in Crumley，2000）。

在西班牙，纪录片、真人秀、智力竞赛节目、肥皂剧等占据着电视的黄金时段，这足以证明电视节目的商业化现象十分明显。在2002年，就政党是否可以干涉国有西班牙电视台（TVE）播出的西班牙版流行偶像节目《胜利行动》（*Operation Triumph*）一事，产生了一系列争议（Tremlett，2002）。西班牙电视五台（Telecinco）和西班牙第三电视台（Antena 3）这类商业电视台，依赖政治事件调查、热门谋杀案的审判以及从美国引进的犯罪剧如《犯罪现场调查》（*CSI*，该剧创造了西班牙电视史上最成功的外国电视剧纪录）等节目蓬勃发展，而国有西班牙电视台（TVE）则以播放好莱坞大片作为回应。受众认为，希腊电视台经常播放一些琐碎但吸引人的现场新闻，这些新闻的呈现方式使得日常琐事都显得有新闻价值和可信度（MakriTsilipakou，2004）。土耳其电视台的新闻小报化现象也很明显，对其四家商业频道和一家公共服务频道的研究表明，穷人的悲惨遭遇和富人的生活方式是商业广播公司的两大主题。研究发现，电视新闻越来越倾向以个性化和小报化的形式呈现政治事
82 件，从而破坏了公众知识（Bek，2004：383）。这项研究还指出，电视新闻的议程设置以商业需求为导向，使其成为大型传媒集团的基地，用来促进传媒集团的其他业务，并与对手开展竞争。为了实现这些目标，面对收视率大战中的激烈竞争，土耳其资讯娱乐集团滥用了电视新闻，甚至不惜编造“假新闻”（ibid：382）。

综合以上各地区电视新闻的发展情况，我们可以发现一些潜在的问题，那就是在全世界范围内，以市场为导向的媒体已确立了主导地位，美国的资讯娱乐模式其实早已处于全球化进程之中。

》电视真人秀节目的营救行动

在电视真人秀这种火遍全球的混合类节目的创造过程中，新闻和娱乐之间界限模糊的情况可能是最严重的（Andrejevic，2003；Kilborn，2003；Hill，2005）。在20世纪90年代末，电视真人秀节目从美国、英国开始向全球肆意扩张，这再次证明了

市场的力量是如何改变电视新闻行业的。电视真人秀节目的制作成本低廉，在很多方面都是如此，在收视率驱动的私有化电视文化中，它的快速发展是顺理成章的（Brenton and Cohen，2003）。小报新闻、纪录片和娱乐节目这几种节目相混合，形成了一种全新的节目类型——流行纪实性电视，这说明了电视媒体为了生存不惜自相残杀，利用现有的节目类型创造了一个成功的混合节目，从而产生了一种新的电视节目类型（Hill，2005：24）。

电视真人秀节目的空前成功为广播公司提供了一条捷径，从而摆脱新闻市场化所带来的问题：

> 随着电视真人秀节目越来越受欢迎，终于为黄金时段电视新闻标准的直线下滑提供了一个为自己解释并捍卫自身地位的理由。那就是任何过于荒谬而不能被称为新闻的内容都可以归为“真人秀”而不是“新闻”，其生产职责也被明确交给期 83
> 望值较低的娱乐部门。娱乐节目制作人很满意这种安排，因为这使他们同时摆脱了两件他们最不喜欢的事情：(1)可信度问题，它限制了新闻杂志追随娱乐的本能；(2)明星演员的薪水。事实上，真人秀节目聘请的都是没有任何专业经验的人，大多数演员出演真人秀节目都是无偿的，他们只是为了获得在国家电视台上露脸的机会而已（Marc and Thompson，2005：126）。

在媒体时代，创意层出不穷，电视真人秀的概念起源于美国，由 MTV 播出的《真实世界》（*The Real World*，在 1992 年播出第一季，到 2006 年一共播出 13 季）首创。这位光鲜亮丽的先锋“老大哥”，每年都会跟着一群相貌英俊的年轻人在美国不同的城市合租一套公寓。另一个引领潮流的节目是 2000 年在哥伦比亚广播公司黄金时段首播的美国耐力赛节目《幸存者》（*Survivor*）。截至该节目最后一集播放之时，大概有 6200 万名观众观看了至少一集，“幸存者现象”成为大众文化热议的主题。马克和汤普森（Marc and Thompson）指出，“广播公司已经找到了他们需要的廉价节目形式，即使人们现在只是偶尔看看真人秀节目，但毫无意外地，这种节目还是办公室饮水机旁话题的中心，无论看过还是没看过节目的人都会聊几句”（ibid：128）。

在 2004 年，该类型的节目已如此之多，以至于全球有两个专门的 24 小时真人秀电视频道在运营——纪实娱乐频道（Reality TV）和英国纪实频道（Zone Reality）。

真人秀节目种类繁多，从生活方式、化妆到约会都有所涉及，例如英国广播公司1996年开始陆续播出的化妆秀节目《更衣室》(*Changing Rooms*)；以《单身汉》(*The Bachelor*)为代表的约会节目；以《学徒》(*The Apprentice*)、《流行偶像》(*Pop Idol*)为代表的，基于技能与天赋的真人秀比赛；《老大哥》(*Big Brother*)、《幸存者》(*Survivor*)、《我是名人》(*I'm a Celebrity*)、《让我出去》(*Get Me Out of Here*)等考验人们在限定空间内，与陌生人相处和忍耐能力的节目，24小时供观众观看，此外还有运动方面的竞赛真人秀节目，如《超级明星》(*Superstars*)。在美国较为成功的真人秀电视节目有哥伦比亚广播公司的《极速前进》(*The Amazing Race*)、《老大哥》《幸存者》；福克斯公司的《美国偶像》(*American Idol*)、《诱惑岛》(*Temptation Island*)；美国广播公司的《单身汉》《我是名人》；(美国)全国广播公司的《学徒》《恐惧元素》(*Fear Factor*)。

电视真人秀节目的另一个亚类型是纪实性肥皂剧，从这类节目中也可以看到美国的影响力。纪实性肥皂剧的成功带来了大量廉价的资讯娱乐，也使剧中人物一夜成名。据新闻报道，1200万观众收看了英国1994年播出的《驾驶学校》(*Driv-*
84 *ing School*)第一季，这是最早的纪实性肥皂剧。在社会机制赋权的表面民主化实践中，普通人变成了小明星，也就是一位评论家口中所谓的“名流”(Turner，2006)。在2002年，音乐电视频道的受众被很多专业化的音乐电视频道和在线音乐共享网站抢走，于是他们推出了一部纪实性肥皂剧《奥兹家庭秀》(*The Osbournes*)，它成为该频道最赚钱的节目之一，还催生了许多类似的节目。《奥兹家庭秀》围绕英国前摇滚明星奥兹(Ozzy)、奥兹的妻子和其家庭日常生活展开，迅速吸引了一大批狂热的粉丝(Gibson，2005：11)。

尽管英国广播公司承担着公共服务的职责，但它一直是运作电视真人秀节目极成功的公共广播公司之一，英国广播公司制作了一系列此类高利润的节目，并向全球销售真人秀电视模式。乔治娜·伯恩(Georgina Born)在对英国广播公司的研究中指出，因为激烈的竞争，信息、教育和娱乐逐渐融合，含有纪实娱乐理念的电视真人秀节目数量迅猛增长，以低于情景喜剧和电视连续剧的风险获取必要的观众份额，而且成本低廉，内容相对可靠(Born，2004：376)。约翰·科纳(John Corner)认为，这些纪实娱乐产生于私有化的电视生态，体现了纪录片的最新功能，即转移注意力的功能，特点是轻松的主题或主题处理方式。科纳认为，为了实现这个功能，纪录片讲述高紧张度事件（事故重现、警方突袭）；坊间流传的奇闻轶事；满足人们爱打听的社交天性（Corner，2002：260）。

把这种形式的资讯娱乐进行全球化传播相对容易，因为其模版基本上是相同的，而且成本低、内容欢快，最好充斥着精心的编排，高度戏剧化的内容和情感，不过这类节目的智力和思想水平普遍较低。在语言与文化偏好方面，真人秀节目具有本土化、本国化的潜力，因此对不同的广播公司都具有吸引力。例如，欧洲的公共广播公司已经引进了英国广播公司的节目《舞动奇迹》（*Strictly Come Dancing*），该节目在西班牙电视一台（TVE-1）一经播出就大受欢迎。音乐才艺秀节目《明星学院》（*Star Academy*）也在全球大卖，法国电视一台（TF1）定期播出这个节目，而且还从英国引进了游戏节目《智者为王》（*The Weakest Link*）和《谁想成为百万富翁》（*Who Wants to be a Millionaire*?）。

》《老大哥》节目的全球化

无论是通过合法还是非法的途径，欧洲版的电视真人秀节目形式已经在世界
各地被本地化、克隆和复制，其中被改编最多的节目之一就是《老大哥》。（Mathjis 85
et al.，2004；Bazalgette，2005；Bignell，2005）。《老大哥》的全球化让它的荷兰籍制作人约翰·德摩尔（John de Mol）成为百万富翁，恩德摩尔公司（Endemol）节目版式的销售量也跃升于全球领先地位。在节目中，参赛者在一个“老大哥之家”（Big Brother House）接受观众 24 小时的监督，在空闲时间段，观众会逐一投票淘汰这些选手，留到最后一名的选手将获得奖金。这种节目版式便于进行跨境、跨文化的传播。2000 年，《老大哥》第一季节目在荷兰播出后，第二季在德国播出。2001 年，法国商业电视台 M6 频道播出了《阁楼故事》（*Loft Story*），作为法国版本的《老大哥》，聚焦巴黎郊区一套阁楼式公寓里的 11 位年轻男女之间的关系和性别冲突。

电视节目主管彼得·巴扎尔杰特（Peter Bazalgette）曾经成功将《老大哥》引进英国，他写了一本国际畅销书《十亿美元的游戏》（*Billion Dollar Game*），赞美这种新的全球性窥视症。他指出，2001 年《老大哥》系列节目在丹麦首次播出时，人们

为了同时登录网站观看节目中的参演者洗澡，导致了该网站的崩溃。西班牙的一家商业广播公司——西班牙电视五台（Telecinco）也播出了真人秀《名人老大哥》（*Gran Hermano*），播到第六季时一名巴斯克分离主义者闯入了老大哥之家，发起了一场单人抗议活动。在波兰，一名选手为了从政参加了《老大哥》节目，最终他赢得了2001年大选的议员席位（Bazalgette，2005）。在哥伦比亚，总统阿尔瓦罗·乌里韦（Alvaro Uribe）出人意料地成为当地版《老大哥》的特邀嘉宾，以推动宪法改革。2006年，印度索尼电视台将《老大哥》改编为《大老板》（*Big Boss*）进行播出并成为该电视台的王牌节目。

正如一位评论员就欧洲问题所指出的那样：

> 在所有采用《老大哥》版式的国家，其国内的视听产业体系都失去了国家垄断地位。电视真人秀节目通常在小型或新兴的商业频道中播出，这些频道成功地取代了现有频道的主导地位和声望。他们远离了公共服务的价值观，背负着传统主义、自我审查、父权制僵化的形象（Frau－Meigs，2006：40－1）。

除了持续的高收视率以外，电视真人秀节目还具有重大的附加利益。不仅仅是小报，新闻媒体也经常报道节目参与者的滑稽表演、不当行为、成功和失败。这使一些普通人成为明星，其中有些人甚至在自己的电视节目中担任主角。

86 对那些错过电视节目的观众来说，互联网也会24小时直播老大哥之家的消息，供人们观看选手谈话、睡觉、亲密接触、吃饭或闲坐的场景，满足了观众虚假的偷窥乐趣。虽然《老大哥》节目的平庸可能会让一些人感到厌烦，但《老大哥》等节目可以同时在多个平台发布，无论对广播公司还是电信公司来说这都是笔大生意。宽带的日益普及也使移动互联网和电视的融合更具交互性。

》《名人老大哥》——希尔帕·谢蒂事件

2007年1月，英国电视四台对备受争议的《名人老大哥》（*Celebrity Big Brother*）进行国际报道，充分证明了资讯娱乐节目已风靡全球，它也是新闻与真人秀节目之间存在共生关系的一个显著例证。希尔帕·谢蒂(Shilpa Shetty)是英国真人秀节目中的第一位印度选手,观众认为她在节目中遭受了种族歧视,英国通信管理局(Ofcom)共收到40000多起投诉,是迄今为止投诉最多的一例。投诉称,节目中折磨谢蒂的3位女参演者有种族虐待行为,如故意叫错她的名字,还暗示印度人不讲卫生。这个事件具有资讯娱乐节目的所有要素——一位外国名人、一位外国女性电影明星,她在情感上饱受折磨,还要面对态度强硬又愚蠢的室友。对英国广播公司亚洲频道而言,这是一个大新闻,在该节目中来电的观众回忆起他们遭受种族歧视的经历。英国的种族关系监督机构种族平等委员会(the Commission for Racial Equality)也对此表示担忧。这一事件被提交议会,迫使首相托尼·布莱尔(Tony Blair)在议会上作出回应,"我们必须反对任何形式的种族主义"。在英国和印度,这一事件的知名度极高,仅英文报纸就此事发表了1200多篇报道,其中包括《纽约时报》。尽管报道主要集中在种族问题上,但事实上,它同样可能与阶级冲突而非种族冲突相关。从传统意义来讲,真人秀节目往往会被小报报道,《名人老大哥》亦如此。然而,针对这一事件,优质报纸也进行了大量的报道,如表3.2所示。 87

表3.2　英国优质媒体对《名人老大哥》的新闻报道(截至2007年1月17日)

报纸	报道字数
卫报、观察家报	10674
独立报	7670
泰晤士报、星期日泰晤士报	5611
每日电讯报	4062

由于担心负面宣传可能影响其声誉,《名人老大哥》的主要赞助商——英国手机零售商卡冯—维尔豪斯撤回了300万英镑的节目赞助。然而,对第四频道来说,这场争议提高了节目的收视率。第四频道首席执行官安迪·邓肯(Andy Duncan)拥有市场营销背景,他就谢蒂遭受虐待一事在电视上进行道歉。考虑该事件的故事成分,英国和印度的电视媒体对其进行报道是可以被预料到的。然而出人意料的是,这则新闻在全世界都成为头条新闻,美国、俄罗斯、德国和法国的24小时电视台都对其进行了报道,如表3.3所示,这表明在拥挤的市场中,新闻与电视真人

秀是如何相互依存并吸引消费者和广告的关注的。

表 3.3 国际资讯娱乐：世界各国电视台对《希尔帕事件》的报道（2007 年 1 月 17 日）

频道	所在地区	时长
印度卫视新闻台	印度	8 分 20 秒
英国广播公司世界频道英国广播公司	英国	7 分
新德里 24 小时电视台	印度	6 分 5 秒
英国第四新闻频道	英国	5 分
半岛电视台英语频道	卡塔尔	4 分 30 秒
英国独立电视台	英国	3 分 25 秒
天空新闻台	英国	3 分 5 秒
美国有线电视国际台	美国	2 分 15 秒
法国第 24 电视台	法国	1 分 40 秒
德国之声电视台	德国	1 分 20 秒
今日俄罗斯频道	俄罗斯	1 分
欧洲新闻台	比利时	30 秒

事件发生当晚，全球 24 小时新闻网的监测显示，相关报道的内容非常相似，使用的素材相同，但组合方式有所不同：

- 室友侮辱行为的录像
- 布莱尔首相回应印度裔工党议员基思·瓦兹（Keith Vaz）提问的画面
- 印度抗议活动中焚烧节目制作人头像的镜头
- 英国财政大臣戈登·布朗（Gordon Brown）在新德里访问期间的评论
- 希尔帕·谢蒂父母的评论
- 亚洲媒体评论员的观点
- 新德里街头的流行评论员的录音
- 希尔帕·谢蒂参演电影中的片段

大多数报道都提到了一个事实，那就是由于这场争议，节目的收视率提高了 20%，少数几家电视频道，特别是印度的电视频道，关注的是谢蒂的事业如何取得了快速的进步。美国有线电视新闻网将其称为“一场滚雪球般”的争论，一位品牌专家在谈论该事件对赞助商品牌的影响时，称这个节目是对人“低俗的窥探”；新德里电视台（NDTV）24 小时频道引述了英国印度裔作家、女演员梅拉·沙尔 88 （Meera Syal）的一段话：“这集节目表现了娱乐与疯狂的一步之遥”。英国亚裔议员基思·瓦兹（Keith Vaz）在伦敦的演播室接受了半岛电视台英语节目的采访，他提醒观众们收看的是一个被剪辑过的“精彩片段”，指出第四频道为了引发争议而故意向全体观众播放的有选择性的画面。连英国广播公司最严肃的新闻分析节目《晚间新闻》（*Newsnight*）也在全长 50 分钟的时间里进行了 16 分钟关于谢蒂事件的报道。在印度，电视媒体无视英国财政大臣戈登·布朗（Gordon Brown）率领的经济代表团的访问，轮番就谢蒂事件向他提问，忽略了他此行的真正目的。新德里电视台 24 小时频道（NDTV 24 ×7）在其《现实的创痛》（*Reality Bites*）系列节目中还做了一期长达 30 分钟的特别节目《种族主义还是收视率？》（*Racism or ratings*？），在该节目中也提到了谢蒂事件。

在过去 10 年里，第四频道曾一度被认为是一个严肃的电视频道，具有新颖的编辑议程，如今该频道已经沦为英国观众观看真人秀节目的主要途径。真人秀节目在收视率方面获得成功，给广播公司带来了急需的广告和电话收入。在谢蒂事件发生争议之前，一位第四频道的主管在接受《印度时报》（*Times of India*）采访时表示：“这些明星在老大哥之家无疑会给我们带来快乐和惊喜。今年的明星室友组合具有不可预见性，是我们节目迄今为止最令人兴奋的阵容。”谢蒂的伦敦经纪人 89 告诉该报，谢蒂将此次参加节目视为一个巨大的机遇，填补了英国市场的空白，一个在英国一举成名的挑战，尽管她在印度已经是超级明星，但此前只有在英国的亚洲人才知道她（Lail，2007）。

谢蒂优雅地接受了她节目中室友们的道歉，得到了自由派观点的支持，并最终成为节目的赢家。离开节目后不久，她听取了英国知名公关经理马克思·克利福德（Max Clifford）的建议，将自己的故事卖给媒体。随后，谢蒂出现在各种报纸和杂志的采访中，包括《你好！》（*Hello*！）杂志，默多克的天空卫视新闻频道对这位明星进行了长达 30 分钟的采访。

为何这个事件会被如此广泛地传播出去呢？毋庸置疑，以各种形式表现出来的种族主义都是严肃的社会问题和政治问题，媒体也应当对此进行讨论。一些评论员甚至认为，《老大哥》等节目有助于将这些潜在的问题带到公共领域。值得商榷的是，如果没有节目外的这场争吵，谢蒂是否会赢？当她进入名人老大哥之家时，赌她能留在最后的人只占十六分之一。谢蒂最终获胜的原因不仅仅是制造了娱乐新闻那么简单。英国有130万的印度人，从在工厂上夜班的教育程度有限的
90 人到受过高等教育的人，这部分人代表着日益走向全球化的印度中产阶级，该群体可能促进了谢蒂事件的全球化传播。正如伦敦前市长肯·利文斯通（Ken Livingstone）在英国广播公司所说的，印度企业是伦敦最大的投资者之一，这可能也是一个原因。另一个原因可能是宝莱坞因素，全球化使人们对非西方的流行文化有了更多的认识，宝莱坞作为世界上最大的电影产业，无疑使谢蒂事件成功地成为全球性的娱乐资讯。

第四章　印度的资讯娱乐——电视新闻的宝莱坞化

新德里电视台的24小时新闻频道是印度最负盛名的电视新闻频道之一，该频 91
道定期播放一档流行喜剧节目《印度大娱乐秀》（*The Great Indian Tamasha*）。从字面上看，"Tamasha"即"表演"之意，但这个词还蕴含另一层含义，可以用来比喻印度电视新闻的状况。"Tamasha"一词来源于马哈拉施特拉邦（Maharashtra，孟买位于该邦）西部的一种民间戏剧形式，因充满启发性的舞蹈和歌词，在农村地区一直非常受欢迎。这种戏剧的内容通常是有性暗示的、滑稽的，其目的不仅是逗公众发笑，而且是让他们捧腹大笑。总部位于孟买的宝莱坞巧妙地改编了这一戏剧流派，并以歌舞为主。值得一提的是，孟买既是印度的商业中心，也是印度文化产业的中心，尤其在影视产业上十分发达。所以，印度的许多电视新闻网也设在孟买，这并非巧合。

本章旨在研究印度电视新闻的案例是如何呈现资讯娱乐化的全球趋势的。从市场规模和市场多样性来看，印度的电视市场是世界上最复杂的电视市场之一，所以很难与其他国家进行比较。印度电视产业的受众规模最接近于中国，但与其不同的是，印度是一个由多语种组成的国家。在印度宪法中，政府承认的官方语言就有18种，其中大多数语言都有其庞大的地缘语言区域，无论是在印度国内还是国外，以这些语言为基础的电视产业都可以维持下去。尽管欧盟的电视受众规模较少，但利润却高得多。此外，作为英国殖民遗产的一部分，印度在一定程度上接受了英国的广播和电视公共服务模式。但与英国广播公司不同，印度的公共广播公
司更像是由国家管控的资讯娱乐公司，而非传统意义上的西欧公共服务广播的自 92
治实体。

在这种趋势下，印度的公共媒体不可避免地受到了市场的破坏。鉴于印度的人口规模及其电视产业的潜力，这一变化的规模和范围确实非常引人注目，到目前

为止，媒体全球化的学术研究还没有充分认识到这一点。在印度，70%以上的人口年龄在30岁以下，其中相当一部分人的流动性越来越强，他们把握了贸易与服务行业全球化所带来的机遇，尤其是利用了作为国际传播与贸易工具的英语技能。印美政府之间的地缘政治、经济日益趋同，以美国为主的跨国传媒公司成功地利用了印度这一人口结构特征，并从中获利。印度通过其英式的教育框架和体制框架接触西方主导的全球文化，在宗教、语言和种族上也是多元化的，因此，印度为媒体巨头提供了独特的市场机遇。

〉印度媒体的发展：私营媒体与公共广播媒体

在20世纪70年代，在由联合国教科文组织主办的世界新闻与传播秩序运动（New World Information and Communication Order）期间，印度大力倡导更加均衡、更加公平的全球新闻信息流动，还是不结盟国家通讯社联盟（Non-aligned News Agencies Pool）的创始成员。这种国际主义观点源于尼赫鲁式（Nehruvian）的社会主义，强调植根于本土文化空间的自由世界观，主导着人们的精神生活和严肃、沉稳、冷静的“婆罗门式媒体”。

在印度，报纸与现代化一直紧密关联着，1938年的《印度时报》（*The Times of India*）是目前世界上发行量最大的优质英文报纸。在19世纪70年代，以印度语言
93 发行的报纸已有140多种，其中许多是由民族主义领导人创办的，在后来的几年里，他们参与了新闻宣传活动，其中最著名的是圣雄甘地（Mahatma Gandhi），他主编了《印度青年报》（*Young India*），后来改名为《神的子民》（*Harijan*）。尽管反殖民主义影响着新闻业，印度还是从英国那里延续了私营媒体和政府控制广播系统的混合体。因在建国历程中经历了悲痛的教训，人们担心广播系统私有制可能会破坏这个新生的印度共和国和民主制度的稳定。因此，政府不得不严格管控广播系统。

在1959年，印度初次使用电视媒体，人们认为媒体是传播政府政策、公共信息和宣传的一种手段，而娱乐几乎完全属于私人融资电影行业的范畴，对国家广播公

司来说,娱乐并不是最重要的功能。从表面上看,国家广播公司杜达山电视台(Doordarshan)以宣传印度为主要目的。但实际上,它是一个沉闷的、过度官僚主义的公共广播垄断公司。它的新闻报道基本上都是批评者口中所说的“礼仪新闻”,诸如政府部长启动重工业项目或接待外国政要之类的新闻(Thussu,2007b)。

与电视新闻媒体不同,对于社会政治和经济问题,组织专业化、意识形态多元化的私营媒体有利于创造一个影响数百万印度人的民主讨论空间。在一个幅员辽阔、多民族、多宗教的国家中,主流媒体的多样化与其政治和宗教信仰的多样性相对应。虽然印度的大多数记者属于城市的中产阶级,但他们都有国家发展的意识,并且同情“第三世界”的同胞。媒体在准社会主义的框架内运作,提倡国内议题的民主化和世俗化,提倡国际事务中的不结盟政策。

随着越来越多声名狼藉的政客开始主导公共生活,印度政府逐渐失去其道德合法性,媒体的这种态度有所减弱。在 20 世纪 70 年代,电视广播开启了部分私有化的进程,国家广播公司开始引入广告,随后引入赞助节目。印度政府在 20 世纪 90 年代向跨国资讯娱乐公司开放国内市场,推动了私有化的进程。在媒体实行自 94
由化的最初几年,印度本地的报纸和出版商并没有将业务扩展至广播领域,尽管没有对私营广播领域实行监管,但是一些报业集团实际上已涉足电视领域,如生活媒体公司(Living Media)、印度斯坦时报(*Hindustan Times*)、印度商刊(*Business India*)和安那都报(*Eenadu*)。在 20 世纪 90 年代,随着对电视媒体管制的逐步放宽以及电视行业变为私有化,印度的媒体格局随之发生变化(Price and Verhulst,1998;Pege and Crawley,2001)。

印度的电视频道数量呈指数级增长,现已成为世界上最大的电视市场之一。然而,在 20 世纪 90 年代初期,印度其实并没有名副其实的电视产业。到了 2007 年,已有 300 多个数字频道在运营,其中包括一些与国际广播公司合资的频道(Butcher,2003;Rajan,2005;Thussu,2007b)。而印度电视产业这种史无前例的增长,是由广告收入的大幅增长推动的,因为印度的部分人群的购买力不断增强,他们对媒体传递的消费主义的生活方式充满渴望,这为总部位于西方的资讯娱乐集团提供了不断增长的市场潜力。在 1992 年有线电视和卫星电视出现,只有 120 万个印度家庭能使用这些设施,这个数字此后每年以 10% 的速度增长,到 2010 年,电视已覆盖 1.34 亿个家庭,预计其中有 8500 万个家庭安装了有线电视和卫星电视。

据商业媒体报道，在 2007 年，印度有近 4 亿人的电视观众。而 2007 年普华永道会计师事务所（PWC）为印度工商联合会（FICCI）编制的《印度的娱乐和传媒业：成长的故事》（*Indian Entertainment and Media Industry: A Growth Story Unfolds*）显示，传媒和娱乐业是印度增长最快的行业，值 100 亿美元。2006 年，印度电视市场的规模为 43 亿美元，预计到 2011 年将增长近三倍，达到 118 亿美元（Ali，2006；FICCI，2007）。印度电视广告收入占广告业总收入的 46%，价值近 35 亿美元。尽管与美国或西欧国家相比，印度电视市场的规模非常小，但资讯娱乐集团从中看到了巨大的未来增长潜力：时至 2006 年，还有将近 4 亿印度人没有电视机，也只有 42% 的农村人可以使用卫星电视和有线电视（Kohli，2003a；Ali，2006；Credit Suisse，2006）。

在过去几年中，印度经济以每年 8% 的速度增长，在国际上也越来越多地被视
95 为一个新兴的经济大国，备受瞩目。这种地位的表现之一就是，在印度以外尤其是全球各大中心城市，印度的流行文化被人们注意到。据印度工业联合会估计，印度国际电视收入预计将从 2004 年的 170 亿卢比增长到 2010 年的 430 亿卢比。市场自由化政策促进了其他国家增加对印度媒体和娱乐行业的投资，2003 年至 2006 年外国的投资超过了 40 亿卢比。印度娱乐公司甚至将目光投向东部的新市场，2005 年中国电影《也许爱》（*Perhaps Love*）的成功表明了印度与除西方文化之外的其他主要文化进行合作的潜力。除此之外，印度的资讯娱乐业也受益于媒体的外包行业，例如，为好莱坞和其他行业提供动画和后期制作服务等。总而言之，好莱坞和宝莱坞之间的资讯娱乐“联姻”已经提上了全球媒体议事日程。

宝莱坞的全球化确保了印度电影越来越受全球观众的关注，超过 70 个国家已上映了印地语电影。1989 年至 1999 年，印度电影出口增长了 20 倍。这使得电影公司必须在字幕制作方面增加投资以扩大电影在全球的覆盖面，并增加海外观众感兴趣的特效电影。2000 年，印度政府宣布允许外国公司投资电影业，印度电影制作公司和好莱坞巨头的合资计划得以推进。2004 年，印度电影出口收入约占行业总收入的 30%。

2006 年，瑞士信贷银行发布了一份有趣的报告——宝莱坞的好莱坞机遇（*Opportunities of Hollywood in Bollywood*），报告中指出，印度 GDP 的增长以及强大消费市场的出现，促使印度媒体市场的广告收入实现了两位数的增长，这表明在外资所有权规则逐步放宽的吸引下，全球的娱乐传媒集团迎来了发掘新的收入来源的重

大契机。报告预测,政府支持向 DTH 卫星广播强制转型,因此电视订阅收入的增长速度有望超过广告收入的增长速度。报告还提到,到 2010 年,广播公司订阅收入的份额可能会翻一番(Credit Suisse,2006:4)。迪士尼凭借其消费品、图书、杂志 96
及电视广播节目进入印度市场,收购了印度数字媒体娱乐公司(Hungama)儿童频道,并持有印度电影电视制作公司(UTV)的股份,而索尼公司则收购了 Sab 大众娱乐频道(Sab TV)。

随着跨媒体所有权规则的放宽,媒体权力呈现日益集中的趋势,塔塔(Tata)、艾德勒斯(Adlabs)和巴帝(Bharti)等非媒体集团在数字卫星电视领域投入了大量资金。另外,越来越多的大公司借鉴美国模式纷纷涉足媒体和娱乐领域,新兴的传媒企业集团正在形成。瑞士信贷银行的报告显示,宽松的监管环境对资讯娱乐集团来说是一块磁铁,虽然中国的广告市场收入接近 100 亿美元,是印度市场的两倍多,但外国企业在中国广告总收入中仅占 6%,但在印度却高达 30%(Credit Suisse,2006)。

这种扩张需要辅以新的节目内容,无论是新闻、游戏、访谈节目,还是肥皂剧和电视真人秀,均由新兴的电视产业提供,以满足巨大的印度市场及大批南亚印度侨民的需求(Thussu,2005a,2007b)。新的传播和分销机制的应用,以及电影工厂和电视产业的日益公司化,上述国家与跨国因素的结合,确保了印度电视台进入全球资讯娱乐领域,并有可能将其推向新的方向。随着印度进一步融入全球化的自由市场经济,印度版的资讯娱乐便很有可能具备跨国影响力,受众市场能够突破南亚散居区域的局限,吸引更多新的观众。印度企业及其文化产品在世界各地的知名度越来越高,也在一定程度上激发了人们的兴趣。

》印度是最大的电视新闻市场吗?

从 20 世纪 90 年代末至 21 世纪初,印度的电视新闻行业呈现意想不到的增长,专业新闻频道的数量从 1998 年的 1 家发展到 2007 年的近 40 家,其中大多数是全国性的,而且许多是国际性的,还有一些是面对地区市场的,如表 4.1 所示。 97

表 4.1　印度 24 小时电视新闻频道

频道名称	语言	覆盖范围
印度卫视新闻台	印地语	全球
新德里 24 小时电视台	英语	全球
印度有线电视新闻网	英语	全球
印度商业新闻台	英语	全球
阳光新闻台	泰米尔语	全球
环亚新闻台	马拉雅拉姆语	全球
第九电视台新闻频道	泰卢固语	全球
塔拉新闻台	孟加拉语	全球
印度国家电视台新闻频道	印地语、英语	全球
时代在线	英语	全国
新闻频道	印地语	全国
印度新德里电视台	印地语	全国
印度卫星新闻频道	印地语	全国
新德里电视台商业新闻频道	英语	全国
撒哈拉萨迈新闻网	印地语	全国
今日头条	英语	全国
印度电视台	印地语	全国
詹马特新闻台	印地语	全国
泰兹新闻台	印地语	全国
有线电视新闻网印度台 7 频道	印地语	全国
全国广播公司商业台 AWAAZ 商业频道	印地语	全国
印度卫星财经频道	印地语	全国
迪遮新闻频道	泰卢固语	特定区域
教育电视第二新闻频道	泰卢固语	特定区域
邬陀耶新闻频道	埃纳德语	特定区域
印度星空卫视新闻台安纳德频道	孟加拉语	特定区域

印度电视新闻行业放松管制是造成这一繁荣局面的部分原因，国内和跨国的私人投资者抓住了这个名利双收的机遇，进入电视新闻行业，使印度成为世界上新
98 闻频道最多的国家，而且，这些频道大多数是盈利的。尽管竞争激烈的新闻行业只吸引了 4% 的全国观众，但它所占的电视广告收入份额却接近 11%（Credit Suisse，

2006)。根据 2007 年的印度读者调查,在覆盖率和收视率排名前十的国家电视频道中,有两家是专门的新闻频道,即印度新闻频道(Aaj Tak)和印度国家电视台新闻频道(DD News)。

与美国和欧洲国家的趋势相反,印度的电视新闻收视规模从 2001 年的 92 万户增加到 2005 年的近 700 万户。人们对新闻信息消费兴趣的增加,可能不仅反映了它的起步数字太低,还反映了在复杂的政治场景中辩论的流行性和多样性,以及印度人热爱“辩论”的天性(Sen,2004)。越来越多的群体对电视新闻进行投资。鉴于印度语言和社区的多样性,新闻场景变得更加复杂。值得注意的是,在印度排名前十的电视新闻网中,没有一家是纯英语新闻频道,如表 4.2 所示。

表 4.2　印度电视新闻的市场份额

频道名称	语言	收视份额(百分比)
新闻频道	印地语	22
印度卫视新闻台	印地语	16
印度卫星新闻频道	印地语	12
印度新德里电视台	印地语	11
印度电视台	印地语	7
有线电视新闻网印度台七频道	印地语	7
第九电视台新闻频道	泰卢固语	7
教育电视第二新闻频道	泰卢固语	7
印度国家电视台新闻频道	印地语、英语	6
阳光新闻台	泰米尔语	5

新闻频道、新闻台数量增长的另一原因是印度有 2400 万人的侨民,这一群体为印度的经济增长做的贡献越来越多的同时,他们也从中获利。据估计,这些侨民的净资产高达 3000 亿美元,每年对印度经济的贡献达 100 亿美元,他们收看印度新闻频道的行为是一种及时、高效地了解本国发展情况的方式。英语新闻频道市场份额的最大占有者是新德里电视台 24 小时频道,2007 年该频道向美国、英国、中 99
东地区和南非的印度侨民开放。印度卫视新闻台和印度国家电视台新闻频道也通

过英国星空卫视进行播放。新德里电视台则与微软公司建立了战略合作关系，通过 MSN 门户网站进行营销，合作内容包括通过新德里电视台推广 MSN 门户网站的计费通话时间和出售产品，还与总部位于吉隆坡的天文广播公司（Astro Broadcast Corporation）建立了内容合作关系，在印度尼西亚和马来西亚组建了两个 24 小时新闻频道。

新德里电视台 24 小时频道看到了娱乐和资讯之间的协同效应所蕴含的潜力，于是在 2007 年推出了一个专业的娱乐频道——新德里电视台畅想频道（NDTV Imagine），并由导演卡兰·乔哈尔（Karan Johar）管理。然而，这种多元化的运营模式无疑需要海外企业投资，根据印度政府对新闻广播行业的规定，作为一家新闻广播公司，最多只能拥有 26% 的外国投资，所以，该公司成立了一家子公司——新德里电视网（NDTV Networks），并成功筹集了 1.5 亿美元的资金。据新闻频道首席执行官维克拉姆·钱德拉（Vikram Chandra）所言，新德里电视台正在蜕变（Kohli - Khandekar，2006a）。这种蜕变很可能是民众的娱乐方式和生活方式发生改变的结果，这不免引发人们的担忧，那就是作为最专业的、政治上最自由的新闻频道之一，新德里电视台为了在国内外保持其新兴的英语电视强大集团的地位，也可能会陷入资讯娱乐的旋涡。

电影、电视新闻以及娱乐之间的这种协同效应是常见的。例如，撒哈拉萨迈公司（Sahara Samay Rashtriya）既经营印地语新闻频道，也参与宝莱坞的电影制作，同时还运营着一个名为“电影”的专业电影频道；印度卫星新闻频道（Zee News）是印度最大的资讯娱乐集团旗下的一家媒体，该媒体在娱乐行业涉猎颇广，除了综合性的印度卫星电视网（Zee Television）以外，还运营着两个专业频道——印度卫星电影频道（Zee Cinema）和印度卫星音乐频道（Zee Music），而这两个频道都以宝莱坞为导向；电视 18 频道（TV-18）是印度领先的内容提供商，播放财经新闻、消费者新闻和普通新闻，自 1993 年开始运营，与 18 号工作室（Studio 18）一起进军电影制作领域；印度卫视新闻台定期不加掩饰地宣传其“姊妹”频道卫视综合台正在播放的连续剧，并推出了诸如《萨斯》（*Saas*）、《巴胡·奥尔·萨齐什》（*Babu Aur Saazish*）等衍生节目。

虽然自 1992 年以来美国有线电视新闻网等全球新闻机构一直在印度运营，但
100 它们的受众收视份额排名很低——不到 1%，因此转而与印度公司建立合作关系。

CNN 在 2005 年与 TV-18 联合推出的英语综合新闻时事频道 CNN-IBN 便是一个重要的例子，CNBC-TV18 的成立则是另一个例子。除此之外，另一家外媒参与的主要新闻媒体——时政要闻频道（Times Now）亦值得注意，它是由印度时代集团（Times Of India Group）与路透社（Reuters）在 2006 年合资成立的，其口号“感受新闻”表明了新闻业的变化。

印度时代集团与路透社的合作关系表明，不同的全球媒体品牌之间正在形成协同效应。对于一个拥有 150 多年历史的国际性新闻媒体而言，路透社俨然已经是一个顶尖品牌，而《印度时报》（*Times of India*）的目标则是成为印度最强大的资讯娱乐集团，为一个生机勃勃的大国代言。所以，在 2007 年元旦期间，《印度时报》开展了一项名为“印度蓄势待发”（India Poised）的活动，播放了阿米塔布 · 巴克昌（Amitabh Bachchan）担任主角的一段视频，从而表明其发展目标（Bose，2007）。印度时代集团曾是婆罗门新闻界的领袖，在国际新闻界中为第三世界发出独立的声音，如今它已将商业经营作为主业，在报纸、杂志、零售业、电视、广播、互联网等行业处于领先地位。

》印度媒体的默多克化

和很多国家的情况一样，默多克是掀起印度资讯娱乐浪潮的最大贡献者，1991 年他创办了泛亚洲星空网络（Pan-Asian network Star），开启了亚洲卫星电视先河，改变了印度的电视新闻和娱乐（Butcher，2003；Kohli，2003b）。默多克为印度引入了第一个音乐电视频道——第五频道（Channel V）、第一个 24 小时播出的新闻频道——卫视新闻台（印度）；首次成功改编国际游戏节目——《谁想成为百万富翁?》（*Who Wants to be a Millionaire*?），以及第一个电视真人秀系列节目——《拉克美时装秀》（*Lakme Fashion Show*）（Thussu，2007b）。

默多克比其他人更早地了解亚洲的潜力，所以他在亚洲媒体领域投入巨资。默多克从引入好莱坞节目开始——这类节目所对应的受众只是少数说英语的富裕群体，之后他重新审视了这一策略的局限性，并迅速将电视节目本土化，其中包括

印度的新闻节目。尽管默多克在印度的商业投资范围比电视产业更广，但对电视
101 的投资一直是他在印度的战略投资中最重要的一环。用印地语播出的大众娱乐频道星空卫视综合台（Star Plus）是默多克在印度的王牌产业，是印度私营娱乐电视网中收视率最高的频道。印度星空卫视综合播放所有主要类型的电视节目，包括娱乐、电影、体育、音乐、新闻和纪录片。

新闻集团在印度媒体行业覆盖面广且还在持续增长。在2007年，默多克控制了印度的大批电视系统。其中，新闻集团全资拥有的频道包括星空卫视综合台（Star Plus）、印地语娱乐频道（Star One）、星空电影台（Star Gold）、星空国际台（Star World）、星空音乐台（Channel V）、星空电影台（Star Movies）、星空印度料理台（Star Utsav）和星空维杰电视台（Star Vijay）；合资频道包括娱乐体育节目电视网、星空体育台（Star Sports）、国家地理频道（National Geographic）、历史频道（The History Channel）、星空新闻台（Star News）和星空卫视安纳德频道（Star Ananda）；新闻集团还与迪士尼频道（Disney Channel）、哈斯韦有线传播公司（Cable Distributor Hathway）、DTH塔塔天空卫视（DTH Tata-Sky）开展节目播放合作；并与印度最大的电视系列剧制作商之一——巴拉吉电视剧公司（Balaji Telefilms）开展节目合作。

最近，南部泰米尔语娱乐频道（Vijay TV）和24小时孟加拉语新闻频道（Star Ananda）加入了星空家族，这一举动表明默多克的目标已经不再局限于印度印地语系地区，而是瞄准了更广泛的受众群体，其本土化战略也日益显现出来。从1992年默多克进入动荡的印度广播市场开始，其印度战略的一个独特特征就是业务本地化。与迪士尼或美国在线时代华纳不同，默多克并没有把印度看作另一个多方合作的机会，而是对当地节目进行投资（Kohli，2003b），并与当地的广播公司进行合作。1993年至2000年，默多克控制了印度最大的电视传媒集团印度卫星电视网（Zee Network），这使默多克对宝莱坞主导下的印度流行文化有了更多了解，并为印度卫星电视网成为一家全球广播公司提供了平台（Thusu，2005a，2007b）。对资讯娱乐集团来说，结交资源丰富的本地合作伙伴是至关重要的，默多克在选择这些合作伙伴方面表现了不可思议的技巧。星空传媒往往投资未来，在数字电视通信卫星方面与印度的塔塔集团进行合作，创建了最重要的合资公司塔塔天空公司（Tata Sky），为全印度的付费电视提供最先进的数字基础设施。

102 默多克对印度电视新闻所产生的影响非常深远。他将24小时新闻直播的理

念引入印度，并在英国天空新闻（Sky News）和美国福克斯新闻（Fox News）取得成功的基础上，于1998年推出了英语频道星空新闻（Star News）来配合印度的全国选举。由于印度广播法规禁止外国公司控股新闻频道，所以和娱乐业一样，拥有一个强大的本地合作伙伴是默多克进入印度新闻领域的关键战略，天空集团（Sky）委托新德里电视台（NDTV）提供全部的新闻素材。这是一种互利的合作关系：新德里电视台可以通过天空集团的平台向印度的富裕家庭以及散居海外的侨民播放节目，而天空集团可以从严肃新闻频道的公信力中获益。然而，2003年天空集团与新德里电视台的合作协议终止，新德里电视台另起炉灶，推出了两个印地语频道——新德里24小时英语电视频道（NDTV 24×7）和印度新德里频道（NDTV India）。为遵守政府对新闻频道的所有权规定，星空卫视与阿南德·巴扎·帕特里卡集团（Anand Bazaar Patrika Group）成立了一家合资公司。因为印地语是印度人使用最多的语言，在这个本土化的新阶段里，默多克的新闻频道改为仅使用印地语频道来扩大吸引力。在卫视新闻台（Star News）重组前，其首席执行官拉维纳·拉吉·科利（Ravina Raj Kohli）曾被派往默多克旗下的其他新闻业务部门了解新闻的运作方式，包括福克斯新闻频道（Kohli，2003b）。卫视新闻台改用印地语后的一周内，收视率几乎翻了一倍。星空新闻的总部也搬到了印度的孟买，这似乎象征着该新闻频道编辑重点的改变。

作为默多克媒体帝国的一部分，星空新闻拥有遍布全国的20多个分部的主持人和记者团队提供现场报道，有足够的资本对印度新闻市场产生重大影响。星空新闻在新闻议程方面处于领先地位，该议程在资讯娱乐方面蓬勃发展，核心是新闻通俗化，让新闻变得易于理解、变得有趣，从而扩大广告商的受众基础，并促进默多克在印度的娱乐业务和新闻业务之间的协同效应。在2006年，估值大约30亿美元的印度星空卫视（Star India）计划将其大部分制作活动转移到公司内部，尤其是与模式化的节目和广告商资助的专业节目相关的制作活动，为实现这一目标，福克斯娱乐集团在印度成立了一家全资子公司——福克斯电视工作室（Fox Television Studios India）（Kohli－Khandekar，2006b）。星空新闻不得不在一个拥挤且竞争激烈的印地语新闻市场中运营，竞争对手包括印度首家面向大众的24小时印地语新闻频道——印度卫星新闻频道（Zee News），还有今日印度集团（The India Today Group）旗下的新闻频道，该频道自2000年成立以来，几乎垄断了头条新闻。星空 103

新闻还面临来自撒哈拉萨迈电视频道(Sahara Samay)的激烈竞争,撒哈拉萨迈电视频道属于一家商业集团,这家集团拥有销量最大的印地语报纸之一——《撒哈拉全国日报》(*Rashtriya Sahara*)。

》电视新闻的小报化

星空卫视每天给6000万印度人带去欢乐,但是它的很多节目内容都给默多克的批评者提供了素材,批评星空卫视是“倒退”的电视,迎合最低标准(Kohli - Khandekar,2006a)。特别关注电视新闻小报化趋势的是纸媒记者,2005年,为了纪念新闻周刊《瞭望》(*Outlook*)创刊10周年,记者对印度新闻的发展状况进行了调查,调查发现印度新闻存在以下问题:过于主观、不准确、引用错误较多;营销人员担任编辑主管;出现将方法与道德混为一谈的诱导行为;每天在电视上播放十几次突发新闻;将电视演播室作为法庭;对严重人权问题进行短信投票;采用公关行业的消息来源;出售编辑空间(Vasudev,2005)。为了在激烈的市场竞争中赢得收视率,电视新闻越来越朝着资讯娱乐的方向发展。甚至连最严肃的印度新闻频道也被迫播出与超自然、灵异现象相关的独家报道。2005年,该频道制作了一档时长2小时的演播室讨论节目,讨论一名自称“死”后复活的男子;另外一家新闻频道让节目主持人报道她自己的婚礼,新闻评论员认为,新闻已经变得“疯狂”了,流行新闻频道改变了“新闻的定义,与此同时也改变了它们自己的命运”。“引人注目的电视”是各电视频道新闻编辑室创造的新词。事件情节、包装或视觉效果必须抓住人们的眼球、扣人心弦。印度第七频道的总监悉达多·古普塔(Siddhartha Gupta)在接受《印度时报》采访时称:“无论是预约收看节目的观众,还是随便浏览节目的观众,都必须被迫停下来仔细观看它们。”(quoted in Sinha,2005)

新闻的风格和内容都在发生明显的变化,不再采用深思熟虑的、专业的报道方
104 式,而是采用更加浮华、视觉上更加动态的呈现方式;重点似乎不是新闻主播和记者的新闻技巧,而是他们在镜头前的表现方式,形式优先于本质。甚至像新德里24小时电视频道这样的严肃电视新闻制作机构也增加了谈话节目的比例,而且自

2005 年新的娱乐频道(NDTV Profit)开办之后,商业故事的地位就更加突出了。非正式的、娱乐性的节目吸引更多的观众,新闻报道带有政治讽刺意味成为常态,这方面较为典型的节目如新德里 24 小时电视频道播出的《大印度娱乐秀》(*The Great Indian Tamasha*)、《恍然大悟》(*Double Take*),印度新德里电视台播出的《古斯塔奇·马福》(*Gustakhi Maaf*),卫视新闻台播出的《博尔·科尔》(*Pol Khol*)。纵观这些频道,体育、娱乐节目和生活方式等节目的收视率和广告收入都有所增加,而新闻和分析类节目的收视率和收入相应下降。

〉印度资讯娱乐的三个方面:电影、犯罪与板球

电影、犯罪、板球运动概括了印度电视新闻节目的大部分内容,与世界各地资讯娱乐的发展趋势一致,其中最为明显的是,几乎印度所有的新闻频道都明显痴迷于以宝莱坞为中心的名人文化。

娱乐业综合征:电视新闻里的宝莱坞

2000 年英国知名游戏节目《谁想成为百万富翁?》(*Kaun Banega Crorepati?*)播放之际,星空新闻对其进行了广泛报道。这位主持人戏剧性地改变了星空卫视综合台在印度的命运,节目每周的收视率在前 50 名中基本稳居第 40 名。在 2007 年 1 月第三季节目播出,由宝莱坞沙鲁克·汗(Shah Rukh Khan)主持,该节目保持了非常高的收视率,沙鲁克·汗的角色形象、日常风格再加上星空卫视新闻台对节目空前的宣传,让星空卫视综合台成为印度最受欢迎的私营频道。

其他电视台也意识到了宝莱坞的销售力,目前大多数电视台都定期播放展现宝莱坞魅力和浮华的节目。卫视新闻台的节目《电影新闻》(*Khabar Filmi Hai*)每天都报道电影圈的八卦。新闻频道的大部分简讯中也常有此类报道,而且新闻报道中使用宝莱坞电影音乐作为背景的情况并不罕见。在新闻频道中,个性化的报道和公然侵犯隐私的趋势越来越明显,最近几篇专注于名人的报道就是如此,如一 105

位非常受欢迎的电影明星和他的前女友之间的私人谈话录音；一张女明星与男友亲吻的模糊手机截图；新闻工作人员跟拍度假中的电影明星。报道的基调是毫不掩饰地宣传电影明星的私生活和公开活动，如他们如何庆祝节日、如何度假、穿什么、吃什么，以上种种都被日复一日地报道着。每一部大制作的新影片上映，就会成为新闻头条。电视成为市场营销和宣传的战场，公众与专家无休止地讨论、预测电影究竟会有多少票房。不仅在娱乐领域，还有主要的新闻领域，大多数频道都会对电影中的明星进行采访（Ninan，2006b）。大制作电影的花絮往往会定期在新闻频道上播出，印度卫星新闻频道每天都播出一个名为《宝莱坞新闻》的简讯。

这种“宝莱坞化”甚至影响了政治精英，就连冷静的印度前总理阿塔尔·比哈里·瓦杰帕伊（Atal Bihari Vajpayee）也在电视上有一段自己的诗歌视频，诗歌由顶级作曲家兼歌手贾吉特·辛格（Jagjit Singh）演唱并配乐。这段视频采用宝莱坞的风格，由沙鲁克·汗主演，并由印度最著名的电影制作人之一——亚什·乔普拉（Yash Chopra）执导。2005 年，印度版的历史频道（History Channel）聘请前世界小姐黛安娜·海登（Diana Hayden）作为《传记》（*Biography*）系列节目的主持人，从 2005 年开始，新德里 24 小时电视频道定期播出一档由电影明星阿比舍克·巴克昌（Abhishek Bachchan）和拉尼·穆克吉（Rani Mukherjee）主持的恶搞新闻简讯节目——《到新德里电视台的邦迪和巴博莉》（*Bunty and Babli do NDTV*），为他们 2005 年的电影《邦迪和巴博莉》（*Bunty aur Babli*）宣传。

新闻频道中生活板块的节目越来越多，例如新德里 24 小时电视频道的《时尚之夜》（*Nightout*）、印度卫星电视网的《下班后》（*After Hours*），这些节目会定期呈现狂欢派对的场景。很多私营电视新闻频道为了迎合城市公众，无论在报道主题上，还是在表达方式上都存在着明显的城市偏见。卫视新闻台的代表性新闻节目，如《城市 60 分》（*City* 60），其日播新闻和评论主要取材于孟买和新德里这样的大都市。卫视新闻台定期播出市民议题，这影响着印度最大城市的居民生活，更多记者对都市新闻报道，而不对印度城市外的地区进行报道，尤其是印度广大的内陆农村
106 地区。其他新闻频道也关注时装秀、都市时尚和娱乐活动。电影行业的一些新闻不可避免地成为每日报道的内容。名人文化和对所谓的“第三页”世界的报道——即对都市派对狂欢的八卦报道占据了主导地位。

报纸倾向于效仿电视新闻设置的新闻议程，连《印度时报》等优质报纸也将资

讯娱乐作为头版,该报几乎每天都在封面上刊登宝莱坞相关的报道。其他报纸也都有刊登名人资讯的“第三页”版面,主要内容都与宝莱坞的生活有关。就连严肃的新闻杂志,如《瞭望》和《今日印度》等,也开始在主流杂志上增加生活方式副刊,刊登大量广告(Ninan,2007)。这些广告大多针对日益西化的中产阶级,他们是资讯娱乐主导下的美式媒体文化的用户,这与不断增加的国际结构性媒体合作相关。国际知名杂志被引入印度,《瞭望》杂志推动创办了印度版《嘉人》杂志(*Marie Claire*),《今日印度》杂志与《时代》《财富》杂志达成了分销协议。2007 年 2 月,印度两大英文报纸《印度时报》和《印度斯坦时报》(*Hindustan Times*)推出印度首都首家小报《地铁报》(*Metro Now*),该报刊的一位高级管理人员认为,“读者喜欢小报化的新闻,年轻的读者对深入报道不太感兴趣,他们想要更多的娱乐内容”(quoted in Ramesh and Jha, 2007:24)。

在 2007 年 3 月,英国电影女演员兼模特莉兹·赫莉(Liz Hurley)的婚礼登上了所有新闻频道的头条,印度版《你好》(*Hello!*)杂志对此进行了“独家”报道。一个月后,宝莱坞的阿比舍克·巴克昌与前世界小姐艾西瓦娅·拉伊(Aishwarya Rai)举行了婚礼,印度全国的电视台对他们的婚礼进行了全方位的报道。婚礼当天,印度卫星电视网在世界各地播出的晚间新闻,几乎占用了整个新闻节目时段进行婚礼的报道,25 分钟中有 22 分钟用于婚礼报道,内容包括婚礼的精心安排、宾客名单和婚礼引发的骚动。各滚动新闻频道也竞相报道尽可能多的婚礼琐事和矛盾。甚至连新德里 24 小时电视新闻频道也禁不住收视率的诱惑,在婚礼的第二天,该频道的周播节目《我们人民》(*We the People*)对这场婚礼进行讨论(NDTV 24/7 April 22,2007)。

除了报道名人的新闻外,电视新闻媒体还关注政治腐败和丑闻,揭露公共机构和小型私营企业的官僚主义和贪污行为,但很少对大型企业进行曝光。印度电视 107
台(India TV)等电视媒体称它们的专长是做“批判性新闻”,曾经发生过一起臭名昭著的事件,该频道的一名女记者假扮成渴望成名的宝莱坞女演员,试图揭露娱乐圈的潜规则。纵观所有的新闻频道,用快节奏、不严肃的方式披露性或金钱方面的腐败现象,显然更能满足年轻受众的需求,是他们所喜爱的“浓缩版”电视新闻,正如一位电视台的高级管理人员所说的,新闻频道开设的泰兹新闻台的标签就是“快速新闻”。泰兹新闻台于 2005 年上线,首席执行官阿隆·普里(Aroon Purie)接受采访时表示该台将会对冗长的讨论和不必要的分析加以控制(quoted in Satellite and Cable TV, September 2005)。

犯罪资讯娱乐化

电视新闻频道的另一大法宝是惊险动作片等犯罪节目,对印地语电视媒体来说更是这样,用一位评论家的话来说,犯罪新闻记者越来越像电视新闻婆罗门(Sinha,2005)。媒体竞争日益激烈,新闻频道迅速转向报道轰动事件,这些新闻报道变得越来越可怕。谋杀、伤害和强奸是报道中反复出现的主题,而且语气和基调还不可避免地带有民粹主义色彩。曝光事件是常规做法,记者还借助大量的隐藏镜头为新闻报道营造轰动效果。受 B 级宝莱坞电影的启发,新闻频道广泛利用众所周知、老生常谈的犯罪形象、腐败形象进行报道。以卫视新闻台为例,每天都有两个关于犯罪新闻的专门节目,其中一个是《轰动事件》(*Sansani*)节目,内容通常都是关于黑帮、骗子和诈骗犯的。尽管卫视新闻台声称节目呈现的内容是出于公共利益,但它们往往比较刺激和惊悚。但是卫视新闻台另一个小报化的犯罪节目是《红色警报》(*Red Alert*),该节目时长为半小时,每天在黄金时段播出,表面上是关于打击犯罪的,经常播出勇敢的记者与警察联合出击寻找罪犯与犯罪集团的事件。但是卫视新闻台的竞争对手指责它在有电视的城镇故意传播犯罪新闻,吸引这些地方的观众的兴趣并借此提高节目收视率(Ninan,2005)。

在收视率之战中,印度卫星新闻频道选用了一位名叫古迪亚(Gudiya)的离异女性的传奇故事,因为怀疑她有婚外恋,身为军人的丈夫抛弃了她。这个无伤大雅
108 的故事被改编为真人秀并登上了电视屏幕,观众通过短信、电子邮件和热线电话说出他们对这一事件的观点,电信公司通过这个过程狠狠地赚了一笔(Ninan,2004)。印度新德里电视台还经常播出《拨打 100》(*Dial* 100)和《小心》(*Beware*)这些主要以犯罪为题材的节目。犯罪新闻报道呈螺旋式上升,但在真实的印度,犯罪率在过去十年中实则大幅下降,尤其是谋杀案的发生率处于过去半个世纪的最低水平。印度最常见的盗窃案,也从 1991 年的 36 万下降到 2006 年的 27 万,而在此期间,抢劫和入室盗窃案件下降了三分之一(Kala,2007)。

在民主制度下,揭露犯罪和腐败行为是新闻媒体的合法角色,印度记者在调查

性新闻方面有着悠久且杰出的传统，广播电视新闻是这一新闻类型的新形态。印度的新闻报刊揭露了很多有关公共利益的新闻，甚至曾导致政府倒台。其中一个很有名的例子是《印度人报》(*The Hindu*)披露的有关国防交易腐败的新闻调查，该调查性报道使20世纪80年代末以首相拉吉夫·甘地(Rajiv Gandhi)为首的政府下台(Verghese，2003)。但是，拉穆(N. Ram)曾感叹道，早些时候以严肃新闻为特色的媒体已经开始走向沉默，这是一个令人不安的趋势。调查性新闻被间谍摄像机搞臭了名声。这种偷窥新闻就是垃圾(Vasudev，2005)。印度一位著名的调查记者阿尼鲁达·巴哈尔(Aniruddha Bahal)是"刺激新闻"(sting journalism)的捍卫者，他反思了资讯娱乐时代调查性新闻所处的困境，"你本来可以做一个令人震惊的调查，但如果你的竞争对手正在播出诸如'一条蛇正在追小孩'的消息，就算人们实际上没有见到那条蛇，你也根本没有办法吸引观众的注意"(Bahal，2006)。

电视转播板球比赛的业务

安德鲁斯(Andrews)认为，默多克在他的"跨国化"项目中巧妙地操纵了体育类电视节目，把体育节目作为新闻集团国际营销战略的核心内容，并成功打入了美国、英国和澳大利亚的国内市场。他不仅通过体育现场报道进入并管理当地的媒体市场，还将其公司的组织结构转向了跨国体育(Andrews，2003)。正如默多克在英国习得的经验一样，控制体育赛事转播权对电视频道的成功至关重要。天空广播公司拥有大型足球锦标赛在内的重要体育赛事的转播权，已经成为欧洲利润最 109
高的广播公司之一。

默多克的媒体意识到板球在印度流行文化中占首要地位，这项外来运动已经成为印度最重要的体育运动，它跨越了阶级、语言甚至性别障碍，受欢迎程度仅次于宝莱坞。在商家的赞助下，电视把板球运动从绅士的游戏变成了一个蓬勃发展的行业。板球比赛的现场直播，特别是板球一日赛已经变成一场奇观、一场视觉盛宴。电视的出现甚至似乎改变了一日赛的规则，以"确保一日赛充满速度与激情，鼓励产生更高的比分和更多的戏剧效果"(Rowe，1999：154)。

默多克试图在印度通过星空体育频道复制他在英国的成功经验。与板球相关的新闻不仅仅在体育新闻频道播出，而且几乎每天都在卫视新闻台和其他电视频道播出。播出的内容包括板球球星的私生活细节，还有他们奢华的生活方式。在国际测试赛时，卫视新闻台会定期播出一档名为《比赛之过》（*Match ke Mujarim*）的节目，让退役板球运动员和评论员在观众的积极参与下对当天的比赛进行剖析，点名批评某一天表现最差的运动员。与第三章讨论的《老大哥》真人秀的情况一样，互动性是此类资讯娱乐的核心，从长远来看，这种引人注目的报道可以带来观众对频道的忠诚度，同时私营电信运营商可以从这种融合中获利，取得新的收入来源。

精英频道也很愿意播放板球的新闻，如新德里24小时电视新闻频道每天播出的两档热门体育节目《24小时体育新闻》（*Sports* 24/7）和《飞越极限》（*Sports Unlimited*）；印度有线电视新闻网的《板球之恋》（*LoC-Love of Cricket*）节目。2007年板球世界杯赛将板球新闻报道推向顶峰，时代在线频道（Times Now）播出了《每日秀》（*Daily Show*）、《比赛》（*The Game*）节目；新德里24小时电视新闻频道播出了《印度问题》（*India Questions*）的特别版，节目中退役板球明星与现役板球明星进行互动式访谈，节目时长一小时；印度卫星新闻频道则播放了日播节目《世界战争》（*World War*）。这些节目包含比赛见闻和竞赛，并给球迷赢得世界杯门票和与球星见面的机会，所有的主流频道都会定期播出发送给印度球员的信息。它们还会邀请喜剧演员与板球评论员来共同主持节目，甚至邀请前印度小姐来吸引观众观看每天的新闻片段（Sreedharan，2007）。在2003年世界杯期间，名模曼迪拉·贝迪（Mandira Bedi）担任板球报道节目的主持人，她的出色表现不
110 仅让该频道的收视率增长了24%，还让2000万名女性观众喜欢上了这项体育运动（Majumdar，2006）。

板球运动产业规模变得越来越大，主要是卫星电视和博彩公司合力推进的结果，特别是南亚的博彩公司，它们与有组织的犯罪集团相关联，参与了这种隐秘、暴利的体育赌博活动，据说它们"操纵"了比赛结果和球员，导致前南非队长汉斯·克朗杰（Hanse Cronje）等几名板球运动员被终身禁赛，这迫使国际板球联合会（The International Cricket Council）成立了反腐部门和安全部门。在2007年世界杯期间，巴基斯坦队教练鲍勃·伍尔默（Bob Woolmer）的去世再次让"假球"问题浮出水面，而后因印度队的提前淘汰，印度卫视新闻台失去了预计广告收入，所以制作了长达一个小时的凶杀悬疑小说式节目，戏剧化地呈现可能导致伍尔默教练死亡的

情景,他们还鼓励观众通过短信进行投票,这是一个将犯罪、板球与资讯娱乐三者进行结合的典型案例。

》电视新闻的“塔玛莎”

电视新闻的小报化趋势表明了默多克效应对印度电视时事新闻的巨大影响。笔者认为媒体的默多克化是媒体权力从公共部门转移到私有的跨国多媒体公司的一个过程,这些公司控制着全球信息网络的传输系统和内容(Thussu,1998:7)。可以说,在这个世界上最大的民主国家,资讯娱乐节目的意识形态要求使公共讨论的质量变低了。全国与国际性的资讯娱乐集团有关电影、犯罪与板球的,压倒性的公共讨论正在开拓传播空间,它们有时步调一致,有时相互竞争(Boyd - Barrett,1998),并完全与美国主导的新自由主义政治、经济体系相融合,成为商业资本主义的生产国和消费国。

这种商业主义将给公共广播电视带来什么?尽管面临着私营电视新闻媒体的激烈竞争,国有广播公司仍然在印度拥有最多的观众,如全印电视台(Doordarshan)的主要国家频道第一频道(DD-1)拥有4亿名观众。在2007年全印电视台运营着27个频道,包括新闻频道(DD News),该频道是印度首家也是唯一一家地面新闻频道,在印度拥有极高的影响力。然而,在印度大多数城市的富裕家庭中,新闻频道的收视份额仅为7%,因为他们能够使用有线电视和卫星电视,并接触到上述类型 111
的资讯娱乐。

新闻的公共性似乎已经被私营公司的“利益”所取代。令人遗憾的是,反映印度农村贫困、农民频繁自杀的报道极少,对健康与卫生、教育与就业状况等方面的问题报道也寥寥无几(印度拥有世界上最多的童工,同时还有大量年轻失业人口),这表明,这些真实的、残酷的故事并没有被转化为西方化都市观众的收视率,它们被资讯娱乐节目所取代。印度在1975年通过了卫星教育电视实验计划(SITE,Satellite Instructional Television Experiment),是世界上首个以教育和发展为目的应用卫星电视的国家,而讽刺的是,印度电视新闻媒体对大多数印度人仍然缺乏关心(Thussu,2007a)。在电视新闻的“商业”领域,在知识上植根于尼鲁时代非宗教的、社会主义理想的一代记者,已经被更年轻、更傲慢、MBA 型的记者所取代。新一代记者对商业大亨,魅力四射、谈吐流畅的首席执行官,以及美国或美国化名人的崇拜,似乎已经取代了对穷人、无家可归者以及更广泛的全球平等和社会正义问题的关注。

在这方面,记者得到了政府的支持,投身于私有化运动和新自由主义的“改革”之中,热衷于强调好莱坞—宝莱坞资讯娱乐节目的协同效应。这种公私融合的范例是“框架会议”,这是由印度工商联合会自 2001 年起开始组织的年度“国际大会”,用来展示印度电影和娱乐产业。另一个例子是印度品牌资产基金会(India Brand Equity Foundation)的成立,它是由印度工商部和印度工业联合会组成的公私合作伙伴组织,主要目标是“树立全球对印度经济的积极认知”(IBEF,2005)。

矛盾的是,随着印度企业开始融入全球资本主义,并渴望在世界舞台上得到更认真的对待时,印度的电视观众却只能看到有限的国际新闻,尽管新闻频道数量已有了大幅增长。与其他国家一样,除非涉及重大的人类灾难或自然灾害,并且这些灾难可能会产生戏剧性的画面,否则国际电视新闻对大多数观众并没有吸引力。因此,不足为奇的是,在一个竞争激烈的新闻市场中,广播公司越来越关注大众的、畅销的新闻,而不是遥远的、复杂的新闻,这导致基本上没有关于国外的新闻报道,尤其是在流行的印地语电视媒体中。一个例子能明确反映新闻消费性质的改变,
112 卫视新闻台制作的名为《世界两分钟》(*The World in Two Minutes*)的新闻简讯节目,播放的大部分是人们感兴趣的软新闻,而非硬新闻。

第五章　作为资讯娱乐的战争

在爆发战争和冲突的时候，电视新闻尤其是24小时新闻报道达到顶峰。无论 113
起因是人为事件、自然事件还是两者兼有，暴力和死亡的戏剧性视觉奇观都吸引着观众的注意力。美国有线电视新闻网在1991年“沙漠风暴行动”中名声大噪，半岛电视台在2001年美国入侵阿富汗、2003年美国入侵伊拉克期间亦如此，引起很多媒体模仿，充分证明了24小时突发新闻的潜力。如前文所述，美国有线电视新闻网创造了一种新的24小时新闻文化模式，这种模式在冲突局势中活跃起来（Volkmer，1999；Bennett，2003a）。在2006年斯德哥尔摩国际和平研究所（SIPRI）的年鉴中提到，自冷战结束后，共发生了57起重大武装冲突。2005年，全世界有16个地区发生了17场武装冲突，几乎都在全球南部（SIPRI，2006）。当然，并不是所有的武装冲突都被如此报道，几乎只有西方势力参与的冲突才会被全球24小时报道。最致命的战争可能反而得到最少的报道，例如自20世纪90年代中期以来，导致刚果民主共和国300多万人死亡的那场战争（Thussu，2004）。

可以说，半岛电视台这样的滚动新闻媒体之所以得到国际认可，正是因为它们报道了世界上地缘政治最敏感地区之一的冲突。报道战争必然是一项艰难的新闻工作，但对24小时直播新闻的需求以及新闻媒体之间的竞争可能会使媒体对较为复杂的事件进行炒作或者琐碎化的处理，并在报道中倾向于强调新闻的娱乐价值。电视新闻善于呈现抓捕、打斗的视觉效果和戏剧性画面，而战争和暴力的冲突刚好满足这个需求，所以更容易受到资讯娱乐的影响。

》战争直播报道

对突发新闻进行“现场直播”是24小时新闻媒体的一个显著特征。在新闻方 114

面占据领先地位的压力导致新闻频道出现了一种倾向，即以深度为代价，为日益多样化的受众提供最广泛、最迅速的现场新闻。评论家麦格雷戈认为，这样的新闻文化可能会危害新闻的质量，这是危险的，直播和独家新闻成为主要的新闻价值标准，新闻的准确性和可理解性却不见踪影（MacGregor，1997：200）。电视新闻记者在"每分钟都是截稿时间"的巨大压力下工作，导致他们几乎没有时间在播出一篇报道前进行彻底的调查和研究，在冲突期间，虚假信息、错误信息、谣言和半真半假的信息不可避免地与准确的信息混合在一起。记者必须按照编辑人员和新闻制作人的指示进行"直播"，提供最生动、最吸引人的镜头以击败竞争对手。1991年美国入侵伊拉克之时，美国有线电视新闻网的彼得·阿内特（Peter Arnett）是被派驻巴格达的少数西方记者之一，他认为，因为美国有线电视新闻网进行的是即时报道，所以它成为世界上最具影响力的新闻机构（Arnett，1994：359）。但是，正如两位美国新闻业观察员后来指出的那样，美国有线电视新闻网的这种"现场"报道往往并不"现场"，"电视显示军队在准备，车队在移动，大炮向看不见的目标开火，战斗机在跑道上疾驰，向工厂和建筑投掷'智能炸弹'。然而，这些行动大多发生在数小时前。除了入侵巴格达的开场场景和后来飞毛腿导弹、爱国者导弹在攻击中不断闪烁的画面之外，电视对上百小时的地面战争几乎没有进行过直播"（Donovan and Scherer，1992：313）。

受24小时新闻周期需求的影响，记者可能会发现很难获得足够的素材来填补播出时间。对进行中的事件，在缺乏任何新信息以及以安全为名导致信息被严格控制的情况下，记者有时可能会使用未经确认的消息来源，沉迷于无聊的猜测，或受谣言影响做出有倾向性的报道。在"9·11"事件期间，电视媒体有时就不得不进行猜测和假设，而不是准确地进行报道。在这种情况下，记者往往会采用任何新信息来抢占新闻头条，即使有的信息与事件本身的关联很少。像美国有线电视新闻网这样的精英媒体通常会设置新闻议程，而其他媒体或多或少受其新闻议程影响。这样的"组团"报道在一定程度上可能会导致各个电视媒体对重大的国际危机局势采用相似的立场（Thussu，2003）。

115 2003年美国入侵伊拉克的"嵌入式"记者报道系统，是美国国防部对1991年伊拉克冲突期间发展起来的媒体"资源库"的改进，是一种互惠的安排，媒体可以直接使用美国国防部的公关资料，满足新闻频道对镜头无止境的需求。

美国国防部的嵌入策略非常巧妙,因为它增加而非限制了媒体对信息的访问。通过让媒体从前线获取极具新闻价值的行动镜头,他们鼓励媒体把关注的焦点集中在美国和英国军队的行动上,给观众呈现一场短暂而成功的战争。新闻故事全部是关于胜负的,从不顾及战争的背景(Lewis and Brookes,2004:298 - 299)。

保罗·弗里德曼(Paul Friedman)指出,早期的嵌入式报道有着“高端的品质”,从而掩盖了只有极少信息被传播的事实,他还认为,出于对网络实时传播的盲目崇拜,嵌入式记者将大量时间用在技术方面,而不是把时间用在搜集图片和信息以提供更完整的新闻方面(Friedman,2003)。在美国入侵伊拉克的第一个星期,《卫报》从华盛顿发来的一篇报道指出,“嵌入策略是美国国防部采用的惊人的公关妙计”。记者大量使用“我们”这个词,以此来“表明他们对军队的认同……”该报道发表的同一天,另外一篇来自伦敦的报道指出,英国 24 小时电视新闻媒体呈现的观点是“坚定的西方观点”(*The Guardian*,March 27,2003)。美国国防部对新闻行业进行管理,禁止电视进行“负面”报道,如不允许报道在疏散中被“友军误伤”的受害者。相反,广播公司被鼓励报道美国士兵在阿富汗和伊拉克的轻松生活方式。例如,美国国防部曾一度绕过美国广播公司的新闻频道,与该媒体的娱乐部门直接合作,根据美国士兵在阿富汗的生活情况制作了一档电视真人秀节目《前线侧记》(*Profiles from the Front Line*),并于 2002 年播出。

》电视转播战争场面

在过去的十年里,随着资讯娱乐的全球化,电视对战争的呈现方式也发生了变化,表现了运用娱乐形式的发展趋势,包括以视频、电脑游戏式的图像展现智能武器的精确打击,运用吸引眼球的图形、卫星图像,以及采用“专家”“聊天秀”的风
格。由于冲突报道变得越来越同质化,不再有血腥的镜头而且十分缺乏对死亡和 116
毁灭的真实描述,导致观众对战争的悲惨和恐怖可能会感到麻木(Thussu,2003)。美国宣布“震慑”行动开始后,美国有线电视新闻网率先开展了 24 小时新闻报道,

并开设了“伊拉克战争”专题节目，“爆炸的烟火划过夜空，展现了军事轰炸的可怕力量，但这种美观化的军事展示否认了明亮夜空下的人类屠杀行为”（Cottle，2006：156）。

自1991年美国对伊拉克开战以来，电视新闻日益依赖高科技进行战争的报道。美国有线电视新闻网对海湾战争的报道，在电视史上首次把军事冲突呈现给全球观众。在高科技的虚拟战争演示（Baudrillard，1995）中，美国国防部向电视媒体提供了“精确轰炸”伊拉克目标的驾驶舱视频。（Said，1993：365）

这种报道在2001年的阿富汗爆炸事件中十分典型。美国有线电视新闻网军事记者杰米·麦金太尔（Jamie McIntyre）对轰炸中美国使用的弹药和飞机类型非常感兴趣。他的报道看起来有点像后现代主义版的电视购物节目，屏幕中每架飞机都被标明了价格（如21亿美元）。麦金太尔非常精确地描述了B1和B52轰炸机，并报道了这两款轰炸机是如何在对伊拉克和科索沃的地毯式轰炸中被应用的。非常讽刺的是，他也以同样的热情报道了C-17运输机空投人道主义救援物资的事件——这架飞机同时运送炸弹与食物，是一个新的发展。试着推测一下，如果美国国防部有自己的24小时新闻媒体，那么它们对袭击的报道是否会有所不同呢？（Thussu，2003）

战争报道的另外一个重要的视觉资料是卫星图像，这些图像展现了敌军的防
117 御设施和军营地点，常用以佐证空袭取得了成功，似乎没人质疑这些图片是如何获得的，并且观众必须依靠专家的解释才能明白这些模糊、不确定的图像代表什么。在战争时期，卫星成为图像的重要来源，新闻机构高度依赖像美国国防部这样的部门的视频资料。在2001年美国入侵阿富汗期间，美国政府从商业供应商那里购买了该地区所有的卫星图像，而这些商业供应商大多是美国公司，美国购买这些图像不仅是为了自用，也可以防止他人使用。美国政府还广泛利用卫星图像为2003年入侵伊拉克提供理由。科林·鲍威尔（Colin Powell）在联合国安理会做了一次全球现场直播的多媒体演讲，展示了伊拉克“大规模杀伤性武器计划”的卫星图像（US Government，2003）。

美国对伊拉克的两次军事行动在电视上都被描绘成模拟的、“不流血”的冲突，美国像外科手术般精确的轰炸将死亡和破坏降到最低。美国有线电视新闻网等电视媒体支持这种“高度净化”的战争报道，这也影响了世界各地的广播电视新

闻机构去忽略战争丑陋的一面。除了来自视频剪辑和卫星的图像，新闻节目还提供越来越复杂的地图、图形和演播室模型来说明战争的进展。在演播室中记者和专家热烈地讨论战术和战略，模拟战争游戏，用微型坦克和飞机重现战场（Thussu，2003）。

除了不断重复和总结外，24 小时新闻网还必须用“谈话”和“推测”（讨论、分析和电话连线等方式）来填补空缺时间段，这与脱口秀节目有许多相似之处。然而，只有特定类型的专家才能登上 24 小时新闻的屏幕。布尔迪厄曾经观察到： 118

> ……电视给那些提供文化“快餐”（这是一种预先领会、预先思考的文化）、思维敏捷的人报酬，让这些人经常在电视上讲话，不仅仅是因为他们随叫随到（随叫随到也与电视新闻制作时间的紧迫性相关）。评论员的名单变化很小（俄罗斯被称为 X 先生或 X 夫人，德国被称为 Y 先生），这些“权威”人士让记者省去麻烦，不用四处寻找真正有话要说的人……（Bourdieu，1998：29－30）。

由于电视媒体必须应对激烈的收视率竞争，记者面临着巨大的压力，因此他们必须让战争报道具有娱乐性。经历了对军事行动最初的兴奋后，观众往往会对战争失去兴趣，这迫使记者在报道中增加人情因素。博伊德·巴雷特（Boyd-Barrett）认为：

> 经典的战争是一个“好新闻故事”的缩影，其高度紧张和戏剧化，复杂的主要情节和次要情节在侵略者和受害者、赢家和输家的传统二元对立中展开。对媒体来说，虽然报道战争成本高昂，但是这样的报道也带来了商业回报，因为战争的威胁和发展引发了观众对新闻无尽的欲望。广告商最初可能担心将商品与令人不快、不安的问题放在一起所带来的风险，但他们很快就会从更多的受众中获益（Bourdieu，2004：26）。

一些有进取心的电视制作人利用“反恐战争”来制作电视真人秀节目，早期的一个例子是 MTV 曾制作过的节目——《军事日记》（*Military Diaries*），该节目主要是基于驻阿富汗的美国士兵的日常生活进行制作的，美国国防部热衷于提供这样的资讯娱乐信息。2006 年德博拉·斯克兰顿（Deborah Scranton）的战争纪录片《伊拉克前线直击》（*The War Tapes*），是第一部由士兵自己拍摄的战争片，它提供了全新的视角。这部纪录片录制了被选中的五名士兵一年多的日常生活，其中包括美军士兵和伊拉克士兵在费卢杰大规模枪战的戏剧性镜头，这些镜头是由绑在士兵武器上的微型摄像机拍摄的。

》战争报道的福克斯化

如果说电视直播“沙漠风暴”行动使美国有线电视新闻网在世界各地家喻户
119 晓，那么“反恐战争”则使得鲁伯特·默多克的电视新闻网成为国际社会关注的焦点。随着美国的福克斯新闻、欧洲的天空新闻和亚洲的星空新闻的兴起，默多克媒体集团的新闻也在世界各地的电视屏幕上转播。特别是福克斯新闻频道，它倾向于实时聊天和非正式报道，在节目中，新闻报道和新闻评论之间的界限变得模糊（Rampton and Stauber，2004）。

福克斯新闻采取了记者发表主观评论的方式，这种方式似乎对英国广播业也产生了影响。英国第五频道新闻和时事新闻的一位高级主管认为：“福克斯新闻因充满激情而令人印象深刻。我很想看看在监管下，我们能否也采取这种方式而不受处罚。福克斯新闻的这些人确实偏袒一方，他们让自己认可的电视主持人参与其中，直截了当地表达自己的想法。”（Hargreaves and Thomas，2002：98）

在 2003 年 3 月至 4 月美国入侵伊拉克的相关报道中，福克斯新闻也出现了这种缺乏公正的情况。当时，各大电视台试图通过打造新闻报道的品牌，使自己与众不同。虽然美国有线电视新闻网倾向使用中立的标题——如“打击伊拉克”，但是福克斯新闻毫不犹豫地使用官方名称——“伊拉克自由行动”作为标题。福克斯新闻要求记者将美国海军陆战队称为“神枪手”，而不是“狙击手”。这种“爱国主义”是福克斯新闻政治保守议题的一部分，似乎特别吸引新的观众。因此，在美国入侵伊拉克期间，福克斯新闻在收视率大战中成功击败了竞争对手。

在以市场为导向的电视环境中，可以预见福克斯新闻的成功可能会导致世界其他地区的电视新闻“福克斯化”。默多克的其他电视媒体，尤其在亚洲的电视媒体，经常使用福克斯新闻频道的新闻报道和镜头。在美国，党派报道和评论看起来已经转化为收视率，想必这种策略在其他国家同样也可能会取得成功。在英国通信管理局的管控下，默多克的天空新闻台必须在“应有的公正性”范围内运作，这使得天空新闻台很难公开谋求政治地位。鉴于英国广播公司的文化影响力和公共广播服务精神，天空新闻台倾向于遵循由英国广播公司设置的新闻标准。然而，天空新闻台在默多克传媒的压力下，还是会把冲突地区的新闻当作戏剧或者重大活动一样对待。在对伊拉克事件的报道中，天空新闻台虽然没有像福克斯新闻频道表现得那么好战，但是也为战场上的英国军队鼓舞了士气。天空新闻台同样没有摆脱虚假报道的巨大影响。据英国广播公司的战争纪录片《打仗》（*Fighting the War*）揭示，一名天空新闻台的记者曾报道了一场军事演习，将一艘停靠在码头的英国潜艇的导弹发射演习，报道成一艘正在航进的船进行了导弹发射一样。实际上，这是一次专门为摄制组拍摄所进行的军事演习。该新闻报道从 2003 年 3 月 31 日至 2003 年 4 月 2 日在天空新闻台播放，以水下导弹发射的图像为结束画面。然而，就连天空新闻台的记者使用的图像都是另一次发射的档案录像，新闻记者在船上时，报道中的潜艇并没有开火。这篇报道是天空新闻台向其他新闻机构提供的综合报道的一部分，并在英国的独立电视新闻频道播出。

这样的例子反映了记者面临的压力要求他们遵循更加娱乐化的新闻议程。默 122
多克对天空新闻台呆板的表现和“自由主义偏见”感到不满，他希望天空新闻台变得更加亲民。默多克向《纽约时报》（*New York Times*）透露，“天空新闻台非常受欢迎，他们做得很好，但他们没有娱乐性的脱口秀节目，只有一直滚动播出半小时的硬新闻”。默多克的新闻呈现方式也可以在印度新闻运营机构中看到，如印度卫视新闻台利用福克斯新闻频道和天空新闻台对“战争”的现场直播报道，转播（有时是完整转播）美国国防部的战情介绍，还会播出沙文主义的演播室讨论以及美国政府官员、政客的现场新闻发布会。

》战争的娱乐化

幻想与寓言、文明与野蛮、外星人入侵和星际战争是这些票房最高的战争电影中反复出现的主题，而这些电影都是由“特效行业”制作的，如表 5.1 所示。

表 5.1　战争电影最高票房列表

电影	放映年份	全球票房(百万美元)
指环王:国王归来	2003	1129
星球大战 1:幽灵的威胁	1999	922
指环王:双塔奇兵	2002	921
指环王:护戒使者	2001	860
星球大战 3:西斯的复仇	2005	848
独立日	1996	811
星球大战	1977	797
阿甘正传	1994	679
星球大战 2:克隆人的进攻	2002	648
世界大战	2005	591

123 2003 年,乔治·W·布什宣布对伊拉克结束敌对状态,这是电影化虚构与事实融合的一个典型案例。在一位评论员称为“壮志凌云”(Top Gun act)的场景中,一架布什等人联合驾驶的海军喷气式飞机,降落在显然位于波斯湾某处的美国军舰亚伯拉罕·林肯号(USS Abraham Lincoln)的甲板上,他向欢呼的军队和电视台工作人员致意,这个场景的照片传遍世界各地,报道的内容“充满了尊重,甚至恭维”。事实上,正如美联社后来报道的那样,这艘船非常靠近海岸,官员们承认他们调整了军舰的位置,是为了给布什的演讲提供最佳角度,以大海为背景,而不是以圣地亚哥海岸线为背景(Krugman,2003:31)。

在好莱坞式的军事场景里,领导人发表的“大功告成”的君主宣言包含着帝国主义的潜台词。冷战时期的经典电影可以被解读为对古典帝国主义的赞歌,如《宾虚》(*Ben Hur*)、《斯巴达克斯》(*Spartacus*)、《埃及艳后》(*Cleopatra*)和《罗马帝国的衰亡》(*Fall of the Roman Empire*)。近期的电影又复兴了这个趋势,如《角斗士》(*Gladiator*)、《特洛伊》(*Troy*)和《亚历山大》(*Alexander*)(Joshel et al,2005;James,2006)。好莱坞大片提供了一种文化语境,在这种文化语境下,遥远的冲突被浪漫化,战争被美化为正义的,以道德之名发起的,这些大片包括《野战排》(*Platoon*)、《全金属外壳》(*Full Metal Jacket*,关于越南战争),《黑鹰坠落》(*Black Hawk Dawn*)

和《夺金三王》(*Three Kings and Jarhead*)(Weber,2006)。

美国军方和好莱坞之间的合作有着悠久的历史,可以追溯到第一次世界大战,当时美国政府成立了公共信息委员会来支持战争。在第二次世界大战期间,视觉图像已变得十分普遍,并成为宣传美国的一个组成部分,好莱坞工作室与美国军方进行了广泛的联络,制作了数十部电影和纪录片,其中最著名的是导演弗兰克·卡普拉(Frank Capra)制作的六集纪录片系列《为什么我们战斗》(*Why We Fight*),这些纪录片于1943年和1944年播出。1942年至1945年,战争信息办公室(Office of War Information)开始运转,用来保证好莱坞电影可以将盟军的宣传合法化(Koppes and Black,1987)。

在冷战期间,好莱坞也肩负着政治使命,这种与军方的合作为好莱坞带来了商业上的成功。1948年,美国国防部还设立了专门的电影联络办公室,作为国防公
共事务助理办公室的一部分。电影制作人如果需要使用军事设备、军事地点、军事 124
人员或者国防部的档案录像,都必须接受美国国防部对他们作品的审核。如果没有美国军方的支持,国际上风靡一时的《壮志凌云》(*Top Gun*)、《珍珠港》(*Pearl Harbour*)和《黑鹰坠落》(*Black Hawk Down*)之类的影片就无法拍摄。出于互惠互利的约定,美国国防部给电影制作人提供人员、建议和设备,从而给电影场景营造更真实的感觉,促使电影在全球获得更大的成功,而美国国防部可以确保电影在娱乐的名义下通过电影院、家庭视频和DVD进行传播,展现世界上各种冲突的特定版本,并让人们接受它们。记者戴维·罗布(David Robb,2004)指出,美国国防部和好莱坞之间的交易,就是美国国防部干预电影制作,而好莱坞默许用软宣传和军事设备做交换。空军娱乐联络处网站(the Air Force Entertainment Liaison Office)被称为"好莱坞上空的翅膀"(Wings over Hollywood),该网站声明其目的是为空军题材或者是包含空军片段的电影电视节目提供信息和帮助,还坦言曾与大量客户进行过合作。

好莱坞并没有垄断战争娱乐。由费多尔·邦达尔丘克(Fyodor Bondarchuk)执导的第一部关于阿富汗战争的电影《第九突击队》(*The 9th Company*)于2005年上映,并在票房上获得了巨大的成功。而2006年的宝莱坞电影《喀布尔快车》(*Kabul Express*)在印度和南亚侨民所在地成功上映,该片是自美国入侵阿富汗以来第一部在阿富汗拍摄的外国电影。其他国家对战争的颂扬也非常强烈,法国外籍军团在

法语世界的受欢迎程度说明了这一点（Cooper,2006）。在英国，对英国空军特种部队和美国特种部队的迷恋带动了出版业，促使前英国空军特种部队军官们著书立说，如安迪·麦克纳布（Andy McNab）已成为畅销书作家。

在美国电视业，除了探索文明频道（Discovery Civilisation）和历史频道（The History Channel）外，至少还有三个有线频道完全致力于军事和军国主义。探索军事频道（Discovery's Military Channel）与美国国防部频道（Pentagon Channel）以及军事历史频道（Military History Channel）进行竞争，而军事历史频道是卫星电视历史频道（A&E's History Channel）衍生的频道。军事探索频道在网站上注明，"本军事频道借助真实的事件，史无前例地进入人类戏剧性场面，进入兼具战略创新和悠久传统的世界，向男性和女性军人们所做的牺牲致敬"。《三角洲连》（*Delta Company*）是军事频道最出名的节目之一，节目中摄像机拍摄了海军陆战队第一坦克营三
125 角洲连在伊拉克自由行动中向巴格达推进的过程。美国国防部的"杀人机器"（指美国士兵）在《未来武器》（*Future Weapons*）和《美国兵工厂》（*GI Factory*）等颇受欢迎的节目中也被美化了。

在1999年，英国广播公司（BBC）播放了硬汉电影《勇士》（*Warriors*），讲述了英国士兵在饱受战争蹂躏的前南斯拉夫坚韧不拔地维护和平的事迹。而在2007年，英国第四频道播出了《该隐的记号》（*The Mark Of Cain*），这部电影戏剧化地展现了2003年的伊拉克政权变更之后驻伊拉克英军的夸张行为。2007年许多与战争相关的节目都在酝酿之中，其中HBO电视网的一部名为《杀戮的一代》（*Generation Kill*）的系列剧，讲述了美国海军陆战队在伊拉克的故事。在美国，战争故事漫画也是最流行的（Wright,2001）。

在2005年，美国以战争时期为背景的电视剧第一次在战争还没结束的时候就被制作并播出，这完全不同于以往的热门电视剧。以往的电视剧如1972年至1983年在哥伦比亚广播公司播出的，讲述1950年至1953年朝鲜战争的251集电视连续剧《流动医院》[M * A * S * H，又称《陆军流动外科医院》（*Mobile Army Surgical Hospital*）]，又如1988年至1991年在美国广播公司播出的讲述越南战争期间美军基地护士种种故事的64集电视连续剧《中国海滩》（*China Beach*）。新的战争电视剧在有线电视FX频道播放，跟踪一个虚构的驻伊拉克美军部队进行拍摄，画面十分暴力。这种创作方式始于史蒂文·博奇科（Steven Bochco），他还制作了《山街蓝

调》(*Hill Street Blues*)、《洛城法网》(*LA Law*)和《纽约重案组》(*NYPD Blue*)等国际流行的警察剧、法律秩序剧(Peyser,2005)。FX 频道的约翰·兰德格拉夫(John Landgraf)希望通过新的战争电视剧反对伊拉克战争,他认为这是一部宏大的自然人类戏剧,电视和电影的最佳目的是讲述真实的、当下的故事,挖掘人生体验(Soriano and Oldenburg,2005)。正如美国国防部电影联络办公室主任菲尔·斯特鲁布(Phil Strub)指出的,个别军人和女性在越战时期被批评很常见,而如今,人们都不愿意这样做。美国人现在非常抗拒它们,我们很高兴这种态度会渗透到所有的娱乐活动中(Soriano and Oldenburg,2005)。另一方面,尽管人物形象较为刻板,《流动医院》也传达了反战的信息,表明冲突造成了无谓的痛苦,战争使韩国人、朝鲜人成为受害者。

》战争的“军事娱乐化”

美国娱乐产业和军队之间的合作并不是什么新鲜事(Der Derian,2001; Burston,2003;The History Channel,2004)。然而,一位评论员指出,这种合作具有普遍性、巧妙性、复杂性(Burston,2003:168)。在 20 世纪 90 年代末,随着娱乐业成为南加州最大的单一雇主,好莱坞与美国军工企业的联系加深,这促使评论员们开始探 126
讨硅谷和好莱坞的合成品“硅坞”(Hozic,2001:141)。根据美国国家研究委员会题为《建模与仿真:娱乐与国防相关联》的报告可知:

> ……在建模和仿真应用以及所需的技术支持上,国防领域和娱乐领域存在着很大的共性。传统上,国防部(DOD,Department of Defense)在这一领域处于领先地位,并提供了大量的相关资金,而娱乐业在 3D 图形生成、网络仿真、计算机生成角色和虚拟空间方面取得了快速发展。调整这两个领域的研究议程,在研究发展、信息共享和合作研究方面加强协调,就有机会以更快速、更经济的方式实现国防和娱乐行业的目标(National Research Council,1996)。

詹姆士·德·德里安(James Der Derian)将这种合作视为军事工业媒体娱乐网

络的一部分(Der Derian,2001)。在2002年,《时代杂志》已经创造了“军事娱乐”这个术语(Poniewozik and Cagle,2002)。在美国军队的帮助下,美国南加州大学创新技术研究所(Institute for Creative Technology,简称ICT)于1999年成立,像ICT这样的学术机构为军队提供了训练模拟器,为应对内战,以及维持、巩固和平的局势做好准备。该机构为美国士兵开发了仿真程序和游戏,许多士兵把个人DVD播放器和游戏机带到作战营地(Burston,2003)。ICT还出售视频游戏,在2004年,它将最成功的训练游戏衍生品《全能战士》(*Full Spectrum Warrior*)授权给出版商THQ公司。同时,微软也与ICT进行合作,为美国军队提供Xbox游戏平台(Vimini,2005)。美国军方多年来一直使用模拟游戏进行训练,用于模拟装备、战地通信、军事后勤、战争战略,以及训练如何应对核威胁或恐怖威胁。《卫报》报道,美国国防部正在招聘说阿拉伯语的人,让他们在战争游戏中扮演角色,穿着传统的服装出现在阿富汗或者伊拉克的模拟场景。美国陆军多国联合战备中心的官员告诉《卫报》记者:“我们正在寻求更多的现实主义。我们在演习中注入的现实文化越多,
127 对我们的士兵来说就越好。”(Connolly,2007:16)

》作为资讯娱乐的战争游戏

随着全球越来越多的年轻人开始玩视频游戏,资讯娱乐集团终于为战争和冲突娱乐找到了有效的受众群体。电脑游戏和视频游戏中的3D图像互动元素复杂且越来越逼真,让越来越多的人(主要是男孩和年轻男性)对其着迷,成为他们的一种强迫的、甚至是上瘾的休闲活动。全世界数以百万计的人,尤其是发达国家和发展中国家的中产阶级家庭的孩子,正花费数小时盯着电脑、游戏机或者电视屏幕。如今,全球的游戏产业价值350亿美元,并且随着宽带的发展,对游戏的需求可能会增长。

《全能战士》(*Full Spectrum Warrior*)这个热门战争游戏鼓励青少年在一个虚构的阿拉伯国家中,同城市游击队合作完成军事任务。另一个游戏《雇佣军》(*Mercenaries*)的焦点则是在朝鲜进行秘密军事行动。《空袭行动》(*Operation Air Assault*)

的主题是“反恐战争”，这个主题在 2004 年发行的汤姆·克兰西（Tom Clancy）的《彩虹六号 3》（*Tom Clancy's Rainbow Six* 3）中进一步发展，《彩虹六号 3》是一款关于国际恐怖主义和美国能源安全的游戏。以下为该游戏的介绍：

> 在 2007 年，世界处于一个可怕的全球冲突的边缘。美国陷入禁运引发的石油危机，针对美国利益和美国公民的恐怖主义袭击逐步升级。因为委内瑞拉仍然向美国供应石油，所以也成了恐怖主义袭击的目标。随着美国动荡形势的加剧，委内瑞拉首都加拉加斯街头的抗议更加激烈。而在恐怖阴影的笼罩下，一群疯子策划了更大规模的谋杀和破坏行动。在这个恐怖的时刻，没有哪个地方是安全的，没有哪个边境线是安全的。现在，世界和它面临的威胁之间只剩下最后一个堡垒，那就是专门打击一切形式恐怖主义的多国特遣部队——彩虹小队。彩虹小队是由联合
> 国所提供的最优秀的特工组成的绝密组织，是世界上最强大的武器。他们以最先 128
> 进的技术作为支撑，并被训练到人类能力的极限，是我们在反恐战争中最大的希望。可能也是我们唯一的选择。（Rainbow Six 3，Ubisoft）

意料之中，“彩虹小队”是由美国人领导的，这个人有一个后现代的名字——多明戈·丁·查韦斯（Domingo Ding Chavez），团队中其他三名成员分别来自法国、英国和德国。2004 年，一些游戏制作公司，如总部位于纽约的库玛战争游戏公司（Kuma War），在现实的战争发生几周后就发行了相关的电脑视频游戏。《基地组织：摩苏尔战役》（*Al-Qaeda：the Battle for Mosul*）这款游戏可以被免费下载并使用，正如该游戏网站所宣称的那样，它使用先进的游戏工具，经过广泛的研究并采用卫星图像，为游戏玩家们提供了美国军队击退基地组织袭击的精确副本。其他的现实游戏也描述了真正战争中发生的事件，包括《乌代和库赛·侯赛因在摩苏尔的最后一战》（*Uday and Qusay Hussein's last stand in Musul*）、《阿富汗的蟒蛇行动》（*Operation Anaconda in Afghanistan*）和《巴格达迈赫迪军的袭击事件》（*Baghdad Mahdi Army Assault*）（Soriano and Oldenburg，2005）。

游戏主题反映了鲜明的地缘政治因素，例如，2005 年发行的《冲突：全球恐怖》（*Conflict：Global Terror*）将主题集中在反恐战争方面，而同年发行的网络游戏《战地 2：现代战争》（*Battlefield 2 Modern Combat*），则要求玩家与敌人以及政治宣传作斗争，来决定石油资源丰富的哈萨克斯坦的命运。2006 年发行的游戏《石油大亨》

(*Big Oil*)鼓励玩家建立石油帝国,将原油转化为金钱,而2007年发行的游戏《冲突世界》(*World in Conflict*)设定苏联在未来某日将重新崛起。军事娱乐化将反恐战争重新设定为消费者游戏的对象,由美国国防部联合游戏行业进行部署,用以训练和招募潜在的战斗人员,创建了军事化公民空间的“第三领域”,年轻公民在这个领域互相影响,崇拜虚拟的公民士兵(Stahl,2006)。根据美国陆军的研究,90%左右的美国陆军新兵是战争游戏的“业余玩家”,而30%是“铁杆玩家”(Virnini,2005)。德里安指出,这些数码设计的战争通过军事模拟、公开伪装、实时监控和直播,呈现真实的战争(Der Derian,2001:18)。

电脑游戏的“沉浸式”特征使玩家身临其境地进入一个虚拟世界,并对年轻人的思想产生深远的影响。玩家在与游戏、游戏技术的互动中,通过亲密的心理、情感互动和身体接触产生了挑战、刺激和威胁的感觉(Dovey and Kennedy,2006:8)。
129 这些游戏显然不仅仅是一种休闲活动,它们可以给年轻人留下深刻的印象,并在认知和行为上具有长期影响。凯尔纳认为,这些充满高度竞争和暴力的游戏是在企业资本主义和恐怖战争军国主义之下生活的讽喻,是后现代战争的一部分。

第六章 全球范围的资讯娱乐?

资讯娱乐节目在全球范围内前所未有地增多,促进了新自由主义媒体和传播 156
制度合法化,但分歧与不和谐也开始出现,这为抵制之前讨论的新版本的西方帝国主义提供了可能性。在经济和地缘政治方面,新的权力格局正在形成。由弗拉基米尔·普京(Vladimir Putin)总统领导的俄罗斯,经济出现好转,俄罗斯政府在增强全球影响力方面踌躇满志;中国出现两位数的经济增长,在部分发展中国家的影响力扩大,尤其是在曾是西方企业专属地的非洲,正在重新调整全球经济的方向。服务业的全球化正在改变全球贸易的地理环境,并使印度等国家受益。基于国际货币基金组织(IMF)的购买力平价测算,到 2007 年,印度将以 4 万亿美元的国内生产总值超过日本,成为世界第三大经济体。2007 年,中国的国内生产总值略高于 10 万亿美元,而美国同期为 13 万亿美元。拉丁美洲的社会民主趋势为其他发展中国家的进步也带来了希望。欧盟加紧向东欧国家扩充成员,变得更强大,而中东民众的反西方情绪不断上升,如果不将上层精英算在内的话(Kohut and Stokes, 2006)。

这些宏观层面的政治、经济变化可能会限制世界超级大国的影响力。虽然远不及资讯娱乐集团和市场理论家所设想的规模和范围,但"第二超级大国"在世界的舆论中已经开始表明自身的立场。2007 年,由国际民意调查公司(GlobeScan)与马里兰大学国际政策态度项目(Program on International Policy Attitudes)合作,为英国广播公司世界频道(BBC World Service)开展国际民意调查,调查发现,人们认
为"美国对世界主要是负面影响"(51% 的受访者持这种观点)。能超过美国的仅 157
有两个国家:以色列(占 56%)和伊朗(54%)(GlobeScan website),即使在欧洲,所谓美国文化的"不真实性",两百多年来也一直是欧洲精英舆论的一部分。

互联网深刻地影响了媒体,为全球潜在的消费者群体提供了新的个性化新闻内容平台,也改变了新闻制作与传播的时间框架。在一个实时新闻时代,当记者不断面对提供最新消息的压力时,普通人就可以在线访问世界顶级的新闻机构,获得

24 小时新闻频道和新闻门户网站的内容，而不需要新闻机构的编辑进行把关（Ber-
158 ger，2000）。大多数新闻机构在其网站上提供背景资料和档案材料，并与许多其他
有用的信息资源相连接。

记者现在可以在一个虚拟的全球图书馆里找到他们需要的素材，大多数情况下这些素材是免费的，或者只是象征性地收费，这个图书馆里堆满了来自世界各地的报纸、电视频道、信息数据库、新闻图片和动态图片的档案。记者不必再依靠企业年度报告或政府政策文件的公关宣传材料来撰写自己的稿件。他们可以直接找到原始的信息来源，不受政府或企业的干扰。互联网也是市政部门的一个核心资源。例如，总部位于美国的伊拉克罹难人数统计项目是世界上唯一一个独立且全面地报道伊拉克平民死亡数的公共数据库，该数据库已经成为伊拉克伤亡信息的可靠来源。鉴于互联网的全球性质，记者可以在报道中体现各种观点。在涉外报道中，对有争议的国际问题，这样的信息获取方式尤其利于更平衡地进行报道。此外，互联网还为记者与信息活动人士跨国传播的发展和繁荣提供了机会，以便他们进行合作，交流想法和信息。

尽管互联网基本上仍是由精英运营的，但它已经改变了跨国传播的方式，根据互联网数据中心的数据可知，1995 年的互联网用户只有 2000 万人，到 2000 年已经有 4 亿人，到 2007 年初，这一数字已经上升到 11.14 亿人，占世界人口的 17%，不过大多数用户集中在工业化程度较高的国家。随着通信技术变得更廉价、更复杂，信息以前所未有的速度和广度进行传播，这有助于形成一个更民主的、多对多的全球通信模式。在 2007 年 4 月，中国有超过 1.37 亿人的互联网用户（刚刚超过其 13 亿人口的 10%）；而印度有 4000 万人的互联网用户（不到其人口的 4%）。这两大人口大国的市场规模巨大，但市场基本上还没有被充分开发出来，所以这两个国家已经成为跨国公司关注的核心地区，其中，印度已成为它们全球业务中的一个创意软件中心。

在未来几年到几十年，网络流量将发生怎样的变化，这是值得反思的一个问题。中国已经拥有世界第二多的博客用户。毫无疑问，跨国公司正在竭尽全力地争夺这个世界上最大的网络市场，例如雅虎（Yahoo!）在 1998 年推出了中文网站；默多克参与开发了比特网（ChinaByte）和天极网（CSeek）；高盛（Goldman Sachs）投资了大众门户网站新浪（Sina）；英特尔（Intel）和道琼斯（Dow Jones）投资了搜狐网

(Sohu)；美国在线投资了中华网(China. com)。谷歌公司在2006年推出了一个专门针对中国的搜索引擎。在2006年，中国已成为世界上最大的移动电话市场和最大的信息技术产品出口国。

移动技术和宽带的融合将带来高速的互联网，确保了电视新闻越来越以娱乐内容（音乐、游戏、视频和个性化服务）为主进行整套的传播。因为越来越多的手机能够播放高质量视频，所以继电影院、电视和电脑之后，电视新闻下降到所谓的“第四屏”的位置。默多克旗下的福克斯电视台是第一个认识到这种小屏幕的潜力的电视台，2005年，福克斯电视台推出了一部共24集的一分钟系列剧《阴谋》(*Conspiracy*)，它与福克斯电视台以及其他默多克电视台播出的热播剧有关。苹果公司音乐播放器给广播业带来一个新的术语——“播客”(the podcast)，并受到了英国广播公司等广播媒体的欢迎，自2006年以来，英国广播公司一直在播客播放节目，而英国的独立电视台(ITN)在2007年初推出了针对移动电话的专门节目。美国有线电视新闻网制作的节目《简报室》(*Briefing Room*)，每天为用户提供简洁的新闻服务。 159

随着宽带的提速以及越来越多的远程可视化内容转移到互联网上，新的点播电视网将朝着“约斯特”(Joost)等文件共享服务方向发展。该服务能够提供DVD质量的画面，并且能够让观众根据自己的时间表来构建自己的频道。在这种电视和互联网的个性化融合中，观众能够与观看同一频道的其他用户交谈，同时也能访问广播电视提供的其他在线内容。美国前副总统阿尔·戈尔(Al Gore)曾说过，他通过当代电视(Current TV)实现了“电视民主化”，当代电视自2005年开始运行，内容由观众和制作人制作的视频剪辑而成。这种随时随地的复合传播模式正在创建一个移动网络社会(Castells et al.,2006)。虽然大部分的信息技术用于电子商务，但社会活动家和持不同意见者也可以运用信息技术对当代问题提出不同的声音和观点，从而丰富跨国公共话语(Dowing,2001；Atton,2005；Hackett and Zhao,2005)。凯尔纳(Kellner)认为，全球企业资本主义与信息、娱乐技术的结合，正建构着由资本控制并具有全球影响力的新型社会形态与文化形态，并创建了他所说的网络化资讯娱乐社会(Kellner,2003：14)。

〉媒体多样化

卡斯特尔(Castells)认为,在信息社会中,社会运动的主要服务机构是网络。
160 利用互联网动员国际社会支持美国发起的多边投资协定(Multilateral Agreement on Investment,MAI)就是一个典型的成功案例,多边投资协定中有一项协议赋予了跨国公司从一国向另一国无限制转移资本的权力,对此法国等一些欧洲政府表示反对,但也没能阻止该多边投资协定的签署。在2001年,印度新德里的一个新闻门户网站——直觉网(Tehalkacom),在一次秘密行动中揭露了印度国际防务交易中的腐败问题,这几乎导致了首相阿塔尔·比哈里·瓦杰帕伊(Atal Bihari Vajpayee)率领的政府倒台。萨拉姆·帕克斯(Salam Pax)是所谓的巴格达博主,他记录了2003年美国入侵伊拉克及其血腥的后果,后来他成了小有名气的媒体人,他除了为《卫报》撰写定期的专栏(后来出版成书),还为英国广播公司制作视频日记。随着各种博客如美国博客网站(Blogspot)等在网络空间的大量涌现,上百万博客吸引的用户数量超过了纽约时报网站(NYTimes. com)的受众数量,因此主流媒体不得不开始关注这个可能会破坏传统新闻业的现象。

在韩国,自2000年开始运营的独立互联网报纸——《哦,我的新闻》(*OhmyNews*),结合了商业媒体和另类媒体的特点,丰富了新闻行业(Kim and Hamilton, 2006)。2004年霍华德·迪恩(Howard Dean)在美国总统选举之时,将"美国博客"作为竞选的一个主要信息来源,这表明互联网正在成为一种增加公民参与度的工具,并有可能抵消电视对政治进程的负面影响(Kerbel and Bloo,2005)。对一些人来说,博客的发展为心灰意冷的人们提供了转换注意力的虚拟空间(Keren,2006),而对另一些人来说,博客、公民记者和社会活动家挑战着新闻编辑的把关能力和新闻专业化的理念(Hachten and Scotton,2006)。

为了反映这些变化,《时代周刊》宣布其2006年的"年度人物"(Person of the Year)是读者"你",因为读者抓住了全球媒体的控制权,建立和构建了新的数字民主(*Time*,December 13,2006)。2007年,颇具影响力《外交政策》(*Foreign Policy*)杂

志主编提到了“YouTube 效应”。他认为，这家流行的视频分享网站上的大部分视
频都很无聊，都是由青少年制作的，并且也是为青少年而制作的。他认为这种现象
被一个双回音室效应放大了：一是在内容首次发布到网上之后又被主流电视媒体
重新播放时发生的；二是视频内容因为博主或积极分子通过 YouTube 等网站转发 161
而成为永久的存在(Naím,2007)。谷歌收购了 YouTube，默多克收购了聚友网，这
表明了这个不断变化的新媒体世界存在着商业潜力，包括在线视频游戏、电影、音
乐、视频点播、卫星电视、广播和电子书在内的新数字媒体，在 2000 年创造了 1.6
亿美元的全球收入；根据普华永道的一份报告，这一数字在 2004 年攀升到 114 亿
美元，预计到 2009 年将达到 730 亿美元(2005:15)。

在 2007 年，全球娱乐和媒体市场规模达数万亿美元，预计将在亚太地区实现最高增长，年平均增长率约为 12%。搜索引擎变得越来越复杂，语言变得越来越多样，用法变得越来越简单，随着无数的公民记者、网络活动人士和博主尝试通过制作和分发媒体内容来吸引注意力，“社会计算”将实现全球化，从而创造出一个所谓的全球资讯娱乐圈。这一空间将以互动和创新的方式提供娱乐信息。有人认为，动态图像的兴起，以及通过计算机编辑、传播的“新视频”文化的出现，可能使全球传播发生改变(Stephens,1998)。

在新的全球资讯娱乐领域，多种信息、声音和图像可以瞬间实现多对多或者一对一的传递，具有明显的社会影响和政治影响。

伊莱·诺姆(Eli Noam)认为： 162

> 美国拥有一个具有创业精神的大型互联网社区，有分布全球的富有经验的大型内容制作公司，这些公司拥有大众化的受众，有来自世界各地的创意、技术人才和高效的制作团队；美国得益于其英语为通用语的优势；美国还有领先的计算机硬件、零部件产业和电信行业，有一整套竞争机制和提供风险资本的金融系统。虽然在其他地方也可以找到一些因素，但还没有形成确定的组合方式。因此，互联网电视兼具了美国经济和社会在娱乐、互联网和电子交易方面的优势，再加上规模经济，使其很难被超越。因此，互联网电视极具美国特色。

》好的资讯娱乐？

资讯娱乐的概念与“低智化”的概念密切相关。资讯娱乐不是出于满足求知欲和促进理性话语，它着力于促进情感诉求和非理性的人类冲动才得到蓬勃发展(Bourdieu, 1998;Gitlin,2002)。最近的一项研究发现，在英美的核心区域，媒体被长期的民主赤字所困扰。造成赤字的原因是多方面的，不仅因为媒体在建构民主公共领域、维持健康的社区和政治文化、刺激公共传播多样性方面的失败，还因为媒体在维护不平等、减少公共知识共享、排斥公众行使塑造文化产业的使命这几个方面的共谋(Hackett and Carroll,2006:199)。

詹姆斯·凯里(James Carey)所说的“高度现代化”的新闻业传统模式(Carey,1993)适用于精英主义的公共传播观念，但并不能被大众广泛接受。增强政治传播的吸引力，让那些不了解政治的人对公民事务更感兴趣，这有助于创造一个更民主、更包容的媒体环境(Brants,1998; McNair,2006)。基于普遍理性的、具有“共同规范性维度”(Garnham,1996:369)的单一公共领域观念，被认为是家长式主义的一部分，适用于广播时代，但不适用于小范围的传播和网络传播。在21世纪的电视领域和全球化的公共领域，这种观念难以为继(McNair,2006:143)。大众媒体民
163 主化的支持者认为，在后现代混合电视生态中，信息和娱乐之间的二元对立是不可持续的，数字广播可以促进而不是削弱对政治的严肃报道(Hartely,1999)。正如格雷伯(Graber)所指出的，媒体奇观和新闻的戏剧化是有吸引力的，戏剧化的框架的确吸引了那些可能忽视新闻节目的观众，增加了他们对重大政治问题的情感参与，并刺激他们关心和思考这些问题(Graber,1994:505)。资讯娱乐的捍卫者认为，那些诋毁资讯娱乐的人只关注新闻应该是什么的理想化概念，而不关注新闻是什么。捍卫者认为，目前的资讯娱乐水平足以满足民主国家公民的信息需求，因此我们应该对较低的质量标准表示满意(Zaller,2003)。

鲍姆(Baum)认为，他所说的“软新闻媒体”，也就是以娱乐为导向的准新闻和信息节目的兴起，产生了意想不到的影响，增加了外交政策危机受到公众关注的可

能性,特别是吸引了那些通常对政治或外交政策不感兴趣的人群(Baum,2005,2003)。像《乔恩·斯图尔特每日秀》(*The Daily Show with Jon Stewart*)这样的轻新闻节目,深受美国年轻人的欢迎,在2000年和2004年的总统选举中产生了非凡的影响(Baumgartner and Morris,2006)。其他学者认为不要将此类节目视为"假新闻",赞扬这些节目的混合特性,它们借鉴新闻、喜剧和脱口秀等体裁的技巧,作为后现代的政治新闻实验,也作为一种另类新闻,用讽刺的方式来质问权力,用滑稽的模仿来批判当代新闻,并用对话的方式建立协商民主模式(Baym,2005:261)。

这样的资讯娱乐节目可能会号召更多的年轻人参与公民活动。明迪奇(Mindich)研究了美国年轻人不看新闻的原因,他指出"人们对新闻的兴趣长期处于下降状态"(Mindich,2005:19)。这可能就是卡斯·桑斯坦(Cass Sunstein)所说的"每日自我"(Daily Me)的一部分,指一种对新闻和信息的自我选择,强化了已有观点(Sunstein,2002)。虽然也有一些研究指出,软新闻对政治进程是否有积极影响还有待证实(Prior,2003),但其他学者认为,政治信息的"软"来源,如深夜喜剧和日间脱口秀节目,可以增强人们的政治参与度(Moy,2005)。

在英国,英国广播公司在20世纪80年代播出的优秀喜剧系列《是的,首相》(*Yes Minister and Yes Prime*)在世界各地被重播并广受欢迎,这表明好的政治讽刺具有国际通用性。讽刺24小时新闻文化的节目非常受欢迎,尤其是英国广播公司 164
的《今日之日》(*The Day Today*)和《突发新闻》(*Broken News*),而罗里·布雷姆纳(Rory Bremner)等印象派作家通过辛辣的讽刺和批评性评论丰富了英国电视的政治话语,还有印度卫视新闻台在2004年播出的由谢哈尔·苏曼(Shekhar Suman)主持的《波尔·科尔》(*Pol Khol*),这些节目以更轻松的方式阐述重要的政治观点。

在事实和虚构相互交错的电视世界里,有人认为,像美国广播公司播出的《白宫风云》(*The West Wing*)这种虚构的电视剧,其蕴含的说教潜力可以推动政治教育的进程。这部备受赞誉的政治连续剧中有一集专门讨论了恐怖主义,吸引了2500多万观众,几乎是《NBC新闻》(*NBC News*)节目收视率的三倍(Crawley,2006)。美国政府还认识到绕过传统传播渠道(即记者和新闻媒体),通过各种娱乐节目直接与美国以及全球公民进行对话的影响力和潜在利益(Jones,2004:7)。"9·11"事件后,美国联邦调查局通过《美国通缉犯》(*America's Most Wanted*)特别版节目发布寻找恐怖分子嫌疑人的线索或提示。该节目致力于通过获取观众的帮助来抓捕罪犯。与此同时，在音乐电视频道的《被聆听》（*Be Heard*）节目中，美国国务卿科林·鲍威尔（Colin Powell）出席了节目现场的“市政厅”会议，并回答了来自七个国家的年轻人的问题（ibid：7）。

琼斯认为，这样的发展是更广泛的政治变革的一部分，使之具有娱乐性，因此令人愉悦。所谓的“新政治电视”已经开始探索以富有想象力的方式呈现政治的多种途径，提供传统政治电视中没有的声音、立场和视角。这也表明，观众能够接受对他们有意义、有吸引力的政治节目，这些节目与他们的兴趣和关心的问题相关，为他们提供了思考政治的新方式，并且通过可接受的、愉快的方式与他们对话（ibid：9）。脱口秀主持人奥普拉·温弗瑞（Oprah Winfrey）获得的巨大成功和全球知名度，就是这种“煽情”资讯娱乐的一部分（Illouz，2003）。在欧洲国家，疏离民主、对政治机构信心减少的情况导致人们对政治不满（Torcal and Montero，2006），而通过资讯娱乐来享受愉快的政治信息并丰富公民权利的想法获得了广泛的支持（Van Zoonen，2004）。在英国电视上，如《现场救援》（*Live Aid*）、《贫困儿童》（*Chil-*
165 *dren in Need*）、《慈善募捐》（*Comic Relief*），这样的慈善电视节目已经为英国和国际非政府组织募集了数百万英镑。

在韩国，两大政党——民主党（新千年民主党，Min-Joo Dang 或 Millennium Democratic Party）和新国家党（大国家党，Hannara Dang 或 Great National Party）利用互联网广播网站将大量资源投入资讯娱乐方面，以吸引对娱乐和游戏感兴趣的年轻人。他们投入极大精力来建设虚拟社区，网络用户可以在虚拟社区中分享一些相对而言非政治性的信息（Hague and Uhm，2003：202－203）。

在印度，2006 年宝莱坞电影《黑道大哥再出击》（*Lage Raho Munnabhai*）用富有想象力的方式，将甘地的思想带回流行话语中，甚至还创造性地推广了“甘地思想的力量”的概念。如果说在美国，评论员将歪曲的总统选举网络新闻报道称为“晚间新闻的噩梦”（Farnsworth and Lichter，2006），那么在印度，像新德里电视台这样的新闻网则尤其擅长大选报道，为全世界最大的民主运动提供全面的新闻报道。新德里电视台 24 小时新闻总编辑、印度著名的电视记者巴克哈·杜特（Barkha Dutt）每周主持一个热门讨论节目《我们人民》（*We the People*），她说，“新闻外包给私人侦探的情形让我不寒而栗，无聊的突发新闻让我感到厌倦，电视将自杀行为作为一个奇观来报道让我感到很羞愧。然而，偶尔还是会发生一些让我们感到骄傲的事情。在争取正义、信息公开的运动中,电视都发挥了发射台的作用”(Dutt,2006)。

在中国的媒体生态中,商业主义可能扩大了公共话语,正如有人所说:

> 中国媒体的商业化意味着私人问题在中国公共领域占据越来越大的份额,而公众对公共问题的讨论则相对减少。这可能是重新构建一个更加自主、多样化的公共事务讨论机制的第一步。中国越来越重视新闻和其他媒体产品的生产,使普 166
> 通人的体验成为主要的价值来源。

中国中央电视台的《焦点访谈》等批评性调查节目,在国家的框架体系内,拓展了公共辩论的空间(Li,2002)。拉丁美洲电视连续剧的传统是强调健康卫生、公民责任、性别和种族平等等与社会有关的信息,并将这些信息编到流行肥皂剧的故事情节中。在印度,政府利用电视上的“社会广告”来提高人们对环境和健康的认识。电视摄像机拍摄的关于音乐家博诺(Bono)、鲍勃·吉尔道夫(Bob Geldof)等名人的非洲路演,虽然不可能根除贫困,但至少有助于让全世界知道非洲的债务减免问题和艾滋病流行引发的问题。以塞拉利昂为背景的电影《血钻》(*Blood Diamond*)引起了人们对非洲钻石贸易问题的广泛关注,同时电影《不朽的园丁》(*Constant Gardener*)把人们关注的焦点集中在非洲制药集团的腐败问题上。

〉教育娱乐化

令人遗憾的是,尽管电视的大多数消费者受教育程度较低,但电视的教育潜力并没有被充分开发出来。约翰·劳埃德(John Lloyd)发现,在大多数国家,精英人士往往较少接触大众媒体,他们不怎么看电视。大部分的穷人,当然还有受教育程度较低的人,他们广泛地接触大众媒体,经常看电视。这样的结果表明,现代社会的一个核心问题是经常看电视的人往往信息贫乏,而不看电视的人往往信息丰富(Lloyd,2004:27)。如何利用视觉媒体的力量来提高学习体验呢？尼尔·波斯曼(Neil Postman,1985)认为电视的问题本质上是认识论的,他鼓励娱乐消遣。让学习成为一种闲暇的追求和“乐趣”让“娱乐教育”应运而生，它是一种教育和娱乐的混合，在很大程度上依赖视觉材料、叙事或类似游戏的形式，采用更多非正式的、更少说教的讲话风格（Buckingham and Scanlon，2005：46）。

做到娱乐教育而又不牺牲教育质量是极其罕见的。美国儿童节目《芝麻街》（*Sesame Street*）就是一个正面典范，该节目由非营利性组织儿童电视信托基金会
167 （Children's Television Trust）制作，并在世界各地播出。娱乐教育范式是指有目的地设计和实施兼具娱乐与教育的媒体信息的过程，目的是增加观众对教育问题的了解，改变社会规范和公众行为（Singhal and Rogers，2004：5）。

默多克部分持股的历史频道（The History Channel）是娱乐教育网络全球化的代表，该频道已在全球范围内迅速发展，其用户数量从 1995 年的 1200 万人增加到 2005 年的 1.95 亿人，平均每年增长 32%，这说明了电视历史节目的受欢迎程度。在全球化的电视经济时代，探索国际公司（Discovery Network International）和国家地理频道（The National Geographic Channel）等公司通过本土化、出口或者进行合资经营，成为一种跨国的流行电视商品，混合了真人秀电视、纪实电影与传统纪录片的风格，使全球不同类型的观众都能够欣赏（Hogarth，2006）。

历史学家西蒙·沙玛（Simon Schama）创作了耗资巨大并大获成功的英国广播公司系列纪录片《英国史》（*The History of Britain*），同时，尼尔·弗格森（Niall Ferguson）在第四频道展示了他的《大英帝国历史》（*history of the British Empire*）。在英国，电视化的历史传播把孑然独立的学者打造为媒体名人，并在教育公众方面起到了重要的作用。历史学家如 A. J. P. 泰勒（A. J. P. Taylor）和肯尼思·克拉克（Kenneth Clark）率先在电视上讲述历史，尤其是后者的史诗系列《文明》（*Civilization*），同样的，雅各布·布罗诺夫斯基（Jacob Bronowski）在《人类的攀升——科学进化史》（*The Ascent of Man*）中讲述了人类科学和技术的伟大成就。

关于全球变暖的获奖纪录片《难以忽视的真相》（*An Inconvenient Truth*）在 2006 年播出，并获得了商业上的成功，好评如潮，这是严肃的科学问题被大众广泛认可的一个典型例子。在美国，该纪录片的免费副本还被分发到各个学校。2004 年上映的迈克尔·摩尔（Michael Moore）的《华氏 911》（*Fahrenheit* 9/11，获得 2.2 亿美元的票房，根据互联网电影数据库的资料，该片创下纪录片之最），摩根·斯普尔洛克（Morgan Spurlock）记录麦当劳快餐食物危害性的《麦胖报告》（*Super Size Me*），都

是这方面的典型例子。罗伯特·格林沃尔德(Robert Greenwald)的《解密福克斯:默多克的新闻界战争》(*Outfoxed:Rupert Murdoch's War on Journalism*),揭露了福克斯新闻的右翼偏见,该片的 DVD 以“游击”方式在网上销售,制作成本极低,主要由“前进组织”等竞选组织提供资金。在美国,约 3500 个“家庭聚会”放映了这部纪 168
录片。格林沃尔德(Greenwald)的《出售伊拉克:战争奸商》(*Iraq For Sale:The War Profiteers*)讲述了美国占领下的伊拉克私有化。《安然:房间里最聪明的人》(*Enron:The Smartest Guys in the Room*)和《公司》(*The Corporation*)是利用纪录片揭露企业腐败的重要例子。《控制室》(*The Control Room*)是在 2003 年入侵伊拉克期间对半岛电视台(Al-Jazeera)的真实写照,也是另一个寓教于乐的例子。最近的热播电影还包括埃洛·莫里斯(Errol Morris)的《战争迷雾》(*The Fog of War*),罗伯特·麦克纳马拉(Robert McNamara)的传记,以及南极纪录片《帝企鹅日记》(*March of the Penguins*)。许多这样的电影已经在影院上映,资讯娱乐集团已经看到严肃纪录片的商业潜力。斯派克·李(Spike Lee)关于新奥尔良如何应对卡特丽娜飓风(Hurricane Katrina)后续影响的四小时纪录片《决堤之时:四幕安魂曲》(*When the Levees Broke*)在 2006 年首次在 HBO 电视台播出。《出售伊拉克》和《伊拉克碎片》(*Iraq in Fragments*)也获得了好评,并通过 DVD 和网络下载的方式让人们可以在家里放映。亚当·柯蒂斯(Adam Curtis)的获奖作品《权力的噩梦》(*The Power of Nightmares*)在 2004 年播放,是英国广播公司制作的关于反恐战争的三部曲,也在指定的电影院上映。随着数字革命的到来,这类教育娱乐已经成为可能,独立电影制作人能够在相对较少的预算范围内制作、发行电影。专门的纪录片频道增多,为其提供了潜在的资金以及传播的机会。此外,越来越多的观众对当代各类问题的批判性调查感兴趣,对以商业为导向的新闻行业感到失望。自 1994 年以来,经常收听国家公共广播的美国受众比例大约增加了一倍(从 9% 增至 17%)(Project for Excellence in Journalism,2006)。

全球在线教育也是如此,多媒体院校可以通过互联网开展远程教学,这为国际教育服务提供了一个新的市场,如果教育成为各传播公司服务贸易总协定下的一个服务产业,那么远程教育可能会变得更加普遍。除英国开放大学(Britain's Open University)外有很多院校通过互联网提供课程。然而,如果教育向市场开放,商业化的教育娱乐系统可能会牺牲更多的传统学习模式以获取特殊利益。麦格劳—希尔教育出版集团(McGraw-Hill produce)等公司通过思科全球学习网络(Cisco Systems Global Learning Network)为个人数字助理(PDAs)制作特定课程的文章和网站。谷歌教授和维基百科博士已经成为越来越多的学校和大学生不可或缺的工具,在这个时代,学生可以在互联网上订购论文和其他学术作业,引起了人们对于剽窃和知识懒惰的担忧。

169 》电视和全球资讯娱乐圈

新闻媒体的全球化促使学者把哈贝马斯(Habermas)的公共领域理论扩展到了全球舞台。跨国卫星新闻网和在线新闻的发展促进了全球公共领域的建立(Volkmer,2003;McNair,2006)。公共领域这一概念源自欧洲,现已扩展到全世界。哈贝马斯在后来的著作中提出。在一个全球化的"后国家"系列的世界中,许多参与辩论的公众较少地受到民族主义的限制(Habermas,2001)。托马斯·迈耶(Thomas Meyer)认为,以政党为基础的民主现在变成了"媒体民主"(Meyer and Hinchman,2002)。尽管人们对不同领域之间的制度权力关系表示担忧,但是随着"反公众"主义的发展(Asen and Brouwer,2001),我们有必要以多元视角来讨论全球公共领域(Sparks,2001)。

全球公共领域是一个抽象的概念,对一些人来说是不可能实现的(Sparks,1998)。尽管欧洲国家的政治、经济结构已经建全,他们使用相同的货币,有着看似相同的国防政策和外交政策,但就算是一个泛欧洲的公共领域,其起步阶段也困难重重(Splichal,2006)。一些研究表明,在大多数欧盟国家中,民众对公共电视的偏爱程度与对欧盟政治事务的了解程度是密切相关的(Holtz - Bacha and Norris,2001)。通过对英国、丹麦、荷兰、法国和德国电视新闻报道的内容进行跨国比较,我们发现,在公共广播新闻节目中,欧盟的政治报道更为突出。对欧盟本身的报道很有限,没有报道主角,电视新闻报道的欧洲化更像是一个幻觉而不是现实(Peter and de Vreese,2004)。1994 年至 2003 年之间关于欧洲媒体的研究成果有 17 项,这些研究所考察的媒体作品使用了欧洲三种主要语言——英语、德语和法语,对其进行综合分析发现，欧盟议题在特定国家媒体的报道中所占的比例非常小。与自己国家这个主角相比，欧盟层面的其他成员国在报道中只是扮演次要角色（Machill et al,2006:78）。

欧洲大陆有34种官方语言，鉴于欧洲语言的多样性，成立一个多语言新闻网 170
是可行的，但欧洲新闻台（EuroNews）对欧洲大陆乃至国际上的新闻传播几乎没有产生影响，该新闻台同时以两种以上的语言对欧洲进行新闻播送，并提供公共服务。英国未参与这一新闻交流项目便表明了英国媒体对欧洲的态度。在1997年至2003年间，英国独立电视新闻公司持有欧洲新闻台49%的管理股份。在1992年，泛欧文化频道（ARTE）通过卫星和有线电视播出，该频道是德国电视一台（ARD）、德国电视二台（ZDF）以及法国艺术公司（French ARTE Corporation）的合资企业，但其收视份额极小。

达尔格伦（Dahlgren）指出，互联网扩展了公共领域并使其多元化（2005:148），但互联网能在何种程度上促进民主尚未可知（Jenkins and Thornburn,2003）。达尔格伦所说的网络新闻领域对我们的讨论很重要，因为网络新闻业是互联网公共领域的核心要素（Dahlgren,2005:153）。独立媒体中心等公民活动组织正是依靠互联网才能扩展激进的民主实践（Pickard,2006:334），他们的民众生成的新闻内容也被视为对企业媒体整合的一种回应（Stengrim,2005）。兰斯·贝内特（Lance Bennett）认为，新技术和反全球化运动使他所说的生活方式政治成为可能，这种政治构成了集体个人主义的一部分，在生活方式政治中，意识形态、党派忠诚和选举被更多个性化的、能提供积极解决方案的网络议题所替代（Bennett,2003b:27）。这种分析并不典型，它源于一种相当狭隘的中产阶级政治观。正如乔姆斯基（Chomsky）观察到的那样：

> 企业全球化项目的不利影响导致发展中国家发生了大规模的民众抗议并出现了激进主义，后来富裕的工业社会的主要行业也加入进来，因此越来越难以被忽视。企业全球化项目首次在基层形成了具体的联盟。这些都是惊人的发展，充满了机遇。这些联盟在话语上，有时在改变政策上，都产生了一定影响力。

》面向全球的公共媒体

如前文所述，市场主导的新闻业正在逐渐削弱国际公共媒体的力量，但从某些方面来看，国家控制的媒体的消亡被视为言论自由和多元化的胜利。当然，在许多情况下，有活力的市场有助于形成更好的电视新闻，尤其在信息官僚机构限
171 制节目播送的国家，那里的观众无关紧要，且相对冷漠和无能。在西欧国家，随着国家广播垄断的结束，电视新闻文化明显从公共服务转向以利润为导向。席勒(Schiller)认为这种转变引发了明显的矛盾，那就是，不管是为了国家还是国际的公共利益，都需要用真实的信息和画面去表达。但是，这些信息通常被掌握在私营媒体供应商手里，他们的利益与公共利益往往不相容(Schiller,1996:126)。

罗杰·西尔弗斯通(Roger Silverstone)关于媒体城市的概念——一个基于“具象伦理学”的，拥有关联性和同理心的道德空间，是讨论全球公共媒体的一个良好开端。西尔弗斯通将媒体城市定义为“媒介化”的公共空间，在这里，当代政治生活不管是在国家还是国际层面，都能找到其应有的位置，世界的实体性主要是通过电子传播的公共言论和行动来构建的(Silverstone, 2007:24)。

西尔弗斯通媒体城市的概念不同于哈贝马斯对公共领域概念的理性辩论和论证，后者是一种独特且狭隘的看法，而前者更具包容性，因为媒体传播是多种多样的，并且在不断变化，图像中没有理性，叙事中也没有单一的理性。大众媒体的修辞与表现形式都颠覆了简单的逻辑秩序。不论是在国际、国家还是地方，对政治、公民空间的协调描述取决于对更为复杂的传播的编码、解码能力，而不是仅仅依赖理性就能实现的(ibid:34)。

这种包容性的表述可能为全球资讯娱乐领域提供了一个积极的维度。难道新闻教育的作用是训练记者用哗众取宠的框架来处理严肃问题吗？如第一、二章所述，在新闻媒体商品高度发达的美国，它也拥有几乎是世界上最严格的媒体审查制度，从博客、倡议组织到媒体监督机构都要接受新闻审查。因为电视新闻缺乏公共服务的传统，再加上公民传播和政治参与的质量明显下滑，在20世纪90年代初期电视新闻的

观众数量不断下降，一些记者和新闻学者由此提出了“公共新闻”的理念（Rosen，2001）。如2000年成立的媒体频道和2002年开始运作的自由新闻等媒体组织，这 172
些媒体的改革和开展的活动为美国的媒体改革提供了宝贵的资源和支持。

总部设在伦敦的开放民主网站成立于2001年，现已从一个羽翼未丰的网站发展成为一本全球性的在线杂志（Curran，2003）。可以说，我们迫切需要一个全球性的媒体教育和改革组织来表达一些学者的看法，他们对不受政府或企业宣传约束的公共媒体越来越感到不安。一些人认为，在“9·11”事件后，学者应该在更大程度上参与政治事务，并利用他们的物质以及大量的智力资源逐渐推动社会的变革（Jensen，2004）。詹姆斯·科伦（James Curran）主张扩大BBC式的公共服务，通过开发专业频道来重塑媒体自身，如开发欧洲或全球的电影频道。他认为，公共服务传统不能被束缚在单个国家的传统中，应允许其市场上的竞争对手以全球主义和多元主义主要代理人的身份出现（Curran，2002：213）。

》赞扬公共电视

尽管受到资讯娱乐的影响，英国广播公司仍然是世界上最值得信赖的国际新闻品牌，如表7.1所示。根据2006年在英国、美国、巴西、埃及、德国、印度、印度尼西亚、尼日利亚、俄罗斯和韩国进行的一项国际民意调查，相比于信任政府，人民更信任媒体，这一点在发展中国家中更为明显。环球扫描民意调查公司（GlobeScan）
与英国广播公司、路透社、非营利智库媒体中心（Media Centre）合作的民调报告显 173
示，在被调查的国家中，平均61%的人信任媒体，52%的人信任政府。而在尼日利亚的调查中，高达88%的受访人信任媒体，只有34%的人信任他们的政府。

表7.1　最受信任的全球新闻品牌

公司	国家	百分比
英国广播公司	英国	48%
美国有线电视新闻网	美国	44%

续表

公司	国家	百分比
谷歌	美国	30%
雅虎	美国	28%
微软、微软软件	美国	27%
新闻周刊	美国	25%
时代	美国	24%
半岛电视台	卡塔尔	23%

人们对新闻媒体的这种信任感来自它的公共角色，即无线电波可以告知信息、启发思想，提高社会和政治对话的水准，让人们获得更高的智力和审美素质（Price and Raboy，2001；Lowe and Per，2005；Banerjee and Seneviratne，2006）。在这个电视真人秀和民粹主义学术的后现代时代，社会上很流行，甚至是习惯性地将这些观点斥为精英主义的甚至是傲慢的。尼古拉斯·加纳姆（Nicholas Garnham）在提到英国广播公司一年一度的瑞斯讲座（Reith Lectures）时，为高雅节目做了重要的辩护，他指出：

……它最大限度地象征着一种将广播视为"知识型"企业的愿景，从某种意义上说，它承认了广播的教育作用的社会重要性。它允许一位基本上未经大众认可的知识分子使用现代大众传播手段，以经典的学术演讲方式，就一个当代知识性的重要问题与普通观众直接对话。对对话者和主题的价值的考量，不以大众传媒通常的标准即受欢迎程度为标准，而是以知识环境本身的同行认可程度进行考量，后者现在主要集中在大学和专业出版领域。因此，允许公众参与知识分子的讨论，并通过这样做使知识分子在国家生活和文化中的作用合法化，其价值是不言而喻的（2000：87）。

值得注意的是，私营广播公司很少涉及这样的知识领域。英国广播公司还擅长制作向国际发行的纪录片系列，比较著名的有《第二次俄国革命》（*The Second Russian Revolution*）、《南斯拉夫的死亡》（*The Death of Yugoslavia*）、《人民的世纪》（*The People's Century*）、《五十年战争：以色列与阿拉伯》（*The 50 Years War：Israel and the Arabs*）。这些节目和其他节目丰富了对重大国际事件的公众讨论。公共电视媒体在报道一些阴暗的历史事件方面也发挥了重要作用,《大屠杀》(*Shoah*)可能是其中一个典型案例,这部由克劳德·朗兹曼(Claude Lanzmann)拍摄的长达九个半小时的纪录片,讲述了纳粹屠杀犹太人的事件,该片于1985年在法国首次播出。英国广播公司还有一些挑战传统思维的创新益智类电视系列节目,例如亚当·柯蒂斯(Adam Curtis)的《潘多拉之盒》(*Pandora's Box*)、《自我世纪》(*The Century of the Self*)、《噩梦的力量》(*The Power of Nightmares*),以及《陷阱》(*The Trap*),这些节目在国内和全球范围内提升了人们的智力,并增强了公民意识。

即使在美国这个公共广播公司观众市场份额不到2%的国家,也涌现了由非营利公共广播公司制作的优秀节目,诸如由儿童电视工作室制作并在世界各地反 174
复播放的学前节目《芝麻街》(*Sesame Street*),以及1991年的11集电视剧《内战》(*the Civil War*)。虚构类电视节目也是如此,公共服务广播公司拥有一个无可挑剔的记录,著名的例子包括埃德加·莱茨(Edgar Reitz)的杰出三部曲——主要讲述了德国从一战到统一的历史,它们分别是《故乡》(*Heimat*,1984年在德国公共服务电视台播出)、《故乡2》(*Heimat* 2,1992)、《故乡3》(*Heimat* 3,2004)。还有钱德拉·普拉卡什·德威文迪(Chandra Prakash Dwivedi)的历史传奇片《查卡亚》(*Chanakya*),该片将场景设置在公元前3世纪,讲述了塔克西拉大学(University of Takshashila,其废墟位于巴基斯坦,被联合国教科文组织认定为世界遗产)的一位学者的生活和所处的时代的情况,1990年该片在全印电视台(Doordarshan)播出,之后又在英国广播公司重播。此外,1996年英国广播公司播出了由九部分组成的"国情"剧《我们北方的朋友》(*Our Friends in the North*)。商业广播电视台正处于资讯娱乐时代,不太可能投资这样高质量的节目,而全球公共媒体可以确保这类具有视觉营养的节目尽可能广泛地传播。一些人主张在私人与公共媒体利益之间取得平衡,在适度的情况下采用以市场为导向的竞争机制,但必要时毫不顾忌、毫不犹豫地以公民为导向的公共利益干预(Feintuck and Varney,2006:269)。

有关最低工资等具有社会意义和政治意义的报道很难转化为引人入胜的新闻报道,因为这样的报道需要花费很长的时间来制作,远远超过了广播公司规定的2分钟上限。在记者解释人们对最低工资采取不同立场的理由时,你很可能会换台到特纳经典电影频道(Kerbel,2000:79)。一项对英国地面电视频道国际真实题材类节目的研究发现,"硬性的"真实题材的国际节目所占比例持续很低,冲突和灾难、政治发展、环境和人权类节目加起来占全部节目数量的10%。在大多数频道中，关于旅游和野生动物等“软性的”节目占主导地位。英国最流行的独立电视第一频道（ITV1），其真实题材节目中的软性节目占了90%，在英国广播公司的频道中，软性节目占了72%（Seymour and Barnett，2006：10）。

在过去，流行事物和优质事物之间的矛盾似乎没有那么严重，伟大的作家执笔进步的创作是一项传统。在法国，记者通常视自己为作家，许多著名的文学人物，如巴尔扎克（Balzac）和埃米尔·左拉（Emile Zola）通过大众报纸吸引更多的读者。英国的查尔斯·狄更斯（Charles Dickens）是一名记者，曾在公开表演中朗诵他的小说（Campbell，2000）。印度的著名作家普列姆昌德（Premchand），一生的大部分时
175 间都在写报纸文章，像《鼓手》（*Drum*）这样的泛非洲主义杂志在建立泛非跨民族主义方面发挥了重要作用（Odhiambo，2006）。从甘地到孙中山，从列宁到毛泽东，从马克思到马克·吐温，在过去不同时期，政治新闻一直是人类进步的核心，有人认为在多媒体、多模式和多声音传播的时代，政治新闻将不复存在，无法对公共话语施加影响，这种观点是无法令人信服的。我们有理由保持乐观，在19世纪中期，世界上只有大约10%的成年人能够阅读或写作，根据联合国教科文组织的数据，到2000年，超过80%的人具备基本的阅读和写作技能。全球识字率从1950年的56%上升到2000年的82%。然而，当时全世界仍有7亿多人是文盲（UNESCO，2006b）。

据英国广播公司报道，正因为广播是一种公共产品，所以可以在世界上创造集体价值。但传统市场对广播、国防或清洁空气等公共产品利用得并不好。为了有效地向受益人群即全体人口提供服务，我们需要对公共物品进行公共干预（BBC，2004b：7）。在20世纪90年代末，知识分子和决策者在一次引人瞩目的国际会议上提出了“全球公共产品”的理念（Kaul et al，1999）。他们将全球公共产品分为三类：天然的全球公共产品，如臭氧层或稳定的气候；人造的全球公共资源，如科学和实用知识、原则和规范，世界共同文化遗产和互联网等跨国基础设施；全球政策成果，如和平、健康和金融稳定。尽管资讯娱乐具有成为全球公共产品的潜力，但在目前的形势下，它更像是所谓的“全球公共弊病”之一，如疾病、环境退化、暴力等。比起全球公共产品人们更关注全球公共弊病，这也许就解释了为什么国家和国际政策议程往往只关注减少弊端，而不关注生产产品（ibid：456）。

一些人发起了创建全球“知识共享区”的运动，在共享区里，有免费获取知识的保障（Lessig，2004）。联合国教科文组织在2005年公布了《保护和促进文化表现形式多样性公约》，建议设立国际文化多样性基金。然而，如何筹措这些伟大设想所需的资金呢？联合国教科文组织世界文化与发展委员会建议无线电波和太空空间应成为“全球公共空间”的一部分，它是全人类的一项集体资产，因此，地方性或国际性的商业卫星使用全球公共空间的收益应支付“财产权”，从而为更加多元化的媒体系统提供资金保障。新的收入可以用于投资国际传播中非传统性的节目 176
（UNESCO，1995：278）。联合国开发计划署建议通过互联网数据传输征收“比特税”。据估计，如果对每100封长电子邮件征收1美分的税，每年将产生700多亿美元的税收（UNDP，1999）。全球公民社会团体提议引入所谓的托宾税（Tobin Tax），对短期货币投机行为征税，并由联合国进行管理。

英国国际发展部（DFID）委托英国电视台对发展中国家的新闻报道做了一份报告，在报告中提出了一个更为温和的建议，建议高级执行编辑创建具有全球视角的电影实验股，并鼓励开展培训研讨会和跨渠道举措，来自不同渠道的委员在其中讨论全球议程，并为促进英国节目制作人到发展中国家从事电视、电影行业工作，设置一项奖金（DFID，2000，176）。这些平淡无奇的媒体改革提案并没有以任何方式质疑和纠正全球资讯娱乐集团的权力，许多其他西方政府、多边组织和非政府部门的媒体援助计划也在效仿这些提案，专业的宗教学院的教授飞往世界各地，培训记者如何运营新自由主义媒体。此类培训课程和研讨会的职责是将有关媒体所有权和控制权的基本结构性问题边缘化，支持狭义的新闻惯例。归根结底，谁拥有传播手段是最重要的。以美国为背景，贝克（Baker）指出，媒体集中可能不利于民主，而只有在公共领域更民主地分配传播权力，防止媒体滥用权力，在这样的制度保障下，民主才能蓬勃发展。他认为，民主意味着在公共话语中尽可能广泛地分散权力，这是传播权力的民主分配原则。当这一原则应用于媒体所有权时，在结构上可以合理地解释为除非有其他情况，否则需最大限度地分散媒体所有权（Baker，2007：7，italics in the original）。

》不断变化的全球电视新闻景观

媒体所有权可能是集中的，但电视新闻肯定是多样化的。半岛电视台英语频道(Al-Jazeera English)大胆宣称将设置新闻议程，从表面上看，该议程的主要目的
177 是获取来自发展中国家的独家新闻。法国24小时电视台有助于在全球议程上传播更多的有关非洲和阿拉伯世界的新闻。尽管今日俄罗斯电视台(Russia Today)和中国中央电视台第九频道(CCTV－9)重点关注礼仪新闻，但是它们对国际问题的报道也有不同的角度。跨国媒体公司与印度电视新闻运营公司之间成立越来越多的合资企业，如时代在线频道(Times Now)和时事新闻英语频道(CNN－IBN)的合作，将给新兴的全球资讯娱乐领域带来多元化的视角。

这些发展可以缓解全球新闻流动的失衡状态，这是20世纪70年代联合国教科文组织发起的讨论的一部分，也是建立新世界信息与传播秩序(NWICO)的需求的一部分(Boyd Barrett 和 Thusu，1992)。在新自由主义媒介环境下，所谓的“发展新闻”(Development Journalism)是指调查新闻事件背后的发展，而不仅仅是报道新闻事件本身，这种新闻因无法满足市场的需求而被淘汰。在20世纪70年代末，联合国教科文组织发起了促进发展中国家传播机制的倡议，但在很大程度上未能对全球乃至地区的新闻议程产生重大影响。不结盟国家通讯社等机构旨在促进不结盟国家之间的新闻传播，但其新闻缺乏可信度，而总部设在罗马的国际新闻通讯社(IPS)等明确关注发展中国家的通讯社，机构自身还无法实现商业化运作，只能依靠多边国际组织及联合国机构的资金(Boyd－Barrett and Thussu，1992；Thussu，2000b)。

然而时至今日，与发展有关的问题同新世界信息与传播秩序辩论期间一样，仍然非常紧迫。吉特林(Gitlin)认为，面对可以避免的暴力、疾病、压迫和其他全球问题，人们有必要担心媒体付出昂贵的公共成本、分散公共义务、产生自满情绪、麻痹大意，并为寡头们谋取利益(Gitlin，2002：120)。1998年的著名好莱坞电影《楚门的世界》(*The Truman Show*)，里面的男主人公从未意识到他是一个电视真人秀节

目的主角，这部电影是一部有关虚假意识的寓言，当代资讯娱乐世界的这种麻醉和幻觉是否与电影中的体验相类似？当西方沉迷于消费主义时，在新自由帝国主义的接收端的发展中国家，大众媒体正创造着新的认知水平。英国最著名的电视记者之一，第四频道新闻主播琼恩·斯诺（Jon Snow）指出了这一悖论，发达国家的媒体娴熟地对抗恐怖主义，让发达国家中的居民除了《流行偶像》（*Pop Idol*）、《急诊室故事》（*ER*）和《伦敦东区人》（*East Enders*）外，对外界一无所知。人们接触、传播 178
信息的技术能力不断增长，而我们的视野缩小到肥皂剧、体育和丑闻。我们的世界在缩小，而他们的世界在扩大。这种鸡尾酒式的混合体真是爆炸性的（Snow，2004：377）。除了新闻快讯、名人趣事和电视真人秀，真实的世界里还有充满死亡和毁灭性的大屠杀，2003 年后的伊拉克尤其如此，这是迄今为止后果最严重的新自由帝国主义的冒险。自从 2003 年伊拉克被入侵以来，已有 50 万名伊拉克人民死亡，此外，联合国人类发展指数排行榜显示，伊拉克的排名已从 1990 年的值得称赞的第 50 名急剧下滑到 2002 年的第 126 名，其崩溃程度是其他国家无法比拟的。从 2003 年起，它甚至无法在排行榜中出现，因为每天对无辜的伊拉克人民的屠杀已被常规化，以至于这样的事件已不再是新闻。

电视新闻往往是转瞬即逝的，有时是虚假的，因借鉴了运动图像世界的规律，因此电视新闻具有很强的表演成分，可以唤起强烈的情感。2003 年由沃尔夫冈·贝克（Wolfgang Becker）联合编写并导演的德国故事片《再见，列宁》（*Goodbye Lenin*）采用了黑色喜剧的方式，非常巧妙地展示了当画外音被改变以适应某一事件的特定解读时，电影是如何从根本上改变其含义的。在这种情况下，东德作为一个独立的国家走向结束，这使得电视新闻的问题成为一种现象，它所塑造的形象并不一定符合社会现实。

联合国在 2006 年发布的《人类发展报告》给出了一个发人深省的解读：占发展中国家一半人口的 26 亿人无法获得基本的卫生服务，有 11 亿人无法获得每天约 5 升的最低量的清洁的水，这些水是富裕国家平均每天冲厕用水量的十分之一，欧洲人每天用水超过 200 升，美国人每天用水超过 400 升。每年约有 180 万名儿童的死因是卫生条件差引起的腹泻和其他疾病（UNDP，2006：5－6）。2006 年，美国宠物的年度支出超过 380 亿美元，超过了为地球上每个公民提供清洁饮用水和基本卫生设施的总成本。

水资源短缺等内容并不能满足资讯娱乐市场，而关于宠物的内容却可以，可爱的宠物会引起人们的兴趣，最重要的是，它们在电视上看起来很漂亮。为何美国电
179 视模式如此受欢迎？最好的回答就是系列动画片《辛普森一家》(*the Simpsons*)，该片由福克斯电视网(Fox Network)制作，内容有趣且极具颠覆性，因此取得了巨大的成功。这部动画片经常对福克斯电视网冷嘲热讽，有时甚至嘲弄其老板鲁珀特·默多克。其中有一集很有趣，丽莎·辛普森为完成学校项目，制作一个电视新闻简报。她忠实于自己的性格，试图制作一个严肃、认真的新闻报道节目，这让包括她老师在内的其他人感到懊恼。她的哥哥巴特·辛普森则明显务实得多，很早就掌握了资讯娱乐节目的精髓，制作了一个完全不同的新闻报道，内容既低俗又耸人听闻。他采用奇特的手法获得巨大的成功，与全球资讯娱乐节目并没有什么不同。

参考文献

Adorno, Theodor (1991) *The Cultural Industry: Selected Essays on Mass Culture.* London: Routledge.

AFP (2005) France enters 'battle of the images' with 'French CNN', Agence France-Presse: Paris, November 30.

Al-Rehaief, Mohammed Odeh and Coplon, Jeff (2003) *Because Each Life is Precious.* New York: HarperCollins.

Ali, Saadat (2006) It's Getting Crowded in Here, *BusinessWorld,* May 22.

Ali, Tariq (2003) *Bush in Babylon: The Recolonization of Iraq.* London: Verso.

Althusser, Louis (1971) *Lenin and Philosophy and Other Essays.* London: New Left Books.

Anderson, Bonnie (2004) *News Flash: Journalism, Infotainment and the Bottom-Line Business of Broadcast News.* New York: Jossey-Bass.

Andrews, David (2003) Sport and the Transnationalizing Media Corporation, *Journal of Media Economics,* 16(4): 235–252.

Andrejevic, Mark (2003) *Reality TV: The Work of Being Watched.* Maryland, MA: Rowman & Littlefield.

Aneesh, Aneesh (2006) *Virtual Migration: The Programming of Globalization.* Durham, NC: Duke University Press.

APTN website (2007) http://www.aptn.com

Arden, John Boghosian (2003) *America's Meltdown: The Lowest-Common-Denominator Society.* Westport, CT: Praeger/Greenwood.

Arnett, Peter (1994) *Live from the Battlefield.* London: Bloomsbury.

Arvidsson, Adam (2003) *Marketing Modernity: Italian Advertising from Fascism to Postmodernity.* New York: Routledge.

Asen, Robert and Brouwer, Daniel (eds) (2001) *Counterpublics and the State.* Albany, NY: State University Press of New York.

Atton, Chris (2005) *An Alternative Internet: Radical Media, Politics and Creativity.* Edinburgh: Edinburgh University Press.

Auletta, Ken (2003) *Backstory: Inside the Business of News.* New York: Penguin.

Ayish, Mohammed (2002) Political Communication on Arab World Television: Evolving Patterns, *Political Communication,* 19: 137–154.

Bacevich, Andrew (2002) *American Empire: The Realities and Consequences of US Diplomacy.* Cambridge, MA: Harvard University Press.

Bagdikian, Ben (2004) *The New Media Monopoly,* seventh edition. Boston, MA: Beacon Press.

Bahal, Aniruddha (2006) The lens with bite, *Outlook,* 16 October.

Baker, C. Edwin (2002) *Media, Markets, and Democracy.* Cambridge: Cambridge University Press.
Baker, C. Edwin (2007) *Media Concentration and Democracy: Why Ownership Matters.* Cambridge: Cambridge University Press.
Bandurski, David (2006) China's Yellow Journalism, *Far Eastern Economic Review,* June.
Banerjee, Indrajit and Seneviratne, Kalinga (eds) (2006) *Public Service Broadcasting in the Age of Globalization.* Singapore: Asian Media Information and Communication Centre.
Bardhan, Pranab, Bowles, Samuel and Wallerstein, Michael (eds) (2006) *Globalization and Egalitarian Redistribution.* Princeton, NJ: Princeton University Press.
Barker, Chris (1997) *Global Television.* Oxford: Blackwell.
Barkin, Steve (2002) *American Television News: The Media Marketplace and the Public Interest.* New York: M.E. Sharpe.
Barnes, Sandra (2005) Global Flows: Terror, Oil, and Strategic Philanthropy, *African Studies Review,* 48(1): 1–22.
Baudrillard, Jean (1994) *The Illusion of the End.* Cambridge: Polity.
Baudrillard, Jean (1995) *The Gulf War Did Not Take Place.* Bloomington: Indiana University Press.
Baum, Matthew (2003) *Soft News Goes to War: Public Opinion and American Foreign Policy in the New Media Age.* Princeton, NJ: Princeton University Press.
Baum, Matthew (2005) Talking the vote: Why presidential candidates hit the talk show circuit, *American Journal of Political Science,* 49: 213–234.
Baumgartner, Jody and Morris, Jonathan (2006) *The Daily Show* Effect: Candidate Evaluations, Efficacy, and American Youth, *American Politics Research,* 34(3): 341–367.
Baym, Geoffrey (2005) *The Daily Show:* Discursive Integration and the Reinvention of Political Journalism, *Political Communication,* 22(3): 259–276.
Bazalgette, Peter (2005) *Billion Dollar Game.* London: Time Warner Books.
BBC (2003) War Spin, BBC 2, *Correspondent,* May 18.
BBC (2004a) *The Power of Nightmares,* BBC October 2, 20, 27 and November 3.
BBC (2004b) *Building Public Value: Renewing the BBC for a Digital World.* London: British Broadcasting Corporation.
Bek, Mine Gencel (2004) Tabloidization of News Media: An Analysis of Television News in Turkey, *European Journal of Communication,* 19(3): 371–386.
Bellos, Alex (2001) Real Life TV Drama Enthrals Brazil, the *Guardian,* August 31, p.13.
Bennett, Lance (2003a) *News: The Politics of Illusion,* fifth edition. New York: Addison Wesley Longman.
Bennett, Lance (2003b) New Media Power: the Internet and Global Activism, in Nick Couldry and James Curran (eds) *Contesting Media Power: Alternative Media in a Networked World.* Lanham, MA: Rowman & Littlefield. pp.
Bennett, Lance, Pickard, Victor, Iozzi, David, Schroeder Carl, Lagos, Taso and Caswell, Evans (2004) Managing the Public Sphere: Journalistic Construction of the Great Globalization Debate, *Journal of Communication,* 54(3): 437–455.
Bennett, Lance, Lawrence, Regina and Livingston, Steven (2006) None Dare Call It Torture: Indexing and the Limits of Press Independence in the Abu Ghraib Scandal, *Journal of Communication,* 56: 467–485.
Berger, Guy (2000) Grave New World? Democratic Journalism Enters the Global Twenty-first Century, *Journalism Studies* 1(1): 81–100.

Berlin, Isaiah (1969) *Four Essays on Liberty.* Oxford: Oxford University Press.
Bernhard, Nancy (1999) *US Television News and Cold War Propaganda 1947–1960.* Cambridge: Cambridge University Press.
Bernstein, Carl (1992) The Idiot Culture, *The New Republic,* June 8, 22–28.
Bernstein, Paula (2001) TV Veteran Takes First Steps to Revive CNN, *Variety,* July 1.
Berridge, Victoria (1978) Popular Sunday Papers and Mid-Victorian Society in G. Boyce, J. Curran and P. Wingate (eds) *Newspaper History from the Seventeenth Century to the Present Day.* London: Constable.
Betting, Ronald and Hall, Jeanne Lynn (2003) *Big Media, Big Money.* Lanham, MA: Rowman & Littlefield.
Bhatia, Michael (2005) Fighting Words: Naming Terrorists, Bandits, Rebels and Other Violent Actors, *Third World Quarterly,* 26(1): 5–22.
Biao, Xiang (2006) *Global 'Body Shopping': An Indian Labor System in the Information Technology Industry.* Princeton, NJ: Princeton University Press.
Bignell, Jonathan (2005) *Big Brother: Reality TV in the Twenty-first Century.* London: Palgrave.
Bishop, Ronald (2004) The Accidental Journalist: Shifting Professional Boundaries in the Wake of Leonardo DiCaprio's Interview with Former President Clinton, *Journalism Studies,* 5(1): 31–43.
Blinken, Antony (2002) Winning the War of Ideas, *The Washington Quarterly,* 25(2): 101–114.
Bloomberg website (2007) www.bloomberg.com
Blumler, Jay and Kavanagh, Dennis (1999) The Third Age of Political Communication: Influences and Features, *Political Communication,* 16: 209–230.
Bonnell, Victoria and Freidin, Gregory (1995) *Televorot* – the role of television coverage in Russia's August 1991 coup, in Nancy Condee (ed.) *Soviet Hieroglyphics: Visual Culture in Late-twentieth Century Russia.* Bloomington: Indiana University Press.
Boorstin, Daniel (1971 [1961]) *The Image: A Guide to Pseudo-events in America.* New York: Atheneum.
Born, Georgina (2004) *Uncertain Vision: Birt, Dyke and the Reinvention of the BBC.* London: Secker and Warburg.
Bose, Jaideep (2007) India Poised: Make 2007 the year of India. *Times of India,* January 1.
Bourdieu, Pierre (1998) *On Television and Journalism.* London: Pluto Press.
Boyd-Barrett, Oliver (1998) Media Imperialism Reformulated, in Daya Kishan Thussu (ed.) *Electronic Empires: Global Media and Local Resistance.* London: Arnold.
Boyd-Barrett, Oliver (2004) Understanding the Second Casualty, in Stuart Allan and Barbie Zelizer (eds) *Reporting War.* London: Routledge.
Boyd-Barrett, Oliver and Rantanen, Terhi (eds) (1998) *The Globalization of News.* London: Sage.
Boyd-Barrett, Oliver and Thussu, Daya Kishan (1992) *ContraFlow in Global News.* London: John Libbey/UNESCO.
Braman, Sandra (ed.) (2004) *The Emergent Global Information Policy Regime.* Basingstoke: Palgrave.
Braman, Sandra (2006) *Change of State: Information, Policy and Power.* New Haven, CT: Yale University Press.

Brantlinger, Patrick (1985) *Bread & Circuses: Theories of Mass Culture as Social Decay.* London: Cornell University Press.
Brants, Kees (1998) Who's Afraid of Infotainment?, *European Journal of Communication,* 13(3): 315–336.
Brenton, Sam and Cohen, Reuben (2003) *Shooting People: Adventures in Reality TV.* London: Verso.
Bresnahan, Rosalind (2003) The Media and the Neoliberal Transition in Chile Democratic Promise Unfulfilled, *Latin American Perspectives,* 30(6): 39–68.
Brown, Clyde, Waltzer, Herbert and Waltzer, Miriam (2001) Daring to Be Heard: Advertorials by Organized Interests on the Op-Ed Page of *The New York Times,* 1985–1998, *Political Communication,* 18: 23–50.
Bruce, Iain (2005) Venezuela sets up 'CNN rival', *BBC News,* 28 June.
Buckingham, David and Scanlon, Margaret (2005) Selling Learning: Towards a Political Economy of Edutainment Media, *Media, Culture & Society* 27(1): 41–58.
Burke, Jason (2004) *Al-Qaeda: The True Story of Radical Islam.* London: Penguin.
Burston, Jonathan (2003) War and the Entertainment Industries: New Research Priorities in an Era of Cyber-Patriotism, in Daya Kishan Thussu and Des Freedman (eds) *War and the Media: Reporting Conflict 24/7.* London: Sage.
Butcher, Melissa (2003) *Transnational Television, Cultural Identity and Change: When STAR Came to India.* New Delhi: Sage.
Calabrese, Andrew (2005a) The Trade in Television News, in Janet Wasko (ed.) *A Companion to Television.* Oxford: Blackwell.
Calabrese, Andrew (2005b) Casus Belli: US Media and the Justification of the Iraq War, *Television & New Media,* 6(2): 153–175.
Campbell, Kate (ed.) (2000) *Journalism, Literature and Modernity: From Hazlitt to Modernism.* Edinburgh: Edinburgh University Press.
Cappella, Joseph and Jamieson, Kathleen Hall (1997) *The Spiral of Cynicism: The Press and the Public Good.* New York: Oxford University Press.
Carey, James (1992) *The Intellectuals and the Masses.* London: Penguin.
Carey, James (1993) The Mass Media and Democracy: Between the Modern and Post-Modern, *Journal of International Affairs,* 47:1–21.
Carlin, Dan (2006) CNN, BBC, Al Jazeera ... and France 24?, *BusinessWeek,* December 4.
Carroll, Rory (2002) Newsnight Italian Style, the *Guardian,* February 25, Media section, p.6.
Castells, Manuel (2004) *The Information Age: Economy, Society and Culture,* vol. 2: *The Power of Identity,* second edition. Oxford: Blackwell.
Castells, Manuel, Qiu, Jack Linchuan, Fernandez-Ardevol, Mireia and Sey, Araba (2006) *Mobile Communication and Society: A Global Perspective.* New Haven, CT: Yale University Press.
Caves, Richard (2005) *Switching Channels: Organization and Change in TV Broadcasting.* Cambridge, MA: Harvard University Press.
Center for Media and Democracy (2006) *Fake TV News: Widespread and Undisclosed.* April 6, Center for Media and Democracy, Madison. Available at www.prwatch.org
Chakravartty, Paula and Sarikakis, Katharine (2006) *Media Policy and Globalization.* Edinburgh: Edinburgh University Press.
Chalaby, Jean (ed.) (2005) *Transnational Television Worldwide: Towards a New Media Order.* London: I. B. Tauris.

Chan, Joseph Man (2003) Administrative Boundaries and Media Marketization: A Comparative Analysis of the Newspaper, TV and Internet Markets in China, in C.C. Lee (ed.) *Chinese Media, Global Contexts.* London: Routledge. pp. 159–76

Channel 4 News (2005) Special report on Iraq by Dr Ali Fadhil, May 11.

Channel 4 TV (2002) 'The House of War', *True Stories.* London: Channel 4 Television, 4 July.

Channel 4 TV (2005) I'll Do Anything to Get on TV. April.

Chapman, Jane (2005) *Comparative Media History.* Oxford: Polity.

Chomsky, Noam (2003) *Hegemony or Survival: America's Quest for Global Dominance.* New York: Metropolitan Books.

Chrisafis, Angelique (2006) The News Through French Eyes: Chirac TV Takes on 'Anglo-Saxon Imperialism', the *Guardian,* December 6.

Cirincione, Joseph, Tuchman Mathews, Jessica and Perkovich, George, with Orton, Alexis (2004) *WMD in Iraq: Evidence and Implications.* Wasingdon: Carnegie Endowment for International Peace.

Clausen, Lisbeth (2004) Localizing the Global: 'Domestication' Processes in International News Production, *Media, Culture & Society,* 26(1): 25–44.

CNN website (2007) http://www.cnn.com.

Cohen, Eliot (2004) History and the Hyperpower, *Foreign Affairs,* 83(4): 49–63.

Cohen-Almagor, Raphael (2002) Responsibility and Ethics in the Canadian Media: Some Basic Concerns, *Journal of Mass Media Ethics,* 17(1): 35–52.

Collins, Scott (2004) *Crazy Like a Fox: The Inside Story of How Fox News Beat CNN.* New York: Portfolio.

Columbia Journalism Review (1998) The Erosion of Values: A Debate among Journalists over how to cope, *Columbia Journalism Review,* March/April, 44–47.

Connolly, Kate (2007) It's Only a Wargame! Arabs Reject US Army Bit-part, the *Guardian,* March 5, p.16.

Cooper, Nicola J. (2006) The French Foreign Legion: Forging Transnational Identities and Meanings, *French Cultural Studies,* 17(3): 269–284.

Cooper, Robert (2003) *The Breaking of Nations: Order and Chaos in the Twenty-First Century.* New York: Atlantic Books.

Corner, John (2002) Performing the Real: Documentary Diversions, *Television and New Media,* 3(3): 283–293.

Corner, John and Pels, Dick (eds) (2003) *Media and the Restyling of Politics: Consumerism, Celebrity and Cynicism.* London: Sage.

Cottle, Simon (2006) *Mediatized Conflict.* Maidenhead: Open University Press.

Council of Europe (2004) *Transnational Media Concentrations in Europe.* Report prepared for the Council of Europe Steering Committee on the Mass Media. Media Division, Directorate General of Human Rights: Strasbourg, November.

Crampton, Andrew and Power, Marcus (2005) Frames of Reference on the Geopolitical Stage: *Saving Private Ryan* and the Second World War/Second Gulf War Intertext, *Geopolitics,* 10(2): 244–265.

Crawley, Melissa (2006) *Mr Sorkin Goes to Washington: Shaping the President on Television's the 'West Wing'.* Jefferson, NC: McFarland & Company.

Credit Suisse (2006) *Opportunities for Hollywood in Bollywood: India Media and Entertainment Tour,* Equity Research December 1.

Croteau, David and Hynes, William (2005) *The Business of Media: Corporate Media and the Public Interest,* second edition. London: Sage.

Crumley, Bruce (2000) Full-Screen Press: French Television Program *Arrêt sur Images* Entertains Audiences by Taking the Media to Task, *Time,* December 4.
Culf, Andrew (1997) Here is the News: Read by Vic Reeves, the *Guardian,* July 22 p. 1.
Curran, James (2002) *Media and Power.* London: Routledge.
Curran, James (2003) Global Journalism: A Case Study of the Internet, in Nick Couldry and James Curran (eds) *Contesting Media Power: Alternative Media in a Networked World.* Lanham, MA: Rowman & Littlefield.
Curran, James (2004) The rise of the Westminster School, in Andrew Calabrese and Colin Sparks (eds) *Towards a Political Economy of Culture.* Lanham, MA: Rowman & Littlefield.
Curtis, Perry (2001) *Jack the Ripper and the London Press.* New Haven, CT: Yale University Press.
Daalder, Ivo and Goldgeier, James (2006) Global NATO, *Foreign Affairs,* September/October.
Dahlgren, Peter (2005) The Internet, Public Spheres, and Political Communication: Dispersion and Deliberation, *Political Communication,* 22: 147–162.
Davis, Aeron (2002) *Public Relations Democracy: Public Relations, Politics and the Mass Media in Britain.* Manchester: Manchester University Press.
Dean, Jodi (2002) *Publicity's Secret: How Technoculture Capitalizes on Democracy.* Ithaca, NY: Cornell University Press.
DeBord, Guy (1977) *The Society of the Spectacle.* Detroit: Red and Black. First published in 1967 as *La societe du spetacle* by Buchet-Chastel, Paris.
Delli Carpini, Michael and Williams, Bruce (2001) Let us Infotain You: Politics in the New Media Environment, in W. Lance Bennett and Robert Entman (eds) *Mediated Politics: Communication in the Future of Democracy.* Cambridge: Cambridge University Press.
Der Derian, James (2001) *Virtuous War: Mapping the military-industrial-media entertainment network.* Boulder, CO: Westview.
Der Derian, James (2005) Imaging Terror: Logos, Pathos and Ethos, *Third World Quarterly,* 26(1): 23–37.
Desai, Meghnad (2006) *Rethinking Islamism: The Ideology of the New Terror.* London: I.B. Taurus.
Devine, Marie (2002) Case against Fortuyn Suspect Unfolds on Live TV, The *Independent,* August 10, p.10.
DFID (2000) *Viewing the World: A Study of British Television Coverage of Developing Countries.* London: The Department for International Development.
Dicken, Peter (1998) *Global Shift: Transforming the World Economy,* third edition, London: Sage.
Donnelly, Thomas; Kagan, Donald and Schmitt, Gary (2000) *Rebuilding America's Defenses.* Washington, DC: The Project for a New American Century.
Donovan, Robert and Scherer, Ray (1992) *Unsilent Revolution: Television News and American Public Life, 1948-1991.* New York: Cambridge University Press.
Dorner, Andreas (2001) *Politainment.* Frankfurt: Suhrkamp.
Dovey, Jon and Kennedy, Helen (2006) *Game Cultures: Computer Games as New Media.* Maidenhead: Open University Press.
Downie, Leonard and Kaiser, Robert (2002) *The News About the News: American Journalism in Peril.* New York: Knopf.
Downing, John (2001) *Radical Media: Rebellious Communication and Social Movements.* Thousand Oaks, CA: Sage.

Doyle, Gillian (2006) Financial News Journalism: A Post-Enron Analysis of Approaches Towards Economic and Financial News Production in the UK, *Journalism,* 7(4): 433–452.

Drezner, Daniel (2007) *All Politics is Global: Explaining International Regulatory Regimes.* Princeton, NJ: Princeton University Press.

Dutt, Barkha (2006) 24/7 Channels: India, in a Minute, *Outlook,* 16 October.

Ellul, Jacques (1965) *Propaganda: The Formation of Men's Attitudes. New York:* Knopf. Originally published in French as *Propagandes* in 1962.

Engel, Matthew (1996) *Tickle the Public: One Hundred Years of the Popular Press.* London: Gollancz.

Entman, Robert M. (1998) *Democracy Without Citizen: Media and the Decay of American Politics.* New York: Oxford University Press.

Entman, Robert (2003) *Projections of Power: Framing News, Public Opinion, and US Foreign Policy.* Chicago: University of Chicago Press.

Esser, Frank and Pfetsch, Barbara (eds) (2004) *Comparing Political Communication: Theories, Cases and Challenges.* Cambridge: Cambridge University Press.

Farnsworth, Stephen and Lichter, Robert (2006) *The Nightly News Nightmare Television's Coverage of US Presidential Elections, 1988–2004,* second edition. Lanham, MA: Rowman & Littlefield.

Feintuck, Mike and Varney, Mike (2006) *Media Regulation, Public Interest and the Law,* second edition. Edinburgh: Edinburgh University Press.

Fenton, Tom (2005) *Bad News: The Decline of Reporting, the Business of News, and the Danger to us All.* New York: HarperCollins.

Ferguson, Marjorie (1992) The Mythologies about Globalization, *European Journal of Communication,* (7): 69–93.

Ferguson, Niall (2004) *Colossus: The Price of America's Empire.* London: Penguin.

FICCI (2004) *The Indian Entertainment Industry: Emerging Trends and Opportunities.* Federation of Indian Chambers of Commerce and Industry in association with Mumbai: Ernst & Young.

FICCI (2007) *Indian Entertainement and Media Industry: a Growth Story Unfolds,* prepared by PricewaterhouseCoopers. Mumbai: Federation of Indian Chamber of Commerce and Industry.

Flournoy, Don and Stewart, Robert (1997) *CNN: Making News in the Global Market.* Luton: University of Luton Press.

Franklin, Bob (1997) *Newszak and News Media.* London: Arnold.

Franklin, Bob (2004) *Packaging Politics: Political Communication in Britain's Media Democracy,* second edition. London: Arnold.

Frau-Meigs, Divina (2006) *Big Brother* and Reality TV in Europe: Towards a Theory of Situated Acculturation by the Media, *European Journal of Communication,* 21(1): 33–56.

Freedman, Des (2006) Dynamics of Power in Contemporary Media Policy-making, *Media, Culture & Society,* 28(6): 907–923.

Freedman, Samuel (2002) A Cork Pops, People Duck and Israel Laughs, *The New York Times,* June 30.

Friedman, James (ed.) (2002) *Reality Squared: Televisual Discourse on the Real.* New Brunswick, NJ: Rutgers University Press.

Friedman, Paul (2003) The War on TV: A Missed Opportunity, *Columbia Journalism Review* 3: May/June. Available at: www.cjr.org

Friel, Howard and Falk, Richard (2004) *The Record of the Paper: How the* New York Times *Misreports US Foreign Policy.* London: Verso.

Fürsich, Elfriede (2003) Between Credibility and Commodification: Nonfiction Entertainment as a Global Media Genre, *International Journal of Cultural Studies,* 6(2): 131–153.

Galbraith, John Kenneth (2004) *The Economics of Innocent Fraud: Truth For Our Time.* New York: Houghton Mifflin.

Galperin, Hernan (2004) *New Television, Old Politics: The Transition to Digital TV in the United States and Britain.* Cambridge: Cambridge University Press.

Garcia Canclini, Nestor (2001) *Citizens and Consumers.* Minneapolis: University of Minnesota Press.

Garnham, Nicholas (1996) The Media and the Public Sphere, in Craig Calhoun (ed.) *Habermas and the Public Sphere.* Cambridge, MA: MIT Press.

Garnham, Nicholas (2000) *Emancipation, the Media and Modernity.* Oxford: Oxford University Press.

Geradin, Damien and Luff, David (eds) (2004) *The WTO and Global Convergence in Telecommunications and Audio-visual Services.* Cambridge: Cambridge University Press.

Gershon, Richard (1997) *The Transnational Media Corporation: Global Messages and Free Market Competition.* Mahwah, NJ: Lawrence Erlbaum.

Gershon, Richard (2005) The Transnationals: Media Corporations, International TV Trade and Entertainment Flows, in Anne Cooper-Chen (ed.) *Global Entertainment Media: Content, Audiences, Issues.* Mahwah, NJ: Lawrence Erlbaum.

Gibson, Owen (2005) Fans Mourn End of Ozzy's Family TV Triumph, the *Guardian,* April 18.

Ginsborg, Paul (2004) *Silvio Berlusconi: Television, Power, and Patrimony.* New York: Verso.

Gitlin, Todd (2002) *Media Unlimited: How the Torrents of Images and Sounds Overwhelms Our Lives.* New York: Metropolitan Books.

GlobeScan website (2007) http://www.globescan.com

Go, Julian (2007) Waves of Empire: US Hegemony and Imperialistic Activity from the Shores of Tripoli to Iraq, 1787–2003, *International Sociology,* 22(1): 5–40.

Goddard, Peter, Corner, John and Richardson, Kay (2001) The Formation of *World in Action:* A Case Study in the History of Current Affairs Journalism, *Journalism* 2(1): 73–90.

Gott, Richard (2006) *Hugo Chávez and the Bolivarian Revolution.* London: Verso.

Graber, Doris (1994) The Infotainment Quotient in Routine Television News: A Director's Perspective, *Discourse & Society,* 5(4): 483–508.

Greenslade, Roy (2003) Their Master's Voice, the *Guardian,* 17 February, Media section, pp.1–3.

Habermas, Jürgen (2001) *The Postnational Constellation: Political Essays.* Cambridge: Polity.

Hachten, William and Scotton, James (2006) *the World News Prism: Global Information in a Satellite Age,* seventh edition. Oxford: Blackwell.

Hackett, Robert and Carroll, William (2006) *Remaking Media: The Struggle to Democratize Public Communication.* New York: Routledge.

Hackett, Robert and Zhao, Yuezhi (eds) (2005) *Democratizing Global Media: One World Many Struggles.* Lanham: Rowman & Littlefield.

Hague, Rod and Uhm, Seung-Yong (2003) Online Groups and Offline Parties Korean Politics and the Internet, in Rachel Gibson, Paul Nixon and Stephen Ward (eds) *Political Parties and the Internet: Net Gain?* New York: Routledge.

Hallin, Daniel (2000) *La nota roja:* Popular Journalism and the Transition to Democracy in Mexico, in Colin Sparks and John Tulloch (eds) *Tabloid Tales: Global Debates over Media Standards.* New York: Routledge.
Hallin, Daniel and Mancini, Poulo (2004) *Comparing Media Systems.* Cambridge: Cambridge University Press.
Hamilton, James (2003) *All the News That's Fit to Sell: How the Market Transforms Information into News.* Princeton: Princeton University Press.
Hargreaves, Ian (2003) *Journalism: Truth or Dare.* Oxford: Oxford University Press.
Hargreaves, Ian and Thomas, James (2002) *New News, Old News.* London: Independent Television Commission and Broadcasting Standards Commission.
Hart, Peter and Naureckas, Jim (2002) Fox at the Front: Will Geraldo Set the Tone for Future War Coverage? *Extra!* January/February.
Hartley, John (1999) *Uses of Television.* London: Routledge.
Harvey, David (2003) *The New Imperialism.* Oxford: Oxford University Press.
Harvey, David (2007) Neoliberalism as Creative Destruction, *The Annals of the American Academy of Political and Social Science,* 610(1): 21–44.
Hendershot, Heather (2004) *Shaking the World for Jesus: Media and Conservative Evangelical Culture.* Chicago: University of Chicago Press.
Herman, Edward and McChesney, Robert (1997) *The Global Media: The New Missionaries of Corporate Capitalism.* London: Cassell.
Hickey, Neil (2002) Access Denied: The Pentagon's War Reporting Rules are the Toughest Ever, *Columbia Journalism Review,* January/February, http://www.cjr.org/year/02/1/index.asp
Hickman, Tom (1995) *What Did you do in the War, Auntie?: The BBC at war 1939–45.* London: BBC Books.
Hill, Annette (2005) *Reality TV: Audience and Popular Factual Television.* London: Routledge.
Hobsbawm, Eric (1968) *Industry and Empire: From 1750 to the Present Day.* Harmondsworth: Penguin.
Hodgson, Martin (2007) Iran Captives Disagree Over Cashing in on their Stories, the *Guardian,* April 9.
Hoffman, David (2002) Beyond Public Diplomacy, *Foreign Affairs,* 81(2).
Hoffmann, Hilmar (1996) *The Triumph of Propaganda: Film and National Socialism 1933–1945.* Oxford: Berghahm Books.
Hogarth, David (2006) *Realer Than Reel: Global Directions in Documentary.* Austin: University of Texas Press.
Hoggart, Richard (2004) *Mass Media in a Mass Society: Myth and Reality.* London: Continuum.
Holland, Patricia (2006) *The Angry Buzz: This Week and Current Affairs Television.* London: I.B. Tauris.
Holtz-Bacha, Christina and Norris, Pippa (2001) To Entertain, Inform, and Educate: Still the Role of Public Television, *Political Communication,* 18(2): 123–140.
Horrie, Chris and Nathan, Adam (1999) *Live TV: Telly Brats and Topless Darts.* London: Simon and Schuster.
Hoskins, Colin; McFyden, Stuart and Finn, Adam (2004) *Media Economics: Applying Economics to New and Traditional Media.* London: Sage.
Hoynes, William (2003) Branding Public Service: The 'New PBS' and the Privatization of Public Television, *Television & New Media,* 4(2): 117–130.
Hozic, Aida (1999) Uncle Sam goes to Siliwood: of Landscapes, Spielberg and Hegemony, *Review of International Political Economy,* 6(3): 289–312.

Hozic, Aida (2001) *Hollyworld: Space, Power, and Fantasy in the American Economy.* Ithaca, NY: Cornell University Press.
Humphreys, Peter (1994) *Media and Media Policy in Germany,* second edition. Oxford: Berg.
Humphrys, John (1999) *Devil's Advocate.* London: Hutchinson.
IBEF (2005) *Entertainment and Media.* New Delhi: India Brand Equity Foundation. Available at www.ibef.org
Ignatieff, Michael (2003) *Empire Lite, Nation-building in Bosnia, Kosovo and Afghanistan.* London: Vintage.
IHRC (2007) *The British Media and Muslim Representation: the Ideology of Demonisation.* London: Islamic Human Rights Commission.
Illouz, Eva (2003) *Oprah Winfrey and the Glamour of Misery: An Essay on Popular Culture.* New York: Columbia University Press.
ILO (2006) *Key Indicators of the Labour Market.* Geneva: International Labour Organization.
Indiantelevision.com (2006) China's Hu remains Who for Indian TV News Channels, December.
ITU (1999) *Trends in Telecommunication Reform.* Geneva: International Telecommunication Union.
James, Harold (2006) *The Roman Predicament: How the Rules of International Order Create the Politics of Empire.* Princeton: Princeton University Press.
Jameson, Fredric (1991) *Postmodernism, or, The Cultural Logic of Late Capitalism.* London: Verso.
Jamieson, Kathleen Hall (1992) *Dirty Politics,* Oxford: Oxford University Press.
Jeanneney, Jean-Noël (2006) *Google and the Myth of Universal Knowledge: A View from Europe.* Chicago: University of Chicago Press.
Jenkins, Henry and Thorburn, David (eds) (2003) *Democracy and New Media.* New Haven: Yale University Press.
Jensen, Klaus Bruhn (1987) News as Ideology: Economic Statistics and Political Ritual in Television Network News, *Journal of Communication,* 37(1): 8–27.
Jensen, Robert (2004) September 11 and the Failures of American Intellectuals, *Communication and Critical/Cultural Studies,* 1(1): 80–88.
Johnson, Chalmers (2004) *The Sorrows of Empire: Militarism, Secrecy, and the End of the Republic.* New York: Metropolitan Books.
Jones, John (ed.) (1999) *The Advertising Business: Operations, Creativity, Media Planning, Integrated Communications.* Thousand Oaks, CA: Sage.
Jones, Jeffrey (2004) *Entertaining Politics: New Political Television and Civic Culture.* Lanham: Rowman & Littlefield.
Joshel, Sandra, Malamud, Margaret and McGuire, Donald (eds) (2005) *Imperial Projections: Ancient Rome in Modern Popular Culture.* Baltimore MD: Johns Hopkins University Press.
Jowett, Garth and O'Donnell, Victoria (1999) *Propaganda and Persuasion,* third edition. Thousand Oaks, CA: Sage.
Kala, Arvind (2007) Reforms Reduce Crime, *The Times of India,* March 15.
Kaufman, Edward (2003) A Broadcasting Strategy to Win Media Wars, in Alexander Lennon, (ed.) *The Battle for Hearts and Minds: Using Soft Power to Undermine Terrorist Networks,* Cambridge MA: MIT Press.
Kaul, Inge, Grunberg, Isabelle and Stern, Marc (eds) (1999) *Global Public Goods: International Cooperation in the 21st Century.* New York: Oxford University Press.

Kellner, Douglas (2003) *Media Spectacle.* New York: Routledge.
Kerbel, Matthew (2000) *If it Bleeds, it Leads: An Anatomy of Television News.* Boulder, CO: Westview Press.
Kerbel, Matthew and Bloom, Joel David (2005) Blog for America and Civic Involvement, *International Journal of Press/Politics,* 10(4): 3–27.
Keren, Michael (2006) *Blogosphere: The New Political Arena.* Lanham, MD: Lexington Books.
Khalaf, Roula and Ostrovsky, Arkady (2006) Russia Targets Middle East with Arabic TV Channel, *Financial Times,* June 15.
Khalidi, Rashid (2004) *Resurrecting Empire: Western Footprints and America's Perilous Path in the Middle East.* New York: Beacon Press.
Kilborn, Richard (2003) *Staging the Real: Factual TV Programming in the Age of Big Brother.* Manchester: Manchester University Press.
Kim, Eun-Gyoo and Hamilton, James (2006) Capitulation to Capital? OhmyNews as Alternative Media, *Media, Culture & Society,* 28(4): 541–560.
Kimmel, Daniel (2004) *The Fourth Network: How FOX Broke the Rules and Reinvented Television.* Chicago, IL: Ivan R. Dee.
Klvana, Tomás (2004) New Europe's Civil Society, Democracy and the Media Thirteen Years After: The Story of the Czech Republic, *Harvard Journal of Press/Politics,* 9(3):40–55.
Kohli, Vanita (2003a) *The Indian Media Business.* New Delhi: Sage.
Kohli, Vanita (2003b) The Making of India's Biggest Media House, *BusinessWorld,* June 2.
Kohli-Khandekar, Vanita (2006a) Beyond News, *BusinessWorld,* December 11.
Kohli-Khandekar, Vanita (2006b) Star India: Life Beyond Television, *BusinessWorld,* May 8.
Kohut, Andrew and Stokes, Bruce (2006) *America Against the World: How We Are Different and Why We Are Disliked.* New York: Henry Holt and Co.
Koppes, Clayton and Black, Gregory (1987) *Hollywood Goes to War: How Politics, Profits and Propaganda Shaped World War II Movies.* Berkeley: University of California Press.
Kovach, Bill and Rosenstiel, Tom (1999) *Warp Speed: America in the Age of Mixed Media.* New York: The Century Foundation Press.
Kristol, William and Kagan, Robert (2000) *Present Dangers: Crisis and Opportunity in American Foreign and Defense Policy.* San Francisco: Encounter Books.
Krugman, Paul (2003) Man on Horseback, *The New York Times,* May 6, P.31.
Kumar, Deepa (2004) War Propaganda and the (AB)uses of Women: Media Constructions of the Jessica Lynch Story, *Feminist Media Studies,* 4(3): 297–313.
Kung-Shankleman, Lucy (2000) *Inside the BBC and CNN: Managing Media Organizations.* London: Routledge.
Kunz, William (2006) *Culture Conglomerates: Consolidation in the Motion Picture and Television Industries.* Lanham, MA: Rowman & Littlefield.
Lal, Deepak (2006) *Reviving the Invisible Hand: The Case for Classical Liberalism in the Twenty-first Century.* Princeton, NJ: Princeton University Press.
Lal, Vinay (2002) *Empire of Knowledge: Culture and Plurality in the Global Economy.* London: Pluto.
Lall, Rashmee Roshan (2007) Shilpa Shetty Becomes Brand Ambassador for India, *The Times of India,* January 4.
Lash, Scott and Lury, Celia (2007) *Global Culture Industry.* Oxford: Polity.
Lasswell, Harold (1927) *Propaganda Technique in the World War.* New York: Knopf.

Lazarsfeld, Paul and Merton, Robert (1948) Mass communication, popular taste and organized social action, in L. Bryson (ed.) *The Communication of Ideas.* New York: Harper.

Lee, Chin-Chuan (2005) The Conception of Chinese Journalists – Ideological Convergence and Contestation, in Hugo de Burgh (ed.) *Making Journalists.* London: Routledge. pp. 107–126.

Lee, Chin-Chuan, He, Zhou and Huang, Yu (2006) 'Chinese Party Publicity Inc.' conglomerated: the case of the Shenzhen Press Group, *Media, Culture & Society,* 28(4): 581–602.

Lee, Paul (2005) Democracy, the Press and Civil Society in Hong Kong, in Angela Romano and Michael Bromley (eds) *Journalism and Democracy in Asia,* London: Routledge.

Lennon, Alexander (ed.) (2003) *The Battle for Hearts and Minds: Using Soft Power to Undermine Terrorist Networks.* New Haven, CT: MIT Press.

Lentini, Pete and Bakashmar, Muhammad (2007) Jihadist Beheading: A Convergence of Technology, Theology, and Teleology?, *Studies in Conflict and Terrorism,* 30(4): 303–325.

Lessig, Lawrence (2004) *Free Culture: How Big Media Uses Technology and the Law to Lock Down Culture and Control Creativity.* London: Penguin.

Lewis, Justin and Brookes, Rod (2004) How British Television News Represented the Case for War, in Stuart Allan and Barbie Zelizer (eds) *Reporting War.* London: Routledge.

Leys, Colin (2001) *Market-driven Politics: Neoliberal Democracy and the Public Interest.* London: Verso.

Li, X. (2002) 'Focus' *(Jiaodian Fangtan)* and the Changes in the Chinese Television Industry, *Journal of Contemporary China,*11(30): 17–34.

Lilleker, Darren (2006) *Key Concepts in Political Communication.* London: Sage.

Lindley, Richard (2002) *Panorama: 50 Years of Pride and Paranoia.* London: Politicos.

Lloyd, John (2004) *What the Media are Doing to Our Politics.* London: Constable.

Louw, Eric (2005) *The Media and Political Process.* London: Sage.

Lowe, Gregory and Per, Jauert (eds) (2005) *Cultural Dilemmas in Public Service Broadcasting.* Goteborg: Nordicom.

Luhmann, Niklas (2000) *The Reality of the Mass Media.* Cambridge: Polity.

Lumby, Catharine (2002) The Future of Journalism, in Stuart Cunningham and Graeme Turner (eds) *The Media and Communications in Australia.* Crows Nest, NSW: Allen & Unwin.

Lynch, Marc (2006) *Voices of the New Arab Public: Iraq, al-Jazeera, and Middle East Politics Today.* New York: Columbia University Press.

MacGregor, Brent (1997) *Live, Direct and Biased? Making Television News in the Satellite Age.* London: Arnold.

Machill, Marcel; Beiler, Markus and Fischer, Corinna (2006) Europe-Topics in Europe's Media: The Debate about the European Public Sphere: A Meta-Analysis of Media Content Analyses, *European Journal of Communication* 21(1): 57–88.

Majumdar, Boria (2006) Cricket as Entertainment, *The Times of India,* October 23.

Makri-Tsilipakou Marianthi (2004) The Reinforcement of Tellability in Greek Television Eyewitnessing, *Media, Culture & Society,* 26 (6): 841–859.

Mamdani, Mahmood (2004) *Good Muslim, Bad Muslim: America, the Cold War, and the Roots of Terror.* New York: Pantheon.

Mandelbaum, Michael (2006) *The Case for Goliath: How America Acts as the World's Government in the Twenty-First Century.* New York: PublicAffairs.

Marc, David and Thompson, Robert (2005) *Television in the Antenna Age: A Concise History.* Oxford: Blackwell.
Markovits, Andrei (2007) *Uncouth Nation: Why Europe Dislikes America.* Princeton, NJ: Princeton University Press.
Marr, Andrew (2004) *My Trade: A Short History of British Journalism.* London: Macmillan.
Marshall, Will (ed.) (2006) *With All Our Might: A Progressive Strategy for Defeating Jihadism and Defending Liberty.* Lahman, MA: Rowman & Littlefield.
Martin, Randy (2007) *An Empire of Indifference: American War and the Financial Logic of Risk Management.* Durham, NC: Duke University Press.
Marx, Karl (1970) *Selected Writings in Sociology and Social Philosophy.* Harmondsworth: Penguin.
Mathjis, Ernest, Jones, Janet, Hessells, Wouter and Verriest, Lara (eds) (2004) *Big Brother International: Critics, Format and Publics.* London: Wallflower Press.
Mattelart, Armand (1991) *Advertising International: The Privatisation of Public Space.* London: Routledge.
Mazzoleni, Gianpietro and Schulz, Winfried (1999) Mediatization of Politics: A Challenge for Democracy?, *Political Communication,* 16(3): 247–261.
Mccargo, Duncan (2002) *Media and Politics in Pacific Asia.* London: Routledge.
McCarthy, Anna (2001) *Ambient Television: Visual Culture and Public Space.* Durham, NC: Duke University Press.
McChesney, Robert (1993) *Telecommunications, Mass Media and Democracy: The Battle for the Control of US Broadcasting, 1928–1935.* New York: Oxford University Press.
McChesney, Robert (1999) *Rich Media, Poor Democracy: Communication Politics in Dubious Times.* Champaign, IL: University of Illinois Press.
McChesney, Robert (2004) *The Problem of the Media.* New York: Monthly Review Press.
McCormick, Barrett L. and Liu, Qing (2003) Globalization and the Chinese Media: Technologies, Content, Commerce and the Prospects for the Public Sphere, in Chin-Chuan Lee (ed.) *Chinese Media, Global Contexts.* New York: Routledge.
McKernan, Luke (2002) *Yesterday's News: the British Cinema Newsreel Reader.* London: British Universities' Film and Video Council.
McNair, Brian (2006) *Cultural Chaos: Journalism, News and Power in a Globalized World.* London: Routledge.
McPhail, Thomas (2006) *Global Communication: Theories, Stakeholders, and Trends,* second edition. Oxford: Blackwell.
Meehan, Eileen (2005) *Why TV is not our Fault: Television Programming, Viewers, and Who's Really in Control.* Lanham, MD: Rowman & Littlefield.
Mehta, Nalin (2006) Modi and the Camera: The Politics of Television in the 2002 Gujarat Riots, *South Asia: Journal of South Asian Studies,* 29(3): 395–414.
Meyer, Thomas and Hinchman, Lew (2002) *Media Democracy: How the Media Colonize Politics.* Oxford: Polity.
Mickiewicz, Ellen (2005) Excavating Concealed Tradeoffs: How Russians Watch the News, *Political Communication,* 22, 355–380.
Mindich, David (2005) *Tuned Out: Why Americans Under 40 Don't Follow the News.* New York: Oxford University Press.
Mishkin, Frederic (2006) *The Next Great Globalization: How Disadvantaged Nations Can Harness Their Financial Systems to Get Rich.* Princeton, NJ: Princeton University Press.

Moeller, Susan (2004) Media Coverage of Weapons of Mass Destruction. Report of the Center for International and Security Studies at Maryland. Available at http://www.cissm.umd.edu

Mooij, Marieke (1998) *Global Marketing and Advertising. Understanding Cultural Paradoxes.* London: Sage.

Moran, Albert (1998) *Copycat TV: Globalisation, Program Formats and Cultural Identity.* Luton: University of Luton Press.

Morris, Jonathan (2005) The Fox News Factor, *Harvard International Journal of Press/Politics,* 10(3): 56–79.

Mott, Frank Luther (1962) *American Journalism: A History: 1690–1960,* third edition. New York: Macmillan.

Moy, Patricia, Xenos, Michael A. and Hess, Verena K. (2005) Communication and Citizenship: Mapping the Political Effects of Infotainment, *Mass Communication & Society,* 8(2): 111–31.

Naím, Moisés (2007) The YouTube Effect, *Foreign Policy,* January/February.

National Research Council (1996) *Modeling and Simulation: Linking Entertainment and Defense.* US National Research Council. Available at http://bob.nap.edu/html/modeling

Nederveen Pieterse, Jan (2004) *Globalization or Empire?* London: Routledge.

News Corporation (2007) *Imagining the Future...Today.* Annual Report 2006: New York: News Corporation.

Ninan, Sevanti (2004) When a Soldier Returns.... *The Hindu,* September 26.

Ninan, Sevanti (2005) Reality Unplugged, *The Hindu,* February 27.

Ninan, Sevanti (2006a) A Problem of Plenty, *The Hindu,* August 13.

Ninan, Sevanti (2006b) Changing News, *The Hindu,* October 29.

Ninan, Sevanti (2007) Battles Ahead, *The Hindu,* January 7.

Noam, Eli (2004) Will Internet TV be American, in Darcy Gerbarg, Jo Groebel, and Eli Noam (eds) *Internet Television.* Mahwah, NJ: Lawrence Erlbaum.

Norris, Pippa (2000) *A Virtuous Circle: Political Communications in Post-industrial Democracies.* Cambridge: Cambridge University Press.

Nye, Joseph (2004) *Power in the Global Information Age: From Realism to Globalization.* New York: Routledge.

Nye, Joseph (2007) Softly, Softly... in *Global Voice: Britain's Future in International Broadcasting.* London: Premium Publishing.

Odhiambo, Tom (2006) Inventing Africa in the Twentieth Century: Cultural Imagination, Politics and Transnationalism in *Drum Magazine, African Studies,* 65(2): 157–74.

Ofcom (2005) *Ofcom Review of Public Service Television Broadcasting Phase 3: Competition for Quality.* London: Office of Communications.

Ofcom (2006) *Ofcom Review of Media Ownership Rules 2006.* London: Office of Communications.

Ofcom (2007) *Public Service Broadcasting: Annual Report 2007.* London: Office of Communications.

Open Society Institute (2005) *Television across Europe: Regulation, Policy and Independence.* Budapest: Open Society Institute.

Oslund, Robert and Pelton, Joseph (eds) (2004) *Communications Satellites: Global Change Agents.* Mahwah, NJ: Lawrence Erlbaum.

Ó Tuathail, Gearóid (2005) The Frustrations of Geopolitics and the Pleasures of War: *Behind Enemy Lines* and American Geopolitical Culture, *Geopolitics,* 10(2): 356–77.

Outfoxed: Rupert Murdoch's War on Journalism (2004) directed and produced by Robert Greenwald. 77 minutes. Distributed by Robert Greenwald Productions. Contact: info@outfoxed.org

Padovani, Cinzia (2004) *A Fatal Attraction: Public Television and Politics in Italy.* Lanham, MA: Rowman & Littlefield.

Padovani, Cinzia and Tracey, Michael (2003) Report on the Conditions of Public Service Broadcasting, *Television & New Media,* 4(2): 131–153.

Page, Bruce (2003) *The Murdoch Archipelago.* New York: Simon & Schuster.

Page, David and Crawley, William (2001) *Satellites Over South Asia: Broadcasting, Culture and the Public Interest.* New Delhi: Sage.

Painter, James (2007) *The Boom in Counter-hegemonic News Channels: A Case Study of Telesur,* unpublished research paper. Oxford: Reuters Institute for the Study of Journalism.

Parks, Lisa (2005) *Cultures in Orbit: Satellites and the Televisual.* Durham, NC: Duke University Press.

Pasti, Svetlana (2005) Two Generations of Contemporary Russian Journalists, *European Journal of Communication,* 20(1): 89–115.

Patterson, Thomas (2000) *Doing Well and Doing good: How Soft News and Critical Journalism are Shrinking the News Audience and Weakening Democracy – and What News Outlets Can Do About It,* 1–28, Cambridge, MA: Joan Shorenstein Center on the Press, Politics, & Public Policy.

Patterson, Thomas (2002) *The Vanishing Voter: Public Involvement in an Age of Uncertainty.* New York: Knopf.

Perlmutter, David and Golan, Guy (2005) Counter-imaging: Myth-making and Americanization in Israeli Labor Party Campaign Ads, 2003, *Visual Communication,* 4, (3): 304–332.

Peter, Jochen and de Vreese, Claes (2004) In Search of Europe: A Cross-National Comparative Study of the European Union In National Television News, *The Harvard International Journal of Press/Politics,* 9(4): 3–24.

Peters, John Durham (2003) The Subtlety of Horkheimer and Adorno: Reading 'Culture Industry', in Elihu Katz, John Durham Peters, Tamar Liebes and Avril Orlof (eds) *Canonic Texts in Media Research.* Oxford: Polity.

Petersen, Neville (1993) *News not Views: The ABC, the Press and Politics, 1932–1947.* Sydney: Hale and Iremonger.

Peterson, Peter (2002) Public Diplomacy and the War on Terrorism, *Foreign Affairs,* September/October.

Peyser, Marc (2005) Fighting the Good Fight, *Newsweek,* July 25.

Pew Research Center (2005) *US Image Up Slightly, But Still Negative: American Character Gets Mixed Reviews.* Pew Global Attitudes Project, Washington: Pew Research Center for the People and the Press. Released 23 June 2005. Available at: http://pewglobal.org/reports/display.php?ReportID=247

Pew Research Center (2006) *Conflicting Views in a Divided World 2006: How Global Publics View: Muslim-Western Relations, Global Issues, US Role in the World, Asian Rivalries.* Washington: Pew Research Center for the People and the Press.

Pfetsch, Barbara (1996) Convergence Through Privatization? Changing Media Environments and Televised Politics in Germany, *European Journal of Communication,* 11(4): 427–451.

Phoenix Experience (2006) Phoenix Corporation in-house publication, Hong Kong.

Phoenix website: http: //www.phoenixtv.com

Picard, Robert (1989) *Media Economics.* Newbury Park, CA: Sage.

Pickard, Victor (2006) United yet Autonomous: Indymedia and the Struggle to Sustain a Radical Democratic Network, *Media, Culture & Society,* 28(3): 315–336.

Plasser, Fritz (2005) From Hard to Soft News Standards? How Political Journalists in Different Media Systems Evaluate the Shifting Quality of News, *Harvard International Journal of Press/Politics* 10(2): 47–68.

Plunkett, John (2003) *Queen Victoria, First Media Monarch.* Oxford: Oxford University Press.

Poniewozik, James and Cagle, Jess (2002) That's Militainment!, *Time,* March 4.

Posen, Barry (2003) Command of the Commons: The Military Foundation of US Hegemony, *International Security,* 28(1): 5–46.

Postman, Neil (1985) *Amusing Ourselves to Death: Public Discourse in the Age of Show Business.* New York: Viking.

Price, Monroe (1999) Satellite Broadcasting as Trade Routes in the Sky, *Public Culture,* 11(2): 69–85.

Price, Monroe and Raboy, Marc (eds) (2001) *Public Service Broadcasting in Transition: A Documentary Reader.* Brussels: European Institute for the Media.

Price, Monroe and Verhulst, Stefaan (eds) (1998) *Broadcasting Reform in India: A Case Study in the Uses of Comparative Media Law.* Oxford: Oxford University Press.

PricewaterhouseCoopers (2005) *Global Entertainment and Media Outlook: 2005–2009.* London: PricewaterhouseCoopers.

Priest, Dana (2003) *The Mission: Waging War and Keeping Peace with America's Military.* New York: W.W. Norton.

Prior, Markus (2003) Any Good News in Soft News? The Impact of Soft News Preference on Political Knowledge, *Political Communication,* 20(2): 149–171.

Project for Excellence in Journalism (1998) *Changing Definitions of News,* March 6. Available at: http://www.journalism.org/resources/research/reports/

Project for Excellence in Journalism (2003) 'Jessica Lynch: Media Myth-Making in the Iraq War'. Available at: http://www.journalism.org/resources/research/reports/war/postwar/lynch.asp

Project for Excellence in Journalism (2005) *The State of the News Media 2004: An Annual Report on American Journalism.* Available at: http://www.stateofthenews-media.org/narrative_overview_intro.asp?media

Project for Excellence in Journalism (2006) *The State of the News Media: An Annual Report on American Journalism, 2006.* Available at http://stateofthemedia.org/2006

Rai, Mugdha and Cottle, Simon (2007) Global Mediations: On the Changing Ecology of Satellite Television News, *Global Media and Communication,* 3(1): 51–78.

Rajan, Nalini (ed.) (2005) *Practising Journalism: Values, Constraints, Implications.* New Delhi: Sage.

Ram, Narasimha (1990) An Independent Press and Anti-Hunger Strategies: The Indian Experience, in Jean Dreze and Amartya Sen (eds) *The Political Economy of Hunger,* Vol. I. Oxford: Clarendon Press.

Ramesh, Randeep and Jha, Sanjay (2007) India's Newspaper War Hots Up With New Tabloid Hitting Capital's Streets, the *Guardian,* February 5, p. 24.

Rampton, Sheldon and Stauber, John (2004) *Weapons of Mass Deception.* New York: Penguin.

Rantanen, Terhi (2002) *The Global and the National: Media and Communication in Post-Communist Russia.* Lanham, MA: Rowman & Littlefield.
Raslan, Karim (2000) Celebrity Government: Entertainment and Free Media will Decide our Leaders, *Asiaweek*, 26(27), July 14.
Reith, John (1924) *Broadcast Over Britain.* London: Hodder and Stoughton.
Rendall, Steve and Broughel, Tara (2003) Amplifying Officials, Squelching Dissent. *Extra*! Available at www.fair.org/extra/0305/warstudy.html
Renou, Xavier (2005) Private Military Companies Against Development, *Oxford Development Studies,* 33(1): 107–15.
Reuters TV website (2007) http://about.reuters.com/tv/tv/wns.htm
Reyntjens, Filip (2005) The Privatisation and Criminalisation of Public Space in the Geopolitics of the Great Lakes Region, *The Journal of Modern African Studies,* 43(4): 587–607.
Rieff, David (2005) *At the Point of a Gun: Democratic Dreams and Armed Intervention.* New York: Simon and Schuster.
Robb, David (2004) *Operation Hollywood: How the Pentagon Shapes and Censors the Movies.* Amherst, NY: Prometheus Books.
Robinson, Piers (2002) *The CNN Effect: The Myth of News, Foreign Policy and Intervention.* London: Routledge.
Robson, Mark (2004) The Baby Bomber, *Journal of Visual Culture,* 3(1): 63–76.
Rosen, Jay (2001) *What are Journalists for?* New Haven, CT: Yale University Press.
Rowe, David (1999) *Sports, Culture and the Media.* Buckingham: Open University Press.
Rydell, Robert and Kroes, Rob (2005) *Buffalo Bill in Bologna: The Americanization of the World, 1869–1922.* Chicago: University of Chicago Press.
Sabato, Larry, Stencel, Mark and Lichter, Robert (2001) *Peepshow: Media and Politics in an Age of Scandal.* Lanham, MA: Rowman & Littlefield.
Said, Edward (1993) *Culture and Imperialism.* London: Chatto and Windus.
Said, Edward (1997) *Covering Islam: How the Media and the Experts Determine How We See the Rest of the World*, second edition. New York: Vintage.
Sakr, Naomi (2001) *Satellite Realms: Transnational Television, Globalization and the Middle East.* London: I. B. Tauris.
Scheuer, Jeffrey (2001) *The Sound Bite Society: How Television Helps the Right and Hurts the Left.* New York: Routledge.
Schiller, Dan (1999) *Digital Capitalism: Networking the Global Market System.* Cambridge, MA: MIT Press.
Schiller, Herbert (1969) *Mass Communications and American Empire.* New York: Augustus M. Kelley.
Schiller, Herbert (1976) *Communication and Cultural Domination.* New York: International Arts and Sciences Press.
Schiller, Herbert (1996) *Information Inequality: The Deepening Social Crisis in America.* London: Routledge.
Schudson, Michael (1978) *Discovering the News: A Social History of American Newspapers.* New York: Harper.
Schudson, Michael (1996) *The Power of News.* Cambridge, MA: Harvard University Press.
Schulz, Winfried, Zeh, Reimar and Quiring, Oliver (2005) Voters in a Changing Media Environment: A Data-Based Retrospective on Consequences of Media Change in Germany, *European Journal of Communication,* 20(1): 55–88.
Satellite & Cable TV (2005) National News, *Satellite & Cable TV,* September. http://www.scatmag.com/

Scruton, Roger (2000) *England: an Elegy*. London: Chatto and Windus.
Seaton, Jean (2005) *Carnage and the Media: The Making and Breaking of News About Violence*. London: Allen Lane.
Seib, Philip (2004) *Beyond the Front Lines: How the News Media Cover a World Shaped by War*. London: Palgrave.
Sen, Amartya (2005) *The Argumentative Indian: Writings on Indian Culture, History and Identity*. London: Penguin.
Seymour, Emily and Barnett, Steven (2006) *Bringing the World to the UK: Factual International Programming on UK Public Service TV, 2005*. London: 3WE.
Shepard, Leslie (1973) *The History of Street Literature*. Newton Abbott: David and Charles.
Shoemaker, Pamela and Cohen, Akiba (2005) *News Around the World: Content, Practitioners, and the Public*. London: Routledge.
Silverstone, Roger (2007) *Media and Morality: On the Rise of the Mediapolis*. Cambridge: Polity.
Simpson, John (2002) *News From No Man's Land: Reporting the World*. London: Macmillan.
Singer, Peter (2003) *Corporate Warriors: The Rise of the Privatized Military Industry*. Ithaca, NY: Cornell University Press.
Singer, Peter (2005) Outsourcing War, *Foreign Affairs*, 84(2): 119–32.
Singhal, Arvind and Rogers, Everett (2004) The Status of Entertainment-Education Worldwide, in Arvind Singhal, Michael Cody, Everett Rogers and Miguel Sabido (eds) *Entertainment-Education and Social Change*. Mahwah, NJ: Lawrence Erlbaum.
Sinha, Meenakshi (2005) News Goes Crazy, *Times of India*, December 4.
SIPRI (2006) *SIPRI Yearbook 2006: Armaments, Disarmament and International Security*. Oxford: Oxford University Press.
Siwek, Stephen (2005) *Engines of growth: Economic contributions of the US intellectual property industries*, produced by Economists Incorporated and Commissioned by NBC Universal. http://www.nbcumv.com/corporate/Engines_of_Growth.pdf.
Sklair, Leslie (2002) *Globalization: Capitalism and its Alternatives*. Oxford: Oxford University Press.
Smith, Anthony (ed.) (1998) *Television: An International History*, second edition. Oxford: Oxford University Press.
Snow, Jon (2004) *Shooting History*. London: HarperCollins.
Soriano, César and Oldenburg, Ann (2005) With America at War, Hollywood Follows, *USA Today*, February 7.
Sparks, Colin (1998) Is There a Global Public Sphere?, in Daya Kishan Thussu (ed.) *Electronic Empires: Global Media and Local Resistance*. London: Arnold.
Sparks, Colin (2000) Introduction: The Panic over Tabloid News, in Colin Sparks and John Tulloch (eds) *Tabloid Tales: Global Debates over Media Standards*. Lahman, MA: Rowman & Littlefield.
Sparks, Colin (2001) The Internet and the Global Public Sphere, in Lance Bennett and Robert Entman (eds) *Mediated Politics: Communication in the Future of Democracy*. Cambridge: Cambridge University Press.
Spigel, Lynn and Olsson, Jan (eds) (2004) *Television After TV: Essays on a Medium in Transition*. Durham: Duke University Press.
Splichal, Slavko (2006) In Search of a Strong European Public Sphere: Some Critical Observations on Conceptualizations of Publicness and the (European) Public Sphere, *Media, Culture & Society*, 28(5): 695–714.

Sreedharan, Sujatha (2007) News channels go the whole 22 yards, Indiantelevision.com, Special Report. Available at: http://us.indiantelevision.com/special/y2k7/specialreport_news%20channels%20cricket.php

Stahl, Roger (2006) Have You Played the War on Terror?, *Critical Studies in Media Communication*, 23(2): 112–130.

Star website (2007) www.Startv.com

Steemers, Jeanette (2004) *Selling Television: British Television in the Global Marketplace*. London: BFI.

Stengrim, Laura (2005) Negotiating Postmodern Democracy, Political Activism, and Knowledge Production: Indymedia's Grassroots and e-Savvy Answer to Media Oligopoly, *Communication and Critical/Cultural Studies*, 2(4): 281–304.

Stephens, Mitchell (1998) *The Rise of the Image the Fall of the Word*. Oxford: Oxford University Press.

Stiglitz, Joseph (2002) *Globalization and its Discontents*. London: Penguin.

Subramanian, Nirupama (2006) Stirring the *Hudood* pot, *The Hindu*, June 27.

Sunstein, Cass (2002) *Republic.Com*, second edition. Princeton, NJ: Princeton University Press.

Sussman, Gerald (2005) *Global Electioneering: Campaign Consulting, Communications, and Corporate Financing*. Lanham, MA: Rowman & Littlefield.

Sussman, Gerald and Galizio, Lawrence (2003) The Global Reproduction of American Politics, *Political Communication*, 20: 309–328.

Syvertsen, Trine (2003) Challenges to Public Television in the Era of Convergence and Commercialization, *Television & New Media*, 4(2): 155–175.

Taylor, Philip (2003) *Munitions of the Mind: A History of Propaganda From the Ancient World to the Present Era*, third edition. Manchester: Manchester University Press.

Television Business International (2006) Getting the AFP Mix Right, October 1.

Thaler, Paul (1997) *The Spectacle: Media and the Making of the O.J. Simpson Story*. Westport, CT: Praeger.

The Economist (1998) Wheel of Fortune: A Survey of Technology and Entertainment, November 21.

The *Guardian* (2003) Television Agendas Shape Images of War. March 27.

The Hindu (2007) The Manufacture of Dissent, *The Hindu*, editorial, January 30.

The History Channel (2004) Hollywood and the Pentagon, *The History Channel*, June 19.

Thomas, Amos Owen (2005) *Imagi-nations and Borderless Television: Media, Culture and Politics Across Asia*. New Delhi: Sage.

Thornton, Bridget, Walters, Brit and Rouse, Lori, (2005) *Corporate Media is Corporate America: Big Media Interlocks with Corporate America and Broadcast News Media Ownership Empires*. Project Censored Report.

Thussu, Daya Kishan (ed.) (1998) *Electronic Empires: Global Media and Local Resistance*. London: Arnold.

Thussu, Daya Kishan (2000a) Legitimizing 'Humanitarian Intervention'? CNN, NATO and the Kosovo Crisis, *European Journal of Communication*, 15(3): 345–361.

Thussu, Daya Kishan (2000b) Development News vs. Globalised Infotainment, in Anandam Kavoori and Abbas Malek (eds) *The Global Dynamics of News: Studies in International News Coverage and News Agendas*. Toronto: Ablex.

Thussu, Daya Kishan (2002) Privatizing Intelsat: Implications for the Global South, in Marc Raboy (ed.) *Global Media Policy in the New Millennium*. Luton: University of Luton Press.

Thussu, Daya Kishan (2003) Live TV and Bloodless Deaths: War, Infotainment and 24/7 news, in Daya Kishan Thussu and Des Freedman (eds) *War and the Media: Reporting Conflict 24/7*. London: Sage.

Thussu, Daya Kishan (2004) Media Plenty and the Poverty of News, in Annabelle Sreberny and Chris Paterson (eds) *International News in the Twenty-first Century*. Luton: University of Luton Press.

Thussu, Daya Kishan (2005a) The Transnationalization of Television: The Indian Experience, in Jean Chalaby (ed.) *Transnational Television Worldwide: Towards a New Media Order*. London: I. B. Tauris.

Thussu, Daya Kishan (2005b) Selling Neo-imperialism, Television and US Public Diplomacy, in James Curran and Michael Gurevitch (eds) *Mass Media and Society*, fourth edition. London: Arnold.

Thussu, Daya Kishan (2006a) *International Communication: Continuity and Change*, second edition, London: Hodder Arnold.

Thussu, Daya Kishan (2006b) Televising the 'War on Terrorism': The Myths of Morality, in Anandam Kavoori and Todd Fraley (eds) *Media, Terrorism, Theory: A Reader*. Lanham, MA: Rowman & Littlefield.

Thussu, Daya Kishan (2007a) Mapping Global Media Flow and Contra-Flow, in Daya Kishan Thussu (ed.) *Media on the Move: Global Flow and Contra-Flow*. London: Routledge.

Thussu, Daya Kishan (2007b) The 'Murdochization' of News? The Case of Star TV in India, *Media, Culture & Society*, 29(3): 593–611.

Torcal, Mariano and Montero, José Ramón (eds) (2006) *Political Disaffection in Contemporary Democracies: Social Capital, Institutions, and Politics*. New York: Routledge.

Townsend, Mark (2005) Fury at Security Firm's 'Shoot for Fun' memo, *Observer*, April 3.

Tracey, Michael (1998) *The Decline and Fall of Public Service Broadcasting*. Oxford: Oxford University Press.

Tremlett, Giles (2002) Pop Idol Mania Grips Spanish Politicians, the *Guardian*, February 14, p. 15.

Tunstall, Jeremy and Machin, David (1999) *The Anglo-American Media Connection*. Oxford: Oxford University Press.

Turner, Graeme (2005) *Ending the Affair: The Decline of Television Current Affairs in Australia*. Sydney: University of New South Wales Press.

Turner, Graeme (2006) 'Celetoids', Reality TV and the 'Demotic Turn', *International Journal of Cultural Studies*, 9(2): 153–65.

UNCTAD (2005) *Information Economy Report 2005: E-commerce and Development*. Geneva: United Nations Conference on Trade and Development.

UNDP (1999) *Human Development Report 1999: Globalization with a Human Face*. United Nations Development Programme, Oxford: Oxford University Press.

UNDP (2003) *Human Development Report 2003: Millennium Development Goals: A Compact Among Nations to End Human Poverty*. United Nations Development Programme. Oxford: Oxford University Press.

UNDP (2006) *Human Development Report 2006: Beyond Scarcity: Power, Poverty and the Global Water Crisis*. United Nations Development Programme. New York: Palgrave Macmillan.

UNESCO (1995) *Our Creative Diversity: Report of the World Commission on Culture* and *Development*. Paris: United Nations Educational, Scientific and Cultural Organization.

UNESCO (2005) *International Flows of Selected Cultural Goods and Services 1994–2003.* UNESCO Institute for Statistics, Paris: United Nations Educational, Scientific and Cultural Organization.

UNESCO (2006a) *What is Public Service Broadcasting?* Paris: United Nations Educational, Scientific and Cultural Organization. http://portal.unesco.org/ci/en/ev.php

UNESCO (2006b) *Education for All – Global Monitoring Report 2006.* Paris: United Nations Educational, Scientific and Cultural Organization.

Ungar, Sanford (2005) Pitch Imperfect, *Foreign Affairs,* May/June.

US Government (2002a) *Marrying the Mission to the Market. Strategic Plan, 2002–2007.* Broadcasting Board of Governors. Available at: http://www.bbg.gov/bbg_plan.cfm

US Government (2002b) Annual Report to the President and the Congress by Donald H. Rumsfeld, Secretary of Defence. Available at: http://www.defenselink.mil/execsec/adr2002/index.htm

US Government (2003) US Secretary of State Colin Powell addresses the UN Security Council, 6 February. Available at: www.whitehouse.gov/news/releases/2003/02/20030205-1.html

US Government (2004a) The 9/11 Commission Recommendations on Public Diplomacy: Defending Ideals and Defining the Message. Patricia S. Harrison, Assistant Secretary of State for Educational and Cultural Affairs. Statement Before the House Committee on Government Reform: Subcommittee on National Security, Emerging Threats, and International Relations, Washington, DC August 23, 2004. Available at: http://exchanges.state.gov/news/2004/082304.htm

US Government (2004b) *The 9/11 Commission Report: Final Report of the National Commission on Terrorist Attacks Upon United States.* Available at http://www.9-11commission.gov/report/911Report.pdf

US Government (2005a) *US International Services: Cross-border Trade in 2004.* Washington: US Bureau of Economic Analysis.

US Government (2005b) President Sworn-in to Second Term. Washington: the White House. Available at: http://www.whitehouse.gov/news/releases/2005/01/20050120-1.html

US Government (2007a) *Supporting Human Rights and Democracy: The US Record 2006.* Washington: Department of State. Available at: http://www.state.gov/g/drl/rls/77771.htm

US Government (2007b) *Public Diplomacy and Public Affairs Strategic Goal 11: Public Diplomacy and Public Affairs Increase Understanding For American Values, Policies, and Initiatives to Create a Receptive International Environment.* Department of State and US Agency for International Development FY 2007 Joint Performance Summary. Available at: http://www.state.gov/documents/organization/59181.pdf.

US Government (2007c) *Executives develop eleven ways that business can help with US Public Diplomacy,* US Department of State, Office of Public Diplomacy and Public Affairs. February. Available at: http://www.state.gov/documents/organization/80924.pdf

Utley, Garrick (1997) The Shrinking of Foreign News: From Broadcast to Narrowcast, *Foreign Affairs,* 76(2): 2–10.

Utley, Garrick (2000) *You Should Have Been Here Yesterday: A Life in Television News.* New York: Public Affairs.

Valladão, Alfredo G.A. (2006) Democratic Hegemony and American Hegemony, *Cambridge Review of International Affairs*, 19(2).
van Zoonen, Liesbet (2004) *Entertaining the Citizen: When Politics and Popular Culture Converge*. Lanham, MA: Rowman & Littlefield.
Vasudev, Shefalee (2005) Idiot Sheets? *Outlook*, October 17.
Verghese, George (ed.) (2003) *Breaking the Big Story: Great Moments in Indian Journalism*. New Delhi: Penguin.
Vernini, James (2005) War Games, the *Guardian*. April 19, p. 6.
Vettehen, Paul Hendriks; Nuijten, Koos and Beentjes, Johannes W.J. (2006) Sensationalism in Dutch Current Affairs Programmes 1992–2001, *European Journal of Communication*, 21(2): 227–37.
Vogel, Harold (2004) *Entertainment Industry Economics: a Guide for Financial Analysis*, sixth edition. Cambridge: Cambridge University Press.
Volkmer, Ingrid (1999) *News in the Global Sphere: A Study of CNN and its Impact on Global Communications*. Luton: University of Luton Press.
Volkmer, Ingrid (2003) The Global Network Society and the Global Public Sphere, *Development*, 46(1): 9–16.
Watts, Jonathan (2004) Taiwan Voters Demand Proof of Shooting, the *Guardian*. March 22.
Weber, Cynthia (2006) *Imagining America at War: Morality, Politics, and Film*. London: Routledge.
Wiener, Joel (ed.) (1988) *Papers for the Millions: The New Journalism in Britain 1850–1914*. New York: Greenwood.
Wolff, Michael (2003) You Know Less than When You Arrived, the *Guardian*, March 31, Media section, pp. 1–3.
Woodward, Gary (2006) *Center Stage: Media and the Performance of American Politics*. Lanham, MA: Rowman & Littlefield.
World Bank (1998) *Knowledge for Development: World Development Report 1998–1999*. Washington, DC: World Bank Publications.
Wright, Bradford (2001) *Comic Book Nation: The Transformation of Youth Culture in America*. Baltimore, MD: Johns Hopkins University Press.
WTO (1998) *Annual Report 1998*. Geneva: World Trade Organization.
York, Geoffrey (2000) It's the Truth: Nude News Heat up Moscow TV, *The Globe and Mail*, October 2.
Zaller, John (2003) A New Standard of News Quality: Burglar Alarms for the Monitorial Citizen, *Political Communication*, 20(2): 109–30.
Zassoursky, Ivan (2005) *Media and Power in Post-Soviet Russia*. Armonk, NY: M.E. Sharpe.

索引

Aaj Tak 印地语新闻频道,97,98,102,103,107
ABC(American Broadcasting Corporation)美国广播公司(ABC),3,22,27,30,59,64,148
Abu Ghraib prison 阿布格莱布监狱,129,157
AC Milan AC 米兰,80
Adlabs 艾德勒斯公司,96
Adorno,Theodor 西奥多·阿多诺,9,150,151
advertising 广告,9,18-19,26
conglomerates 企业集团,56-7
and globalization of infotainment 和资讯娱乐全球化,2-3,53-7
growth in worldwide advertising 全球广告增长,55
and news 和新闻,76-7
and politics 和政治,80
product placement in US television 美国电视的植入式广告,55
'social advertisements'(India)"社会广告",166
in USA 在美国,53-4,55
Advertising Age 广告时代,56
advertorials 宣传小册子,142
Aerospatiale 法国宇航公司,46
Afghanistan 阿富汗,113,115,119,131,147
bombing raids 轰炸,116,117
and war games 和战争游戏,128
AFP TV 法新社电视台,64
Africa 非洲,136,143,145,156,166,175
After Hours《下班后》,105
AFX News AFX 新闻有限公司,65
Agence France Presse 法新社,63
Ailes,Roger 罗杰·艾尔斯,119
Air Force Entertainment Liaison Office 空军娱乐联络处,124
al-Alam 全球卫星电视台,72,139
Al-Arabiya 阿拉伯电视台,72,76,131
Al-Hurra 自由电视台 72,137
Al-Iraqiya 伊拉克电视台 130,137
Al-Jazeera 半岛电视台,70,71,76,88,173
war reporting 战争报道,113
Al-Manar 艾玛纳电视台,72
al-Qaeda 基地组织,146
al-Sadr,Muhammad Bakr 穆罕默德·贝克尔·萨德尔,131
al-Sadr,Muqtada 穆克塔达·萨德尔,131
Alexander 亚历山大,123
Aljazeera English 半岛电视台英语频道,176
Alo Presidente《你好！总统》,140
Althusser,Louis 路易斯·阿尔都塞,150
Amazing Race《极速前进》,83

America*see* Latin America; USA 美国，拉丁美洲；美国
America on Line（AOL）美国在线（AOL），49，52，58，158
American Civil War 美国南北战争，17
American Idol《美国偶像》，83
Americanization of political communication 政治传播的美国化，79，80
America's Most Wanted《美国头号通缉犯》，60，164
Americom 美国通信公司，47
Anand Bazar Patrika 阿南德·巴扎·帕特里卡集团，102
Anderson，Bonnie 邦妮·安德森，30
Anholt Nation Brands Index 安霍尔特国家品牌指数，57
Antena 3 西班牙第三广播电视台，81
Antenne 2 法国电视二台，81
anti-Americanism 反美主义，137-8，156-7
AP-DJ economic news 美联社—道琼斯经济新闻，65
Apple Ipod 苹果播放器，159
Apprentice《学徒》83
Arab Satellite Communications Organization（Arabsat），阿拉伯卫星通信组织（Arabsat），45，47
Arab world 阿拉伯世界，76，136
and anti-Americanism 和反美主义，137-8
ARD（Association of Public-Service Broadcasters in Germany）德国公共服务广播协会，78
Arena 竞技场，34
Arnett，Peter 彼得·阿内特，114
Arroyo，Gloria 洛丽塔·阿罗约，75
Arts and Entertainment Television 美国有线卫星电视频道，59
Ascent of Man《人类的攀升——科学进化史》，167
Asia 亚洲，50，66，100，143，145，152
Asia Business News（ABN）亚洲财经新闻，65
Asianet News 亚太新闻，97
AsiaSat 亚洲卫星，45，47，60
Associated Press Television News（APTN）美联社电视新闻（APTN），63，64-5
Astra 阿斯特拉公司，47，60
Astro Broadcast Corporation 天文广播公司，99
audience，loss of 观众流失，27-8
Auletta，Ken 肯·奥莱塔，30
Australia 澳大利亚，23，73-4，108
Australian Broadcasting Corporation 澳大利亚广播公司，39
Austria 奥地利，79

Baader-Meinhoff 巴德尔-迈因霍夫集团，147
Bacevich，Andrew 安德鲁·巴切维奇，134
Bachchan，Abhishek 阿布舍克·巴强，105，106
Bachchan，Amitabh 阿米特巴·巴强，100，104，112
Bachelor《单身汉》83
Bagdikian，Ben 本·巴格迪肯，50-1
Bahal，Aniruddha 阿尼鲁达·巴哈尔，108
Baker，C. EdwinC·埃德温·贝克，176
Balaji Telefilms 巴拉吉电影公司，101

Bandurski, David 大卫·班志远,78
BARB(Broadcast Audience Research Board) 传播受众调查委员会,36,37
Baum, Matthew 马修·鲍姆,163
Baym, Geoffrey 杰弗里·贝姆,163
Bazagette, Peter 彼得·巴扎尔杰特,85
BBC(British Broadcasting Corporation) BBC(英国广播公司),1,7,20-1,23,24,32,34
BBC Four 英国广播公司第四台,34
BBC World 英国广播公司世界频道,52,66,70,88
and competition 和竞争,39
current affairs 时事,34
documentaries 纪录片,173
Empire Service 帝国广播,21
infotainment blockbusters 资讯娱乐大片,36-7
and Iraq war 伊拉克战争,121
need for 'public intervention' 需要"公共干预",175
output of factual programmes 真实题材节目产量,174
political satire 政治讽刺,163-4
reality television 真人秀电视,84
share of viewing 收视份额,33
and trusted news brands 和值得信赖的新闻品牌/值得信赖的国际新闻品牌,172-3
war entertainment 战争娱乐化,124,125
and war on terror 反恐战争,146
Be Heard《被听到》,164
Becker, Wolfgang 沃尔夫冈·贝克尔,178
Bedi, Mandira 曼迪拉·贝迪,109
Beers, Charlotte 夏洛特·比尔斯,137
Behind Enemy Lines《深入敌后》,123
Ben Hur《宾虚》,123
Bennett, Lance 兰斯·班尼特,170
Berezovsky, Boris 鲍里斯·别列佐夫斯基,76
Berlin, Isaiah 以赛亚·柏林,151,155
Berlin Wall 柏林墙,25
Berlusconi 贝卢斯科尼,80-1
Bernstein, Carl 卡尔·伯恩斯坦,4
Bertelsmann 贝塔斯曼,49,50,51,52,79
Bharti 印度巴帝电信,96
Big Boss《大老板》,85
Big Brother《老大哥》,6,83,84-6,154
see also Celebrity Big Brother 参见《名人老大哥》
Black Hawk Dawn《黑鹰坠落》123,124
Blackwater Security 黑水保安公司 145
Blair, Tony 托尼·布莱尔,35,86
Blood Diamond《血钻》,166
Bloomberg 彭博社,65,141
Blumler, Jay 杰伊·布卢姆勒,29
Bochco, Steven 史蒂文·博奇科,125
Bollywood 宝莱坞,90,104-7
and Hollywood 和好莱坞 95
Bollywood News 宝莱坞新闻,105
Bondarchuk, Fyodor 费多尔·邦达尔丘克,124
Bono 波诺,166
Boorstin, Daniel 丹尼尔·布尔斯汀,133
Born, Georgina 乔治娜·伯恩 84
Bosnia 波斯尼亚,28
Botero, Jorge 豪尔赫·波特罗,71
Bourdieu, Pierre 皮埃尔·布迪厄,81,118

Bouygues company 布伊格股份有限公司,81
Boyd-Barrett, Oliver 奥利弗·博伊德-巴雷特,118
branding 品牌推广,57
Brantlinger, Patrick 帕特里克·布兰特林格,4
Brazil 巴西,75
Bremner, Rory 罗里·布雷姆纳,164
Brenner, Daniel 丹尼尔·布伦纳,22
Britain 英国
charity telethons 慈善"电视节目",164-5
and EU news 和欧洲新闻,170
infotainment blackbusters 资讯娱乐大片,36-7
international news 国际新闻,35-6
market share of public television 公共电视市场份额,41
Newsreels 新闻短片,20
presentational styles 呈现方式,34-5
public-service broadcasting(PSB) 公共服务广播公司 (PSB),7,20-1,25-6
and rise of infotainment 资讯娱乐的兴起,32-6
racism in *Celebrity Big Brother*《名人老大哥》中的种族主义,86-90
revenue sources in broadcasting 广播收入来源,26
satellite and cable television 卫星和有线电视,33
share of viewing 收视份额,33-4
viewing figures 收视率,33-4,36-7
British Sky Broadcasting(BSkyB) 英国天空广播公司 (BSkyB),60
broadcasting see public service broadcasting (PSB); radio; television 广播参见公共服务广播公司(PSB);广播;电视
Broadcasting Act(1990)《广播法》(1990),34
Broadcasting Board of Governors(BBG) 广播理事会(BBG),137,138
Broken News 突发新闻,164
Bronowski, Jacob 雅各布·布罗诺夫斯基,167
Brookes, Rod 罗德·布鲁克斯,115
Brown, Gordon 戈登·布朗,88
Buena Vista 博伟影视公司,59
Buffalo Bill《野牛比尔》,18
Bulletin《公报》,120
Bunty aur Babli《邦迪和巴博莉》,105
Burke's Backyard《伯克的后院》,73
Bush, George (Senior) 乔治·布什(老布什),119
Bush, George W. 乔治·W·布什,112,120,123,131,135,136,146
business domination of TV 电视的商业主导地位
Europe 欧洲,39-40
Business India(BiTV)印度商业电视,94

Canada 加拿大,23,39,73
Canadian Broadcasting Corporation 加拿大广播公司,39
Canal Fox 福克斯运河频道,61
Canal Plus Canal+电视台,50,81
Canclini, Garcia 加西亚·坎克里尼,9
Candid Camera《偷拍》,22
Capital Cities/ABC 大都会/美国广播公司,48
capitalism in Eastern Europe 东欧资本主义,24-5

capitalist class 资产阶级,152,153
Capra,Frank 弗兰克·卡普拉 123
Caravan Pictures 大篷车影视制作公司,59
Carey,James 詹姆斯·凯利,162
Carlton TV 卡尔顿电视,39
Carnegie Endowment for International Peace 卡内基国际和平基金会,148
Carphone Warehouse 英国手机零售商卡冯-维尔豪斯集团,87
Carroll,William 威廉·卡罗尔 162
Castells,Manuel 曼努埃尔·卡斯特尔斯 133,139,145,159-60
Catnach,James 詹姆斯·卡特纳奇,16
CBS(Columbia Broadcasting System)哥伦比亚广播公司(CBS),3,22,27,48,52,58,148
CCTV(China Central Television)中国中央电视台(CCTV),65,70,72,177
Celebrity Big Brother《名人老大哥》,86-90
news coverage 新闻报道,86-9
celebrity cult 名人崇拜,18,22,106,111
censorship 审查制度,149,165
Center for Media and Democracy 媒体与民主中心,63
Centre for Contemporary Cultural Studies 当代文化研究中心,
Birmingham 伯明翰,6
Century of the Self《自我世纪》,173
Chakravartty,Paula 保拉·查克拉瓦蒂,39,41
Chanakya《查卡亚》,174
Changing Rooms《更衣室》,83
Channel 4 英国第四频道,23,32,33-4,87,88,125,130
Channel 5 英国第五频道,33,35,39,119
Channel V 星空音乐台,101
channels,proliferation of 扩散的渠道,38,39
charity telethons 慈善"电视节目",164-5
Chávez,Hugo 乌戈·查韦斯,140
Chen Shui-bian 陈水扁,75
Children in Need《贫困儿童》,164
Children's Television Workshop 儿童电视工作室,174
Children's Television Trust 儿童电视信托,166
Chile 智利,75
China 中国,60,72,136
current affairs 时政,152
economic growth 经济增长,156
Internet use 互联网使用,158,161
Marketization 市场化,77-8
promotion of discussion 促进讨论 165-6
revenue sources in broadcasting 广播收入来源,26
SARS crisis 非典危机,161
satellite television 卫星电视,45,47
taking'Western' names 取西方名字,155
China Beach《中国海滩》,125
ChinaByte 比特网,158
China. com 中华网,158
Chirac,Jacques 雅克·希拉克,71
Chomsky,Noam 诺姆·乔姆斯基,170
Chopra,Yash 雅什·乔普拉,105
CIA 中央情报局,117,147
Cine Canal 电影运河频道,61

cinemasee film 电影院看电影

Cisco Systems Global Learning Network 思科全球学习网络,168

City 60《城市 60 分》,105

civic engagement 公民参与, 160, 163, 165, 166,169

Civil War《内战》,174

Civilization《文明》,167

Clark,Kenneth 肯尼思・克拉克 167

Class 阶级,152-3

Cleopatra《埃及艳后》,123

Clifford,Max 马克思・克利福德,89

Clinton,Bill 比尔・克林顿,4,27,30,135

Clinton,Hilary 希拉里・克林顿 164

CNBC 美国全国广播公司财经频道,65,97

CNBC Awaaz 全国广播公司商业台 Awaaz 商业频道,97

CNN(cable news network)有线电视新闻(CNN),3,27,52,58,88

and Anglo-American news 和英美新闻,65-7

Briefing Room《简报室》,159

in Europe 在欧洲,66

in India 在印度,99-100

Iraq war 伊拉克战争,148

trust of news brands 最受信任的全球新闻品牌,173

and 24 hour news 全天候新闻,69,70

viewing figures 收视率,30

and war reporting 和战争报道,113,114,116

and'war on terror'和"反恐战争",146

CNN/IBN 印度有线电视新闻网,66,97,99,109,177

CNNJ 日本有线电视新闻频道,66

Cohen,Eliot 艾略特・科恩,150

Cold War 冷战,24-5,43

Colombia 哥伦比亚,85

Columbia Journalism Review《哥伦比亚新闻评论》,4-5,117

Columbia TriSta 哥伦比亚三星电影集团,48

Columbine shooting 哥伦比亚高中枪击案,130

Comic Relief《慈善募捐》164

Commander-in-Chief 总司令,164

commercialization 商业化,3,5-6,24-6,28-9,31,32,81-2

and politics 和政治,79,80-1

Commission for Racial Equality 种族平等委员会,86

Committee of Public Information 公共信息委员会,19,123

Communication Act《传播法案》(2003),39

communication cartels 传媒卡特尔,50-1

Confederation of Indian Industry 印度工业联合会,95

conglomerates 企业集团,48-51,138,151,153

in advertising 在广告中,56-7

in India 在印度,92,96

'Murdochization'"默多克化",61-3

and television news 和电视新闻,57-61,69

and the world economy 和世界经济,140-3

Constant Gardener《不朽的园丁》,166

consumerism 消费主义,22,80,177,178

Control Room《控制室》,168

Cooper, Robert 罗伯特·库珀, 135
'core' copyright industries "核心"版权产业, 49
Corner, John 约翰·科纳, 84
Corporation of Public Broadcasting (CPB) 公共广播公司 (CPB), 21
Council of Europe Steering Committee on the Mass Media 欧洲委员会大众传媒指导委员会, 40
Credit Suisse: Opportunities of Hollywood in Bollywood 瑞士信贷:《宝莱坞的好莱坞机遇》, 95, 96
Cronje, Hanse 汉斯·克朗杰, 110
Cruise, Tom 汤姆·克鲁斯, 74
CSeek 天极网, 158
Cuba 古巴, 65
'culture industries' 文化产业, 150-1
Curran, James 詹姆斯·科伦 24
current affairs 时政, 32-3, 34, 152
Curtis, Adam 亚当·柯蒂斯, 168, 173
Czech Republic 捷克共和国, 77

Dahlgren, Peter 彼得·达尔格林, 170
Daily Mail《每日邮报》, 15
Daily Mirror《每日镜报》, 129
Daily Show《每日秀》, 30, 163
DaimlerChrysler 戴姆勒-克莱斯勒, 56
Davis, Geena 吉娜·戴维斯, 164
Day, Benjamin 本杰明·戴 17
Day Today《今天》, 164
DD News (Doordarshan) 全印电视台新闻 (全印电视台), 70, 72, 97, 98, 110-11
Dean, Howard 霍华德·迪恩, 160
Death of Yugoslavia《南斯拉夫的死亡》, 173
Debord, Guy 盖伊·德博尔, 8, 133
defence spending 国防开支, 144
Delta Company《三角洲连》, 124-5
democracy 民主, 169
Democratic Republic of Congo 刚果民主共和国, 113, 144
Denmark 丹麦, 85
Dept. for International Development 国际发展部, 35, 176
Der Derian, James 詹姆士·德·德里安, 126, 128, 129
deregulation 放松管制, 38, 39, 40, 43
Desai, Meghnad 梅格纳德·德赛, 147
developing world 发展中国家, 142-3, 156, 176, 177-8
Dhuc, Laurie 劳丽·杜, 119
Dial 100《拨打 100》, 108
DiCaprio, Leonardo 莱昂纳多·迪卡普里奥, 29
digital television 数字电视, 9-10, 39, 149, 168
Direct-To-Home (DTH) 卫星直播电视 (DTH), 46, 47, 48, 60, 61, 70, 95
DirecTV 直播电视, 60, 70
Discovery Network 探索频道, 36, 52, 53, 124, 167
Disney see Walt Disney company 迪士尼 参见华特迪士尼公司
Disney Channel 迪士尼频道, 101
Dispatches《新闻报道》, 34
Disraeli, Benjamin 本杰明·迪斯雷利, 18
documentaries 纪录片, 83-4, 167-8, 173, 174

Donovan, Robert 罗伯特·多诺万,114
Doordarshan 全印电视台,93,99,110-11
Dovey, Jon 乔恩·德夫,128
Doyle, Gillian 吉利安·道尔,142
Drezner, Daniel 丹尼尔·德茨纳,141
Driving School 驾驶学校/《驾驶学校》,83
Drum《鼓手》,175
DTH Tata-Sky 塔塔天空卫星直播电视/塔塔天空卫视,101
dumbing down 低智化,6-7,9,34,162
Duncan, Andy 安迪·邓肯,87
Duniya Do Minute《杜尼娅时间》,112
Dutt, Barkha 巴克哈·杜特,165
DW-TV(Deutsche Welle TV)德国之声电视台(DW-TV),72,88
Dwivedi, Chandra Prakash 钱德拉·普拉卡什·德维韦迪,174

E! Entertainment E 娱乐频道,50,59
East Germany 东德,79,178
Eastern Europe 东欧,76-7
Echostar DISH system 回声星通信公司蝶形卫星系统,70
Economist《经济学家》,50
edutainment 资讯娱乐,166-70
Edwards, John 约翰·爱德华,30
Eenadu《安那都报》,94
Eisenstein, Sergei: *Battleship Potemkin* 谢尔盖·爱因斯坦:《战舰波将金号》,20
Eisner, Michael 迈克尔·艾斯纳,152
elites 精英,152
Ellul, Jacques 雅克·埃吕尔,150,153,154
Endemol 恩德摩尔公司,85
Enron 安然公司,141
Enron: The Smartest Guys in the Room《安然:房间里最聪明的人》,168
entertainment corporations: top 世界娱乐公司五强,51,52
Entertainment and Sports Network (ESPN) 娱乐与体育电视网 (ESPN),50,52,59
Entman, Robert 罗伯特·安特曼,22-3
'epistemology of television' (Postman) "电视认识论"(《邮差》),4
ESPN Star Sports 全球体育卫星电视网,101
Estrada, Josef 约瑟夫·埃斯特拉达,75
ETA 教育电视协会,147
Eternal World Television Network 永恒世界电视网,53
ETV 2 Telugu News ETV2 泰卢固语新闻频道,98
EuroNews 欧洲新闻网,70,71,88,170
Europe 欧洲
business domination of TV 商业电台主导地位,39-40
deregulation 放松管制,38,39
deregulation 数字电视,39
expansion of TV channels 电视频道扩展,38,39
market share of public television 公共电视的市场份额,41
ownership rules in TV 电视所有权规则,39
private and public television 私人和公共电视,41-2
public service broadcasting 公共服务广播,5-6

impact of infotainment 资讯娱乐的影响,38-42
television advertising 电视广告,40
European Business News(EBN)欧洲商业新闻频道,65
European Union(EU)欧盟(EU),38,91,144,156
languages 语言,169-70
news coverage 新闻报道,169,170
politics coverage 政治报道,169
Eutelsat 欧洲通信卫星公司,45,46
Executive Decision《最高危机》,148

Facebook 脸书,161
Fadhil,Ali 阿里·法迪尔,130
Fairness and Accuracy in Reporting(FAIR)美国独立媒体监督机构,148-9
Falcon weapons programme 猎鹰武器计划,143-4
Fall of the Roman Empire《罗马帝国的衰亡》,123
Family Channel 家庭频道,53
Farenheit 9/11《华氏 911》,167
Fear Factor《谁敢来挑战》,83
Federal Communications Commission(FCC)联邦通信委员会(FCC),22,45,49
Federation of Indian Chamber of Commerce and Industry(FICCI)印度工商联合会,94
Fenton,Tom 汤姆·芬顿,31
Ferguson,Niall 尼尔·弗格森,135,167
50 Years War: *Israel and Arabs*《中东战争五十年:以色列与阿拉伯人》,173
Fighting the War《战争》,121
highest grossing war films 战争电影总收入最高票房列表,122
history of 在历史上,19-21
in India 在印度,95-6,104-5
new sreels 新闻短片,19
as propaganda 作为宣传,19-20,21
and war 和战争,122-5
FilmFlex 数字有线电视公司,59
filmmakers and the Pentagon 电影制作人和五角大楼,123-4
Financial Times《金融时报》,65
First World War 第一次世界大战,19-20,123,147
Fog of War《战争迷雾》,168
Ford Motor 福特汽车,5
Foreign Affairs 外交事务,95
Foreign Policy 外交政策,160
Forest Gump《阿甘正传》,122
Fortune《财富》,106,120,153
Fortuyn,Pim 皮姆·福图恩,80
'Fourth Network'"第四网络",60
Fowler,Mark 马克·福勒,22
Fox News 福克斯新闻,3,58,70,102
Iraq war 伊拉克战争,148
and Murdochization 和默多克化,61-3
24:*Conspiracy* '*mobisodes*' 24 集一分钟系列剧《阴谋》(*Conspiracy*),159
and war as infotainment 战争作为资讯娱乐,118-21
Fox Television Studios India 福克斯电视印度演播室,102
France 法国,41,81,85,160,174
France 24 法国 24 小时电视台,70,71,72,88,177

Franken, Al 阿尔·弗兰肯,62
Franklin, Bob 鲍勃富·兰克林,5
free markets 自由市场,140-3
Free Press 自由新闻网,172
Freedman, Des 德斯·弗里德曼,39
French Foreign Legion 法国外籍军团,124
Friedman, Paul 保罗·弗里德曼,115
Friends《老友记》,154
Full Metal Jacket《全金属外壳》,123
Full Spectrum Warrior《全能战士》,126,127
funding of television 电视资金,26
Future Weapons《未来武器》,125

Gabler, Neal 尼尔·加布勒,17
Galaxy Latin America 拉丁美洲银河台,47
Galbraith, John Kenneth 约翰·肯尼斯·加尔布雷斯,141,155
Galizio, Lawrence 加利西亚·劳伦斯,140
Game《比赛》,109
Gandhi, Mahatma 穆罕默德·甘地,93,165
Gandhi, Rajiv 拉吉夫·甘地,108,147
Garnham, Nicholas 尼古拉斯·加纳姆,172-3
Gaumont 法国高蒙公司,20
Geldof, Bob 鲍勃·吉尔道夫,166
General Agreement on Trade in Services (GATS)《服务贸易总协定》(GATS),44,168
General Motors 通用汽车,56
Generation Kill《杀戮一代》,125
Geo TV 巴基斯坦 Geo 电视台,165
Germany 德国,72,85,147,174,178
audience market share of public television 公共电视观众市场份额,4
deregulation 放松管制,40
Nazi and anti-Nazi propaganda 纳粹和反纳粹宣传,20,21
public-service broadcasting (PSB) 公共服务广播(PSB),78-9
revenue sources in broadcasting 广播收入来源,26
GI Factory《美国兵工厂》,125
Gitlin, Todd 托德·吉特林,177
Gladiators《角斗士》,123
global commons 全球电视生态系统,175,175-6
global telecommunications 全球电信,43-5
global trade in infotainment 资讯娱乐全球贸易,51-3,161
Global Video Wire 美联社全球视频线,64
Global War on Terrorism (GWOT) see 'war on terror' 全球反恐战争(GWOT) 参见"反恐战争"
globalization of edutainment 教育娱乐全球化,167-9
globalization of infotainment 资讯娱乐全球化,73-8,96,157
and advertising 和广告,2-3,53-7
and American influences 和美国的影响,8,52-3,73-4
and Anglo-American news 和英美新闻,65-7
globalization of infotainment, cont. 资讯娱乐全球化, cont.
and conglomerates 和企业集团,48-51,57-63
and digitalization 和数字化,9-10

and global telecommunications 和全球电信,43-5
and global trade 和全球贸易,51-3
and'Murdochization'和"默多克化",61-3
and news agencies 和新闻机构,63-5
and satellites 和卫星,45-8
top 5 networks 全球五大资讯娱乐公司,52
'Globally Integrated Marketing Communications' "全球整合营销传播",57
global public media 全球公共媒体,170-2,174
GlobeScan 全球观察,1,156,172
Globo 环球电视台,50,70,75
Globovisión 委内瑞拉环球电视台,140
GMTV 英国早安电视台,59
Goebels,Joseph 约瑟夫·戈培尔,20
Golaya Pravda《戈拉亚真理》,77
good infotainment 良好的资讯娱乐,162-6
Goodbye Lenin《再见,列宁》,178
Google 谷歌,50,60,158,161,173
Gore,Al 艾尔·戈尔,159,167
Graber,Doris 多丽丝·格雷伯,163
Gran Hermano《老大哥》,85
Granada Television 格拉纳达电视台,32,39
Great Indian Temasha《大印度娱乐秀》,91,104
Greece 希腊,81
Greenwald,Robert 罗伯特·格林沃尔德,62,167,168
Guantanamo 关塔那摩,157
Guardian《卫报》,81,87,115,126,160
Gulf War 海湾战争,116
'Gulf War II'"第二次海湾战争",146
Habermas,Jürgen 尤尔根·哈贝马斯,150,169
Hackett,Robert 罗伯特·哈克特,162
Haiti 海地,116,131
Hallin,Daniel 丹尼尔·哈林,68,72,75
Hamas 哈马斯,129,147
Hamilton,James 詹姆斯·汉密尔顿,31-2
Harrison,Patricia 帕特丽夏·哈里森,137-8
Headlines Today 今日头条,97
Hearst,William Randolph 威廉·伦道夫·赫斯特,17
Heimat《故乡》,174
Hello!《你好!》106
Hickey,Neil 尼尔·希基,117
Hill Street Blues《山街蓝调》,125
Hindu《印度教徒报》,89,108
Hindustan Times《印度斯坦时报》,106
Hindustan Times(*Home TV*)《印度斯坦时报》(家庭电视),94
Hispasat 西班牙卫星公司,45
History of Britain《英国史》,167
History Channel 历史频道,53,59,101,167
history on television 电视史,167,173,174
Hobsbawm,Eric 埃里克·霍布斯鲍姆,9
Hoggart,Richard 理查德·霍加特,6
Hollywood 好莱坞,21,58,90
and Bollywood 和宝莱坞,95,111,154
military action 军事行动,123-4,125-6
stereotypes of Muslims 穆斯林刻板印象,148
Hollywood Minute《好莱坞时间》,50
Hollywood Pictures 好莱坞电影,59

Home Box Office(HBO)美国家庭影院频道,50,58,59,125
Horkheimer,Max 马克思·霍克海默,150,151
Hughes Space and Communications 休斯航天通信公司,46,47
Humphrys,John 约翰·汉弗莱斯,6
Hungama 印度数字媒体娱乐公司,96
Hungary 匈牙利,41
Hurley,Liz 莉兹·赫利,106

IBN 7 印度有线电视新闻网 7 频道,97,98
Iene,Le《鬣狗》,80
Illustrated London News《伦敦新闻画报》,16
Illustrazione italiana《意大利人画报》,18
I'm a Celebrity,Get Me Out of Here《我是名人,让我出去》,83
Inconvenient Truth《难以忽视的真相》,167
Independence Day 美国独立日,122
Independent 独立的,87
Independent Task Force on Public Diplomacy 独立公共外交任务小组,138
India 印度,45,66,72,91-112,152,154
Bollywood influences 宝莱坞的影响,104-7
Celebrity Big Brother: the Shilpa Shetty story《名人老大哥》——希尔帕·谢蒂(Shilpa Shetty)事件,86,87,88,89-90
channels,proliferation of 频道拓展,94
CNN 美国有线电视新闻网,66,99-100
conglomerates 企业集团,92,96
cricket on television 电视板球比赛,108-10
crime programmes 犯罪节目,107-8
demography 人口统计学,92
economic growth 经济增长,94,98,156
employment 就业率,154
entertainment corporations 娱乐公司,95
films 电影,95-6,104-5
globalization of television 电视全球化,96
growth of television 电视的发展,93-4,95-6
international news 国际新闻,111
Internet 互联网,160
market share of news 新闻市场份额,98
migration 迁移,89-90
Murdochization 默多克化,100-3,108-9,110
news channels 新闻频道,96-100
newspapers and television 报纸和电视,92-3,94,106
public-service broadcasting 公共服务广播,91-2,93,110-12
and privatization 和私有化,93-4,111
satellite television 卫星电视,111
size and diversity of television 电视市场规模和市场多样性,91-2
'social advertisements'"社会广告",166
social issues on television 电视上的社会问题,111
socialism 社会主义,92,93
tabloidization 小报化,103-4,110
US image 美国形象,154
viewing figures 收视率,98,106
India Today《今日印度》,102,103,106
India TV 印度电视台,97,107
Indian diaspora 印度侨民,98-9

Indian Readership Survey 印度读者调查,98
Indonesia 印度尼西亚,99,147
information overload 信息超载,9-10,169
'infotainment' defined 界定"资讯娱乐",7-8
see also globalization of infotainment 参见资讯娱乐全球化
Inmarsat(International Marine Satellite)国际海事通信卫星组织,45-6
Institute for Creative Technology(ICT)创新技术研究所,126
Inter Press Service(IPS)国际新闻通讯社,177
International Labour Organization 国际劳工组织,143
International Monetary Fund(IMF)国际货币基金组织(IMF),140,141
International Telecommunication Union(ITU)国际电信联盟(ITU),43,45
International Telecommunications Satellite Organization(Intelsat)国际通信卫星组织,46,47
Internet 互联网,1,50,157-9
activist groups 激进组织,159-62
blogs 博客,160,161
broadband 宽带,159
control by USA 由美国控制,162
edutainment 教育娱乐,168
as global communication 全球传播,157-9
in India 在印度,160
and journalism 和新闻业,158
multiple voices/ideas 多种声音或想法,161
and news 和新闻,157-8
revenue for global commons 全球共享收入,175-6
statistics 统计,158
and television 和电视,86
and terrorism 和恐怖主义,129,130
use in China 在中国的使用,158,161
Iran 伊朗,72,157
arrest of British sailors(March 2007)被捕的英国水手(2007 年 3 月),139-40
Iran-Iraq war 两伊战争,146-7
Iranian TV 伊朗电视台,72
Iraq Body Count 伊拉克罹难人数统计,158
Iraq for Sale: The War Profiteers《出售伊拉克:战争奸商》,168
Iraq war 伊拉克战争,9,113,119-22,135,145,178
and Anti-Americanism 和反美主义,157
and BBC 和英国广播公司,121
biased reporting 有偏见的报道,119-22,148-9
civilian deaths 平民死亡,158,178
CNN 美国有线电视新闻网,148
'embedded' reporting "嵌入式"报道,115
'end to hostility' 结束敌对状态,123
on film 在电影上,123,125
prisoner abuse 虐囚,129-30,157
'Shock and Awe' campaign "震慑"行动,116
and US economic power 美国经济霸权,145
and war on terror 和反恐战争,145,146-8
Irish Republican Army 爱尔兰共和军,147
Islam 伊斯兰,137
Shari'a law 伊斯兰教法,165
stereotypes of Muslims 穆斯林的刻板印象,148
and views of the West 和西方的观点,157
Islamic Human Rights Commission 伊斯兰人权

委员会,148
Israel 以色列,74,157
Italia 1 意大利一台,80
Italy 意大利,18,38,39,41,80-1,147
ITN 英国独立电视新闻公司,33,34,69,88,159
ITV(Independent Television)英国独立电视台(独立电视),23,32-3,39,69
current affairs 时政,32-3
'dumbing down'"低智化",34
output of factual programmes 真实题材节目的产量,174
share of viewing 收视份额,33
Jack the Ripper《开膛手杰克》,18
Jackson,Gary 加里·杰克逊,145
JanmatJanmat 新闻台,97
Japan 日本,18,23,26,53,74-5
Jarhead《夺金三王》(*Three Kings and Jarhead*,关于伊拉克战争),123
Jeanneney,Jean-Noël 让-诺埃尔·让纳内,149
Jemaah Islamiya 伊斯兰祈祷团,147
Jerry Springer Show《杰瑞·斯普林格秀》,130
Jerusalem 耶路撒冷,19
Jiaodian Fangtan《焦点访谈》,166
Johar,Karan 卡兰·乔哈尔,99
Johnson & Johnson 强生公司,56
Jones,Jeffrey 杰佛瑞·琼斯,164
Joost 约斯特,159
journalism 新闻业
'in the public interest'"为了公众利益",61
and Internet 和互联网,158
as literature 作为文学,174-5
and media scrutiny 和媒体监督,171-2
'of entertainment'"娱乐",17,76
in Russia 在俄罗斯,76-7
standards of 标准,28,29,35,61
Jurassic Park《侏罗纪公园》,36
Kabul 喀布尔,144
Kabul Express《喀布尔快递》,124
Kaufman,Edward 爱德华·考夫曼,137
Kaun Banega Crorepati《谁想成为百万富翁》,104
Kavannah,Dennis 丹尼斯·卡万,29
Kellner,Douglas 道格拉斯·凯尔纳,8,28,129,159
Kellogg,Brown and Root 家乐氏-布朗-鲁特公司,144
Kennedy,Helen 海伦·肯尼迪,128
Kennedy,John F. 约翰·F·肯尼迪,79
Kerbel,Matthew 马修·科贝尔,174
Khabar Filmi Hai《电影新闻》,104
Khabardar (*Beware*)《哈巴达尔》(《小心》),108
Khan,Shah Rukh 沙鲁克·汗,104,105
King,Larry 拉里·金,67
Kohli,Ravina Raj 拉维纳·拉吉·科利,102
Koppel,Ted 泰德·科佩尔,30
Kosovo 科索沃,116,132,136
Kovach,Bill 比尔·科瓦奇,29
Kuma War 库玛战争,128
Kuwait 科威特,146

LA Law《洛城法网》,125
Lage Raho Munnabhai《黑道大哥再出击》,165

Lakme Fashion Show《拉克美时装秀》,100
Lal,Vinay 维纳·拉尔,153
Landgraf,John 约翰·兰德格拉夫,125
Lanzmann,Claude 克劳德·朗兹曼,173
Lasswell,Harold 哈罗德·拉斯韦尔,19
Last Sumurai《最后的武士》,74
Late Show《深夜秀》,34
Latin America 拉丁美洲,47,56,61,66,136,166,177
Latin America Pay TV 拉丁美洲付费电视,50
Lebanon 黎巴嫩,147
Lee,Spike 斯派克·李,168
Leno,Jay 杰·雷诺,30
Let' s Go Nagatacho《让我们去永田町吧》,74
Lewinsky,Monica 莫尼卡·莱温斯基,4
Lewis,Justin 贾斯汀·路易斯,115
Leys,Colin 科林·莱斯,39
'liberal model'"自由主义模式",68,131
liberalization of communication 传播自由,43-5
liberty 自由,151,155
lifestyle 生活方式,105,106,170
Limbaugh,Rush 拉什·林博,120,129
Lippmann,Walter 沃尔特·李普曼,20
literacy 读写能力(本书特指编码、解码能力),175
Liu,Qing 刘青,165-6
Live Aid《现场救援》,164
live sport 体育节目直播,108
Live TV 电视直播,33
Living Media 生活媒体公司,94
Livingstone,Ken 肯·利文斯通 ,90
Lloyd,John 约翰·劳埃德,166
LoC - Love of Cricket《板球之恋》,109
Lockheed Martin 洛克希德马丁公司,46
Loft Story《阁楼故事》,85
Loral 洛拉尔公司,46
Lord of the Rings《指环王》,122
Lord' s Salvation Army《上帝的救世军》/《主的救世军》,147
L' Oreal 欧莱雅,55,56
Lost World《消失的世界》,36
Luhmann,Niklas 尼克拉斯·卢曼,155
Lynch,Jessica 杰西卡·林奇,120-1
*M * A * S * H*《流动医院》,125
M6 法国商业电视台 M6,85
McChesney,Robert 罗伯特·麦切斯尼,32,39,141
McCormick,Barrett L. 巴雷特·L·麦考密克,165-6
McGraw-Hill 麦格劳-希尔教育出版集团,168
McIntyre,Jamie 杰米·麦金太尔,116
McNab,Andy 安迪·麦克纳布,124
McNair,Brian 布赖恩·麦克奈尔,161
McNamara,Robert 罗伯特·麦克纳马拉,168
McVeigh,Timothy 蒂莫西·麦克维,130
Malaysia 马来西亚,99
Mancini,Poulo 波罗·曼西尼,68,72
Marc,David 戴维·马克,82-3
March of the Penguins《帝企鹅日记》,168
Marie Claire《嘉人》,106
Mark of Cain《该隐的记号》,125
market share of news 新闻市场份额,98

market share of public television 公共电视市场份额,41
Marr,Andrew 安德鲁·马,6
Marx,Karl 卡尔·马克思 151,152
Maryland University：Program on International Policy Attitudes 马里兰大学:关于国际政策态度的项目,156-7
mass communication and US imperialism 大众传播与美帝国主义,134
mass culture 大众文化,20,149-51
and political/social propaganda 政治/社会宣传,20,137-9,150,154
and public service broadcasting 公共服务广播,22-3
Match ke Mujarim《比赛之过》,109
Media Centre 媒体中心,1,172
Media Channel 媒体频道,172
media ownership,dispersal of 媒体所有权,175-6
media scrutiny 媒体监督,171-2
mediapolis 媒体政治,171
Mediaset 梅迪亚塞特公司,50,80
Meehan,Eileen 艾林·米汉,62-3
Metro Now《地铁报》,106
Metrotone News 都市之声新闻公司,20
Mexico 墨西哥,61,75
Meyer,Thomas 托马斯·迈耶,5-6,169
Microsoft 微软,50,99
Microsoft/MSN 微软/微软服务网(MSN),173
Middle East 中东,156
'militainment'"军事娱乐",125-7
Military Diaries《军事日记》,118
Military History Channel 军事历史频道,124
military intelligence 军事情报,47-8,143
military operations 军事行动,131
Mill,John Stuart 约翰·斯图亚特·穆勒,15
Min-Joo Dang 民主党,165
Ministry of Information 信息部,21
Miramax Films 米拉麦克斯影业,59
Miss America《美国小姐》,22
mobile handsets 手机,159
Mol,John de 约翰·德·莫尔,85
Mooij,Marieke 玛丽耶克·莫伊,57
Moore,Michael 迈克尔·摩尔,167
More,Hannah 汉娜·摩尔,16
Moro,Aldo 阿尔多·莫洛,147
Morris,Errol 埃罗尔·莫里斯,168
Moscow 莫斯科,25
Movie Channel 电影频道,59
Movietone 有声电影,20
MSN 微软服务网(MSN),99
MTV 音乐电视台,30,52,58,84,118
Mukherjee,Rani 拉尼·穆克吉,105
Mullah,Omar 穆拉·奥马尔,148
Multilateral Agreement on Investment(MAI) 多边投资协议(MAI),160
Mumbai 孟买,91
Murdoch,Rupert 鲁伯特·默多克,10,39,48,59-61,119-20,179
Internet 互联网,158
'Murdochization'"默多克化",61-3,100-3,108-9,110,118-22
Muslims see Islam 穆斯林参见伊斯兰教

MySpace. com 聚友网,60,161
National Geographic Television 国家地理频道,53,101,167
National Public Radio(NPR)全国公共广播电台(NPR),21-2,168
NATO(North Atlantic Treaty Organization)北大西洋公约组织,132,136,144
Naureckas,Jim 吉姆·诺卡斯,119
NBC(National Broadcasting Corporation)国家广播公司(NBC),22,27,49,51,59,65,130,148
NDTV(New Delhi Television)新德里电视台(NDTV),102,165
Imagine 新德里电视台畅想频道,99
India 印度,97,98,102,104,108,112
Profit 新德里电视台商业新闻频道,97,104
NDTV 24x7 新德里全天候电视台,70,72,97,102,109
'Bunty and Babli do NDTV'《新德里电视台的邦迪和巴博莉》,105
Great Indian Tamasha《印度大娱乐秀》,91,104
market share in India 印度市场份额,98-9
Shilpa Shetty story 希尔帕·谢蒂传,88
neo-liberal imperialism 新自由帝国主义,133-55,178-9
and American power 和美国力量/美国霸权,134-9
cultural contours 文化轮廓,149-51
neo-liberal imperialism cont. and economics of the free market 新自由帝国主义与自由市场经济,140-3
framing the war on terror 反恐战争报道框架,145-9
security 安全,143-5
'soft news' selling neo-liberal imperialism 推销新自由帝国主义的"软新闻",151-5
and television news 电视新闻,139-40
Nepal 尼泊尔,147
Nestle 雀巢,56
Netherlands 荷兰,79-80,85
Network of Terrorism 恐怖主义网络,137
'networking' "网络化",159
New Republic《新共和》,新共和杂志,4
New World Information and Communication Order (NWICO)新世界信息与传播秩序,177
New York Times《纽约时报》,86,122,131,142,148
New Zealand 新西兰,23
News 24 全天候新闻,35
news and advertising 新闻与广告,76-7
channels 频道,68-9,70,72,96-100,157
commercialization of 商品化,74
and conglomerates 企业集团,57-61,69
coverage Celebrity Big Brother 报道《名人老大哥》,87-9
European Union(EU)欧盟(EU),169
and dramatization 编剧,163
dramatising 戏剧化,27-8
English language networks 英语电视网,72
expense of 支出,69
international 国际化的,31,35-6,111
and Internet 互联网,157-8

'liberal model'"自由主义模式",68
and lifestyle 生活艺术,27,28
and politics 政治,27-8,28-30,31-2
proliferation of news channels 新闻频道发展,68-9,70,72,157
and scandals 丑闻,28
'soft' news "软"新闻,103,151-5,163
and spectacle 奇观,133,163
tabloidization 小报化,103-4,110
trusted news brands 最受信任的全球新闻品牌,172-3
24/7 全天候,29,157
networks 网络,69,70-3,157
and regional channels 地区性频道,71
spread around the world 全球传播,69-73
and viewing figures 收视率,68-9
news agencies 通讯社,157
News Agencies Pool 不结盟国家通讯社联盟,92,177
News at Ten《十点新闻》,34
News Corporation 新闻集团,3,49,51,52,59-61,66,70,108
'*News Station*'《新闻站》,74
NewsAsia 亚洲新闻台,70,72
Newsnight《晚间新闻》,88
newspapers and advertising 报纸与广告,18-19
illustrated 图示,16
popular and 'quality' 流行和"质量",15-16,17-18
newsreels 新闻短片,19,20
New sweek《新闻周刊》,173
NGOs 非政府组织,136-7
NHK (Nippon Hoso Kyokai) 日本放送协会(NHK),23,74
Nickelodeon 尼克儿童频道,58
Nigeria 尼日利亚,172
Nightline《晚间报道》,30
Nightout《时尚之夜》,105
9/11 attacks"9·11恐怖袭击事件",146,164
9 th Company《第九突击队》,124
Nippon TV 日本电视台,74
Nixon, Richard 理查德·尼克松,79
Noam, Eli 伊莱·诺姆,162
North, Oliver 奥利弗·诺斯,120
Norway 挪威,78
NRK (Norsk Rikskringkasting) 挪威国家广播公司,78
Nye, Joseph 约瑟夫·奈,137,146,149
NYPD Blue 纽约重案组,125
Observer《观察家》,87
Office of Communication (Ofcom) 英国通信管理局(Ofcom),2,24,25-6,39,121
Office of Global Communications 美国国际交流办公室,120
Office of War Information 美国战时新闻处,123
Oh my News《哦,我的新闻》,160
oil resources 石油资源,145
Oklahoma bombing 俄克拉荷马州爆炸案,130
Omnibus《汇编》,34
Onibus 174《巴士174事件》,75
Only in Israel《只在以色列》,129
Open Society Institute 开放社会研究所,2,6,

41-2
Open University 开放大学,168
open Democracy 开放民主网站,172
Operacion Triunfo 西班牙版歌唱类真人秀节目《胜利行动》(*Operation Triumph*),81
Operation Desert Storm 沙漠风暴行动,113,116,145
Operation Iraqi Freedom 伊拉克自由行动,112,119,125,131
O'Reilly,Bill 比尔·奥莱利,120
O'Reilly Factor《奥莱利实情》,62,63
Osama bin Laden 奥萨马·本·拉登,119,147,148
Osbournes 奥兹家庭秀,84
Our Friends in the North《我们北方的朋友》,174
Outfoxed: Rupert Murdoch's War on Journalism《解密福克斯:默多克的新闻界战争》,62,167
Outlook《瞭望》,103,106
Over There《那时那地》,125

Pakistan 巴基斯坦,165
Palestine 巴勒斯坦,147
Pan American Satellite Inc. (PanAmSat)泛美卫星公司(PanAmSat),45,46,47
Panama 巴拿马,131,132
Pandora's Box《潘多拉之盒》,173
Panorama 派拉蒙,34
Paramount Pictures 派拉蒙影业,58
Paramount Television 派拉蒙电视公司,58
Parks,Lisa 丽莎·帕克斯,2
Pasti,Svetlana 斯维特拉娜·帕斯蒂,76-7
Pathé 百代,20
Pathé,Charles:*Animated Gazette* 查尔斯·百代的《画报》,19
Patterson,Thomas 托马斯·帕特森,29
Pax,Salam 萨拉姆·帕克斯,160
Pearl Harbor 珍珠港,124
Pearson and ITV 皮尔森集团(Pearson)和独立电视台,50
penny press 廉价报刊,17,18
Pentagon 国防部,115,117,137
and filmmakers 电影制作人,123-4
Pentagon Channel 美国国防部频道,124
People's Century,The《人民的世纪》,173
Perhaps Love《如果爱》,95
Peru 秘鲁,147
Peters,John Durham,约翰·杜伦·彼得斯,150-1
Peterson,Peter 彼得·彼得森,138
Pew Global Attitudes Project 皮尤研究中心全球态度项目,154,157
Philippines 菲律宾,75
Phoenix 凤凰卫视,61,70,77-8
Picard,Robert 罗伯特·皮卡德,51
Platoon《野战排》,123
PNAC:*Rebuilding America's Defenses*《新美国世纪计划:重建美国防御》,143
Pol Khol《博尔·科尔》,104,164
Poland 波兰,41,85
political advertising 政治广告,74
political satire 政治讽刺,163-4
politics
and advertising 政治与广告,80

and commercialization of television 电视商业化,79,80-1
and infotainment 资讯娱乐,35,74-5,76,79,80-1,139-40
and presentational styles 表象的风格,35
Pompeii: *The Last Day*《庞贝古城：最后一日》,36
Pop Idol 流行偶像,83
Postman,Neil 尼尔·波兹曼,4,166
poverty 贫困,178
Powell,Colin 科林·鲍威尔,117,164
Power of Nightmares《噩梦的力量》,168,173
Presotskaya,Svetlana 斯维特拉娜·佩索斯卡亚,77
PricewaterHouse Coopers(PWC)普华永道国际会计师事务所,161
Indian Entertainment and Media Industry 印度娱乐与媒体产业,94
'Private Military Firms'"私人军事服务公司",144
private and public television 私立与公共电视台,41-2,93-4
Private Sector Summit on Public Diplomacy 私营部门公共外交峰会,138
privatization and public service broadcasting 私有化与公共服务广播,43-5,170-1
Procter & Gamble 宝洁,55,56
Profiles from the Front Line《前线侧记》,115
Progressive Policy Institute 发展政策研究所,135
Project for Excellence in Journalism: *The State of News Media*"卓越新闻项目":《新媒体现状》,27-8,61
Project for the New American Century 新美国世纪计划,135,143
proliferation of channels 频道发展,94
propaganda
on film 电影宣传,19-20,21
and infotainment 资讯娱乐化,76-8
and mass culture 大众文化,20,137-9,150,154
Nazi Germany 纳粹德国,20,21
Soviet Union 苏联,20,21
Public Broadcasting Act(USA 1967)公共广播法案(美国1967年),21-2
Public Broadcasting Service(PBS)公共广播服务(PBS),21,149
public goods 公共物品,175
public-service broadcasting(PSB)公共服务广播(PSB),5-6,7,21-4,21-6,78-82
in Britain 在英国,7,20-1,23-4,25,25-6
in Communist countries 在共产主义国家,23,24-5
deregulation of 放松管制,43
and EU politics coverage 欧盟政治报道,169
public-service broadcasting(PSB), cont. 公共服务广播(PSB),续
in Europe 在欧洲,5-6
and infotainment 资讯娱乐化,78-82
and mass culture 大众文化,22-3
in praise of 赞美,172-6
and privatization 私有化,43-5,170-1
revenue 收入,25-6
and rise of infotainment 资讯娱乐化的兴起,32-6

in USA 在美国,21-2,32
public sphere 公共领域,169,171
Publitalia 帕波利塔利亚电视网,80
Pulitzer,Joseph 约瑟夫·普利策,17
Purie,Aroon 阿隆·普里,107
Putin,Vladimir 弗拉基米尔·普京,76,156

Qatar 卡塔尔,71

racism in *Celebrity Big Brother*《名人老大哥》中的种族主义,86-9
radio 电台,21,22
Radio Farda 法尔达电台,137
Radio Sawa 萨瓦电台,137
Radiotelevisione italiana 意大利广播公司,39,80
Rai,Aishwarya 艾西瓦娅·拉伊,106
Rainbow Six 3《彩虹六号 3》,127-8
Ram,N. N· 兰姆,108
Rashtriya Sahara《撒哈拉全国日报》,103
Reagan,Ronald 罗纳德·里根,22,119
Real Time with Bill Maher《比尔·马赫脱口秀》,30
Real World《真实世界》,83
Reality Bites《现实的创痛》,88
reality television 真人秀电视,69,82-90
Red Alert《红色警报》,107
Red Brigade 红色旅,147
Reith,John 约翰·赖特,7,20-1,32,167
Reith Lectures 瑞斯讲座,172-3
Reitz,Edgar 埃德加·莱茨,174
religious broadcasting 宗教广播,53
Rete Quattro 夸特罗电视网,80
Reuters 路透社,1,63,64,66,100,172
Reuters Television 路透社电视台,64-5
Rice,Condoleezza 康多莉扎·赖斯,139
Rivera,Geraldo 杰拉尔多·里维拉,119
Robb,David 戴维·罗伯,124
Romania 罗马尼亚,25
Rosenstiel,Tom 汤姆·罗森斯蒂尔,29
RTL 卢森堡广播电视台,39,59,79
Russia 俄国,25,65,76,76-7,156
Russia Today《今日俄罗斯》,70,71,72,88,177

Saas,Bahu aur Saazish 肥皂剧人物角色动态新闻专题节目,99
Sab TV Sab 大众娱乐频道,96
Sabse Politically Incorrect Kaun?《非典疫情政治上不正确之处?》,164
Saddam Hussein 萨达姆·侯赛因,121,130-1,146
Sahara Samay 撒哈拉萨迈新闻网,97,99,103
Sansani《轰动事件》,107
Santos,Silvio 西尔维奥·桑托斯,75
Sarikakis,Katharine 凯瑟琳·萨瑞卡基斯,39,41
SARS crisis 非典危机,161
SAS 英国空军特种部队,124
Sat1 德国卫星一台,79
satellite and cable television 卫星与有线电视,33,45-8,60,61,111
for military intelligence 军事情报,47-8,143
and war as infotainment 战争娱乐化,116-17
Satellite Industry Association 卫星产业协会,46

Saturday Night Live《周六晚间秀》,29
SBS6 荷兰电视台六频道,80
Schama, Simon 西蒙·沙玛,167
Scherer, Ray 雷·谢尔勒,114
Scheuer, Jeffrey 杰弗里·舍尔,155
Schiller, Herbert 赫伯特·席勒,9,134,171
Schroder, Gerhard 格哈德·施罗德,79
Schudson, Michael 迈克尔·舒德森,8
Schultz, Winfried, et al 温弗里德·舒尔茨等,79
Schwarzenegger, Arnold 阿诺德·施瓦辛格,30
Sci-Fi Channel 科幻频道,53
Science Applications International Corporation 科学应用国际公司,137
scientific issues on television 电视的科学问题,167
Scott, C. P C. P·斯科特,1
Scranton, Deborah 德博拉·斯克兰顿,118
scrutiny of media 媒体审查,171-2
Scruton, Roger 罗杰·斯克鲁顿,167
Seaton, Jean 琼·西顿,9,130
Second Russian Revolution《第二次俄国革命》,173
Second World War 第二次世界大战,21,123
security 安全,143-5
Sesame Street《芝麻街》,166,173-4
Sex and the City《欲望都市》,154
Shanghai Media Group 中国上海文广集团,50
Shared Values 共同价值观,137
Shetty, Shilpa 希尔帕·谢蒂,86-90
Shoah《浩劫》,173
Showbiz Today《今日演艺圈》,50
Showtime 娱乐时间电视网,59
Siege《围攻》,148
Silverstone, Roger 罗杰·西尔弗斯通,171
Simpson, John 约翰·辛普森,6
Simpson, O. J. O·J·辛普森,28
Simpsons 辛普森案件,35,60,179
Sina 新浪,158
Singer, Peter 皮特·辛格,144
Singh, Jagjit 贾吉特·辛格,105
SIPRI Year Book(2006)斯德哥尔摩国际和平研究所年鉴(2006),113,144
SITE (Satellite Instructional Television Experiment)卫星教育电视实验计划(SITE),111
60 minutes II《60 分钟时事杂志 2》,129
Sklair, Leslie 斯克莱尔·莱斯利,152
Sky 星空电视台,33,61,99,108-9
Sky Digital 天空数字服务,60
Sky Italia 意大利天空电视台,60
Sky Latin America 拉美天空电视台,47
Sky News 星空新闻台,66,70,88,102,112,139
war as infotainment 战争娱乐化,121-2
Sky-by-broadband 宽带版的天空电视,60
Sky-by-mobile 移动版的天空电视,60
Slovakia 斯洛伐克,41
Slovenia 斯洛文尼亚,41
Snow, Jon 琼恩·斯诺,177-8
'soap operas'"肥皂剧",56-7
social issues on television 关于电视的社会问题,111
see also documentaries 参见纪录片
Société Européenne des Satellites(SES)欧洲卫星公司(SES),47

'society of the spectacle' "景观社会",133
'soft' news "软"新闻,103,151-5,163
Sohu 搜狐,158
Somalia 索马里,116,131
Sony 索尼,48,49,50,96
'sound bites' "原声摘要",79
South Korea 韩国,160,161,165
Soviet Union 苏联,20,21,24-5,76
Spain 西班牙,26,66,81,85,147
Sparks,Colin 柯林·斯巴克斯,5
Spartacus《斯巴达克斯》,123
'spin' "操纵",18,29,142
sponsorship 赞助,57
sport 运动,108,108-10
Spurlock,Morgan 摩根·斯普尔洛克,167
Sri Lanka 斯里兰卡,147
Stalingrad(film)《伏尔加格勒》(电影),21
Star 星空卫视,47,50,52,60-1,101
Star Academy《明星学院》,84
Star Ananda 星空卫视印度孟加拉语新闻频道 97,101
Star Gold 星空电影台,101
Star News 星空新闻台,102-3,104,107,110
Shilpa Shetty story 希尔帕·谢蒂的故事,88
24/7 news 全天候新闻,100
Star News Asia 星空卫视亚洲新闻频道,66,70,72,78,112
Star News India 星空卫视印度新闻频道,70,97,98,99,111-12
Star One 印地语娱乐频道,47,101
Star Plus 星空卫视综合台,101,104
Star Sport 星空体育台,109
Star Utsav 星空印度料理台,101
Star Wars《星球大战》,122
Star World 星空国际台,101
state sovereignty 主权,136,155
Stewart,Jon 乔恩·斯图尔特,30,163
Stoiber,Edmund 艾德蒙·斯托伊贝,79
street literature 街头文学,16
Strictly Come Dancing《舞动奇迹》,84
Striscia la Notizia《抽丝剥茧》,80
Strub,Phil 菲尔·斯特鲁布,125
suicide bombers 自杀式炸弹,129,147
Suman,Shekhar 谢哈尔·苏曼,164
Sun News 阳光新闻台,97,98
Sun,The(Britain)《太阳报》(英国)139
Sun(USA)《太阳报》(美国),17
Sunday School movement 主日学校运动,16
Sunday Times《星期日泰晤士报》,87
Sunstein,Cass 卡斯·桑斯坦,163
Super Size Me《麦胖报告》,167
Superstars《超级明星》,83
Supervolcano《超级火山》,36
Survivor《幸存者》,83
Sussman,Gerald 杰拉尔德·苏斯曼,140
SVT(Swedish Sveriges Television)瑞典电视台(SVT),78
Sweden 瑞典,78
Syal,Meera 梅拉·沙尔,88
synergies 协同作用,49-50
tabloidization 小报化,5-6,7,73,79,81-2,103-4,110

Taiwan 台湾,75,136
Talbot,F. A. F. A. 塔尔博特,19
'tamasha'"表演",91,110-12
Tamil Tigers 泰米尔猛虎组织,147
Tara Newz 塔拉新闻台,97
Tata 塔塔公司,96
Tata-Sky 印度塔塔-天空频道,60
Taylor,A. J. P A. J. P. 泰勒,167
Tehalka. com 直觉网,160
Teja News 迪遮新闻频道,97
Telcommunication Inc.（TCI）美国通信公司,49,50
Telecinco 西班牙电视五台,81,85
Telecine 电视电影频道,61
Telecommunication Act（US 1996）《电信法案》（美国 1996）,44
Telegraph《每日电讯报》,87
telenovelas 拉美电视剧,166
Telesur 南方电视台,70,71,177
Televisa 墨西哥电视公司,61
television
commercialization of 电视商业化,3,5-6,24-6,28-9,81-2
digital 数字,9-10
dumbing down 低智化,6-7,9
'epistemology of'（Postman）"认识论"（波兹曼）,4
as'fourth screen'"第四屏",159
globalization of 全球化,2-3,8,9-10,43-5
and advertising 广告,53-7
and American influences 美国影响力,52-3,73-4
and Anglo-American news 英美新闻,65-7
and conglomerates 企业集团,48-51,57-63
and global trade 全球贸易,51-3
and'Murdochization'"默多克化",61-3
and news agencies 通讯社,63-5
and satellites 卫星,45-8
top 5 networks 全球五大电视网,52
growth of 增长,1-2,93-4,95-6
and Internet 互联网,86
and political marketing 政治营销,8,74
and'Roman circuses'（Brantlinger）"罗马马戏团"（布兰特林格）,4,10
tabloidization of 小报化,5-6,7,73,79,81-2
trivialization of 小报化,4-5,7
Temptation Island《诱惑岛》,83
terrorism 恐怖主义,118-19,128,129-30,131
Internet 互联网,129,130
world terrorist groups 世界恐怖组织,147
Terrorism in the Hands of Justice《对抗恐怖主义的正义之手》,130
Tez 泰兹新闻台,97,107
TF1 法国电视一台,71,81
This Week《这一周》,32
Thompson,Andrea 安德烈娅·汤普森,30
Thompson,J. Walter 沃尔特·J·汤普森,18
Thompson,Robert 罗伯特·汤普森,82-3
Three Kings《夺金三王》,123
Time《时代周刊》,52,58,95,106,126,160,173
Time Warner 时代华纳集团,48,49-50,51,52,56,58
Times of India《印度时报》,88-9,92-3,100,

103,106
Times Now 时代在线频道,97,100,109,177
Times《泰晤士报》,87
Times-Reuters 时代-路透社,100
Timisoara 蒂米什瓦拉,25
Tonight Show《今夜秀》,22,30
Tonight with Trevor McDonald《特雷弗·麦当劳今晚秀》,34,139
Top Gun《壮志凌云》,123,124
Topical Budget(*newsreel*) 专题预算(新闻短片公司),19
Touchstone Pictures 试金石影业,59
Touchstone Television 试金石电视公司,59
Toyota 丰田公司,55,56
Tracey,Michael 米迦勒·特蕾西,5,26
Trap《陷阱》,173
Trinity Broadcasting Network 三一电视网,53
Troy《特洛伊》,123
Truman Show《楚门的世界》,177
trusted news brands 最受信任的新闻品牌,172-3
Turkey 土耳其,81-2
Turner Broadcasting Systems 特纳广播公司,48
Turner Network Broadcasting(TNT) 特纳电视网(TNT),58
Turney,Faye 费伊·特尼,139
TV 9 Telugu News 印度第九电视台泰卢固语新闻,98
TV Asahi:'News Station' 朝日电视台:《新闻站》,74
TV9 News 印度第九电视台新闻频道,97
TV18 印度商业新闻台,66
TVE 西班牙电视台,81
Twentieth Century Fox 20 世纪福克斯公司,48,58,60
24/7 news 全天候新闻,29,157

Udaya News Udaya 新闻台,97
Uganda 乌干达,147
UNESCO 联合国教科文组织,7,51,92,175,177
World Commission on Culture and Development 世界文化与发展委员会,175
Unilever 联合利华集团,56
United Nations(UN): Human Development Report(2006) 联合国(UN):《人类发展报告》(2006),176
United Nations(UN) Development Programme 联合国(UN)发展计划,142-3,176
United Nations(UN) Security Council 联合国(UN)安全理事会,136
United Pan-Europe Communications 泛欧洲通信公司,77
Unitied Nations(UN) and USA 联合国(UN)与美国,136
Universal Studios 环球影城,58,59
Uribe,Alvaro 阿尔瓦罗·乌里韦,85
US Committee on Foreign Affairs: *Winning the Cold War* 美国外交事务委员会:《冷战胜利》,153
US Dept. of Defense 美国国防部,47-8,117,126,143
US National Research Council: *Modeling and Simulation* 美国国家研究委员会:《建模与仿

真》,126
US National Security Agency 美国国家安全局,143
US Radio Act(1927)《无线电法案》(1927),21
US Special Forces 美国特种部队,124
US/UK news duopoly 美英两国新闻垄断,63,66,67,72,119
USA 美国,108
and anti-Americanism 反美主义,137-8,156-7
and the Cold War 冷战,24-5
commercialisation of news 新闻商业化,28-9,31,32
film and television exports 电影与电视节目输出,53,54
and global security 全球安全,143-5
globalization of telecommunications 电信全球化,44-5
Gulf War 海湾战争,116
high culture 高文化观念,152
and Internet 互联网,162
invasion of Afghanistan 入侵阿富汗,113,115,119,131
bombing raids 炸弹袭击,116,117
and war games 战争游戏,128
and Iraq war see Iraq war 伊拉克战争
mass culture 大众文化,17-18,18-19,20,152,157
media monopoly 媒体垄断,50-1
military action USA,*cont.* 美国军事行动,续
enforcement of democracy 推行民主,135-6
and Hollywood 好莱坞,123-4,125-6
names of operations 行动的名称,131
news coverage 新闻报道,132
neo-liberal imperialism 新自由帝国主义,133-9
and economics 经济,140-3
framing the war on terror 设定反恐战争的框架,146-9
and Iraq war 伊拉克战争,135,145
and mass culture 大众文化,149-50
security 安全,143-5
news stories
dramatising 夸张的新闻故事,27-8
international 国际,31
lifestyle 生活方式,27,28
and politics 政治,27-8,28-30,31-2
scandals 丑闻,28
'soft' stories "软新闻",29,31
news viewing figures 新闻收视率,27,30-1,31-2
cable news 有线新闻,62
presidential elections(2000)总统大选(2000),29-30
public diplomacy post 9/11 "9. 11"后的公共外交,137-9
public-service broadcasting(PSB)公共服务广播(PSB),21-2,32
reality television 电视真人秀,82-3
revenue sources in broadcasting 广播收入来源,26
rise of infotainment 资讯娱乐新闻的崛起,27-32
television and radio advertising 电视与电台广告,53-4,55
and the United Nations(UN)联合国(UN),136
and the world economy 世界经济,140-3

USS Abraham Lincoln 美国航空母舰亚伯拉罕·林肯号,123
Utley,Garrick 加里克·厄特利,31
UTV 印度电影电视制作公司,96

Vajpayee,Atal Bihari 阿塔尔·比哈里·瓦杰帕伊,105,160
Valldao,Alfredo 阿尔弗雷多·瓦拉多,135
Vasudev,Shefalee 谢法利·瓦苏德夫,103
Vaz,Keith 基思·瓦兹,88
Venezuela 委内瑞拉,71,140
VH1VH1 音乐电视台,59
Viacom 维亚康姆公司,48,51,52,58
Viacom-Paramount 维亚康姆-派拉蒙集团,3
Victoria,Queen 维多利亚女王,18
video games 电视游戏,130
war as infotainment 将战争作为资讯娱乐,126
video news releases (VNRs) 视频新闻稿(VNRs),63
viewing figures 收视率,82
and censorship 审查制度,149
competition for ratings 收视率竞争,68-9
infotainment blockbusters 资讯娱乐大片,36-7
and news presentation 新闻简报,81
news(USA)美国新闻,27,30-1,31-2
and sensationalism 煽情主义,79-80
Vijay TV 维杰电视台,101
Virginia Tech shooting 弗吉尼亚理工大学枪击案,130
Vishwa yudh 维什瓦·尤德,109
Vivendi Universal 维旺迪环球公司,49,50

Walking with Dinosaurs《与恐龙同行》,36,37
Wall Street Journal《华尔街日报》,52
Walt Disney company 华特迪士尼公司,48,50,51,52,58,59
in Asia 在亚洲,151-2
in India 在印度,96
war as infotainment 战争娱乐化,113-32
and anti-Americanism,反美主义,157
biased reporting 倾向性报道,119-22,148-9
'bloodless' versions "不流血"版本,117
'embedded' reporting "嵌入式"报道,115
'end to hostility' in Iraq 伊拉克"结束敌对状态",123
and entertainment 娱乐,122-5
and film 电影,122-5,123,125
and Fox News 福克斯新闻,118-21
humanitarian dimension 人道主义维度,116
'live' reporting "实况"报道,114-15
macabre infotainment 可怕的资讯娱乐,129-31
'militainment' "军事资讯娱乐",125-7
prisoner abuse in Iraq 虐待伊拉克战俘事件,129-30,157
satellite imagery 卫星图像,116-17
'Shock and Awe' campaign "震慑"行动,116
Sky News 天空新闻台,121-2
spectacle of war 战争场面,115-18,120-1,134
and US economic power 美国经济霸权,145
video games 电视游戏,126
war games 战争游戏,126-9
and war on terror 反恐战争,118-19,128,131,132,135,145,146-8

see also Iraq war 参见伊拉克战争
war reporting CNN,CNN 伊拉克战争报道,113,114,116
War Tapes《伊拉克前线直击》,118
war on terror and BBC 反恐战争与英国广播公司,146
framing on television 电视报道框架,145-9
in India 在印度,154
as infotainment 作为资讯娱乐,118-19,128,131,132,135
'pre-emptive strikes'"先发制人打击",135
War of the Worlds 世界大战,122
Warner Brothers 华纳兄弟,58
Warriors《战士》,125
We the People《我们人民》,106,165
Weakest Link《智者为王》,84
Weapons of Mass Destruction(WMD)大规模杀伤性武器(WMD),148
Weekly Standard 每周标准计划,135
West Wing《白宫风云》,164
When the Levees Broke《决堤之时:四幕安魂曲》,168
Who Wants to be a Millionaire?《谁想成为百万富翁?》,84,100,104
Why We Fight《我们为何而战》,123
Winfrey,Oprah 奥普拉·温弗瑞,164
Wolff,Michael 迈克尔·沃尔夫,120
Wolfowitz,Paul 保罗·沃尔福威茨,140
Woolmer,Bob 鲍勃·伍尔默,110
Woolsey,James 詹姆斯·伍尔西,146
Wordsworth,William 威廉·华兹华斯,16
World in Action《世界在行动》,32
World Bank 世界银行,43,140,141
World Commission on Culture and Development 世界文化与发展委员会,175
World Economic Forum(WEF)世界经济论坛(WEF),142
world poverty 全球贫困,142-3
World Trade Organization(WTO)世界贸易组织(WTO),43,45,46,140,141
Worldwide Television News(WTN)全球电视新闻公司,64

X-Files《X 档案》,60

Yahoo! 雅虎,50,158,173
'yellow journalism'"黄色新闻",17
Yeltsin,Boris 鲍里斯·叶利钦,25
Yes Minister《是的,大臣》,163
Yes Prime Minister《是的,首相》,163
Yomiuri《读卖新闻》,18
Young India(*Harijan*)《青年印度》(《神的子民》),93
Young,Kirsty 柯斯蒂·杨,35
young people and infotainment 青年与资讯娱乐,163,165
YouTube YouTube,160,161
Yugoslavia 南斯拉夫,123,125

Zara Sochiye 扎拉·索契耶,165
ZDF(Zweites Deutsches Fernsehen)德国电视二台,78

Zee Business 印度卫星财经频道,97
Zee Network 印度卫星电视网,50,101
Zee News 印度卫星新闻频道,97,98,99,102,105,106,107,109
India 印度,112
Zeh,Reimer*see* Schultz,Winfried *et al* 雷默·泽,参见 舒尔茨、温弗里德等
Zone Reality 空间纪实频道,83